Comte de

Isidore

CW00419847

Les Chants de Maldoror

Lettres & Poésies I et II

UltraLetters Publishing

Titre : Les Chants de Maldoror

Auteur : Comte de Lautréamont (Isidore Ducasse)

Éditeur : E. Wittmann

Première publication : 1874

Connectez-vous sur www.UltraLetters.com

UltraLetters Publishing
Chaussée de Louvain 383/6
B-1030 Bruxelles, Belgique
contact@UltraLetters.com

Sommaire

Introduction

Poète français né en Uruguay en 1846, Isidore Ducasse est plus connu sous son pseudonyme Comte de Lautréamont. Il décède mystérieusement à Paris le 24 novembre 1870, peut-être de tuberculose. Il est considéré comme un des plus éminents précurseurs du surréalisme (Alfred Jarry).

En 1925, André Gide « estime que le plus beau titre de gloire du groupe qu'ont formé Breton, Aragon et Soupault, est d'avoir reconnu et proclamé l'importance littéraire et ultra-littéraire de l'admirable Lautréamont. »

Récit hallucinant empli de férocité, d'idées morbides et de délires inouïs, Maldoror est un texte riche, sulfureux et difficile et incarne la révolte d'une jeunesse découvrant le conflit entre l'imaginaire et le réel.

Le personnage principal, Maldoror (qui pourrait être la contraction de Mal, l'horror et la dolor) emporte le lecteur dans une épopée en prose à donner le vertige, mais tellement belle à lire.

Les Chants de Maldoror

CHANT PREMIER

Plût au ciel que le lecteur, enhardi et devenu momentanément féroce comme ce qu'il lit, trouve, sans se désorienter, son chemin abrupt et sauvage, à travers les marécages désolés de ces pages sombres et pleines de poison ; car, à moins qu'il n'apporte dans sa lecture une logique rigoureuse et une tension d'esprit égale au moins à sa défiance, les émanations mortelles de ce livre imbiberont son âme comme l'eau le sucre. Il n'est pas bon que tout le monde lise les pages qui vont suivre ; quelques-uns seuls savoureront ce fruit amer sans danger. Par conséquent, âme timide, avant de pénétrer plus loin dans de pareilles landes inexplorées, dirige tes talons en arrière et non en avant. Écoute bien ce que je te dis : dirige tes talons en arrière et non en avant, comme les yeux d'un fils qui se détourne respectueusement de la contemplation auguste de la face maternelle ; ou, plutôt, comme un angle à perte de vue de grues frileuses méditant beaucoup, qui, pendant l'hiver, vole puissamment à travers le silence, toutes voiles tendues, vers un point déterminé de l'horizon, d'où tout à coup part un vent étrange et fort, précurseur de la tempête. La grue la plus vieille et qui forme à elle seule l'avant-garde, voyant cela, branle la tête comme une personne raisonnable, conséquemment son bec aussi qu'elle fait claquer, et n'est pas contente (moi, non plus, je ne le serais pas à sa place), tandis que son vieux cou, dégarni de plumes et contemporain de trois générations de grues, se remue en ondulations irritées qui présagent l'orage qui s'approche de plus en plus. Après avoir de sang-froid regardé plusieurs fois de tous les côtés avec des yeux qui renferment l'expérience, prudemment, la première (car, c'est elle qui a le privilège de montrer les plumes de sa queue aux autres grues inférieures en intelligence), avec son cri vigilant de mélancolique sentinelle, pour repousser l'ennemi commun, elle vire avec flexibilité la pointe de la figure géométrique (c'est peut-être un triangle, mais on ne voit pas le troisième côté que forment dans l'espace ces curieux oiseaux de passage), soit à bâbord, soit à tribord, comme un habile capitaine ; et, manœuvrant avec des ailes qui ne paraissent pas plus grandes que celles d'un moineau, parce qu'elle n'est pas bête, elle prend ainsi un autre chemin philosophique et plus sûr.

Lecteur, c'est peut-être la haine que tu veux que j'invoque dans le commencement de cet ouvrage ! Qui te dit que tu n'en renifleras pas, baigné dans d'innombrables voluptés, tant que tu voudras, avec tes narines orgueilleuses, larges et maigres, en te renversant de ventre, pareil à un requin, dans l'air beau et noir, comme si tu comprenais l'importance de cet acte et l'importance non moindre de ton appétit légitime, lentement et majestueusement, les rouges émanations ? Je t'assure, elles réjouiront les deux trous informes de ton museau hideux, ô monstre, si toutefois tu t'appliques auparavant à respirer trois mille fois de suite la conscience maudite de l'Éternel ! Tes narines, qui seront démesurément dilatées de contentement ineffable, d'extase immobile, ne demanderont pas quelque chose de meilleur à l'espace, devenu embaumé comme de parfums et d'encens ; car, elles seront rassasiées d'un bonheur complet, comme les anges qui habitent dans la magnificence et la paix des agréables cieux.

J'établirai dans quelques lignes comment Maldoror fut bon pendant ses premières années, où il vécut heureux ; c'est fait. Il s'aperçut ensuite qu'il était né méchant : fatalité extraordinaire ! Il cacha son caractère tant qu'il put, pendant un grand nombre d'années ; mais, à la fin, à cause de cette concentration qui ne lui était pas naturelle, chaque jour le sang lui montait à la tête ; jusqu'à ce que, ne pouvant plus supporter une pareille vie, il se jeta résolument dans la carrière du mal... atmosphère douce ! Qui l'aurait dit ! Lorsqu'il embrassait un petit enfant, au visage rose, il aurait voulu lui enlever ses joues avec un rasoir, et il l'aurait fait très-souvent, si Justice, avec son long cortège de châtiments, ne l'en eût chaque fois empêché. Il n'était pas menteur, il avouait la vérité et disait qu'il était cruel. Humains, avez-vous entendu ? il ose le redire avec cette plume qui tremble ! Ainsi donc, il est une puissance plus forte que la volonté... Malédiction ! La pierre voudrait se soustraire aux lois de la pesanteur ? Impossible. Impossible, si le mal voulait s'allier avec le bien. C'est ce que je disais plus haut.

Il y en a qui écrivent pour rechercher les applaudissements humains, au moyen de nobles qualités du cœur que l'imagination invente ou qu'ils peuvent avoir. Moi, je fais servir mon génie à peindre les délices de la cruauté ! Délices non passagères, artificielles ; mais, qui ont commencé avec l'homme, finiront avec lui. Le génie ne peut-il pas s'allier avec la cruauté dans les résolutions secrètes de la Providence ? ou, parce qu'on est cruel, ne peut-on pas avoir du génie ? On en verra la preuve dans mes paroles ; il ne tient qu'à vous de m'écouter, si vous le voulez bien... Pardon, il me semblait que mes cheveux s'étaient dressés sur ma tête ; mais, ce n'est rien, car, avec ma main, je suis parvenu facilement à les remettre dans leur première position. Celui qui chante ne prétend pas que ses cavatines soient une chose inconnue ; au contraire, il se loue de ce que les pensées hautaines et méchantes de son héros soient dans tous les hommes.

J'ai vu, pendant toute ma vie, sans en excepter un seul, les hommes, aux épaules étroites, faire des actes stupides et nombreux, abrutir leurs semblables, et pervertir les âmes par tous les moyens. Ils appellent les motifs de leurs actions : la gloire. En voyant ces spectacles, j'ai voulu rire comme les autres ; mais, cela, étrange imitation, était impossible. J'ai pris un canif dont la lame avait un tranchant acéré, et me suis fendu les chairs aux endroits où se réunissent les lèvres. Un instant je crus mon but atteint. Je regardai dans un miroir cette bouche meurtrie par ma propre volonté ! C'était une erreur ! Le sang qui coulait avec abondance des deux blessures empêchait d'ailleurs de distinguer si c'était là vraiment le rire des autres. Mais, après quelques instants de comparaison, je vis bien que mon rire ne ressemblait pas à celui des humains, c'est-à-dire que je ne riais pas. J'ai vu les hommes, à la tête laide et aux yeux terribles enfoncés dans l'orbite obscur, surpasser la dureté du roc, la rigidité de l'acier fondu, la cruauté du requin, l'insolence de la jeunesse, la fureur insensée des criminels, les trahisons de l'hypocrite, les comédiens les plus extraordinaires, la puissance de caractère des prêtres, et les êtres les plus cachés au dehors, les plus froids des mondes et du ciel ; lasser les moralistes à découvrir leur cœur, et faire retomber sur eux la colère implacable d'en haut. Je les ai vus tous à la fois, tantôt, le poing le plus robuste dirigé vers le ciel, comme celui d'un enfant déjà pervers contre sa mère, probablement excités par quelque esprit de l'enfer, les yeux chargés d'un remords cuisant en même temps que haineux, dans un silence glacial, n'oser émettre les méditations vastes et ingrates que recélait leur sein, tant elles étaient pleines d'injustice et d'horreur, et attrister de compassion le Dieu de miséricorde ; tantôt, à chaque moment du jour, depuis le commencement de l'enfance jusqu'à la fin de la vieillesse, en répandant des anathèmes incroyables, qui n'avaient pas le sens commun, contre tout ce qui respire, contre eux-mêmes et contre la Providence, prostituer les femmes et les enfants, et déshonorer ainsi les parties du corps consacrées à la pudeur. Alors, les mers soulèvent leurs eaux, engloutissent dans leurs abîmes les planches ; les ouragans, les tremblements de terre renversent les maisons ; la peste, les maladies diverses déciment les familles priantes. Mais, les hommes ne s'en aperçoivent pas. Je les ai vus aussi rougissant, pâlissant de honte pour leur conduite sur cette terre ; rarement. Tempêtes, sœurs des ouragans ; firmament bleuâtre, dont je n'admets pas la beauté ; mer hypocrite, image de mon cœur ; terre, au sein mystérieux ; habitants des sphères ; univers entier ; Dieu, qui l'as créé avec magnificence, c'est toi que j'invoque : montre-moi un homme qui soit bon !... Mais, que ta grâce décuple mes forces naturelles ; car, au spectacle de ce monstre, je puis mourir d'étonnement : on meurt à moins.

On doit laisser pousser ses ongles pendant quinze jours. Oh ! comme il est doux d'arracher brutalement de son lit un enfant qui n'a rien encore sur la lèvre supérieure, et, avec les yeux très-ouverts, de faire semblant de passer suavement la main sur son front, en inclinant en arrière ses beaux cheveux ! Puis, tout à coup, au moment où il s'y attend le moins, d'enfoncer les ongles longs dans sa poitrine molle, de façon qu'il ne meure pas ; car, s'il mourait, on n'aurait pas plus tard l'aspect de ses misères. Ensuite, on boit le sang en léchant les blessures ; et, pendant ce temps, qui devrait durer autant que l'éternité dure, l'enfant pleure. Rien n'est si bon que son sang, extrait comme je viens de le dire, et tout chaud encore, si ce ne sont ses larmes, amères comme le sel. Homme, n'as-tu jamais goûté de ton sang, quand par hasard tu t'es coupé le doigt ? Comme il est bon, n'est-ce pas ; car, il n'a aucun goût. En outre, ne te souviens-tu pas d'avoir un jour, dans tes réflexions lugubres, porté la main, creusée au fond, sur ta figure maladive mouillée par ce qui tombait des yeux ; laquelle main ensuite se dirigeait fatalement vers la bouche, qui puisait à longs traits, dans cette coupe, tremblante comme les dents de l'élève qui regarde obliquement celui qui est né pour l'oppresser, les larmes ? Comme elles sont bonnes, n'est-ce pas ; car, elles ont le goût du vinaigre. On dirait les larmes de celle qui aime le plus ; mais, les larmes de l'enfant sont meilleures au palais. Lui, ne trahit pas, ne connaissant pas encore le mal : celle qui aime le plus trahit tôt ou tard... je le devine par analogie, quoique j'ignore ce que c'est que l'amitié, que l'amour (il est probable que je ne les accepterai jamais ; du moins, de la part de la race humaine). Donc, puisque ton sang et tes larmes ne te dégoûtent pas, nourris-toi, nourris-toi avec confiance des larmes et du sang de l'adolescent. Bande-lui les yeux, pendant que tu déchireras ses chairs palpitantes ; et, après avoir entendu de longues heures ses cris sublimes, semblables aux râles perçants que poussent dans une bataille les gosiers des blessés agonisants, alors, t'ayant écarté comme une avalanche, tu te précipiterais de la chambre voisine, et tu feras semblant d'arriver à son secours. Tu lui délieras les mains, aux nerfs et aux veines gonflées, tu rendras la vue à ses yeux égarés, en te remettant à lécher ses larmes et son sang. Comme alors le repentir est vrai ! L'étincelle divine qui est en nous, et paraît si rarement, se montre ; trop tard ! Comme le cœur déborde de pouvoir consoler l'innocent à qui l'on a fait du mal : « Adolescent, qui venez de souffrir des douleurs cruelles, qui donc a pu commettre sur vous un crime que je ne sais de quel nom qualifier ! Malheureux que vous êtes ! Comme vous devez souffrir ! Et si votre mère savait cela, elle ne serait pas plus près de la mort, si abhorrée par les coupables, que je ne le suis maintenant. Hélas ! qu'est-ce donc que le bien et le mal ! Est-ce une même chose par laquelle nous témoignons avec rage notre impuissance, et la passion d'atteindre à l'infini par les moyens même les plus insensés ? Ou bien, sont-ce deux choses différentes ? Oui... que ce soit plutôt une même chose... car, sinon, que deviendrai-je au jour du jugement ! Adolescent, pardonne-moi ; c'est celui qui est devant ta figure noble et sacrée, qui a brisé tes os et déchiré les chairs qui pendent à différents endroits de ton corps. Est-ce un délire de ma raison malade, est-ce un instinct secret qui ne dépend pas de mes raisonnements, pareil à celui de l'aigle déchirant sa proie, qui m'a poussé à commettre ce crime ; et pourtant, autant que ma victime, je souffrais ! Adolescent, pardonne-moi. Une fois sortis de cette vie passagère, je veux que nous soyons entrelacés pendant l'éternité ; ne former qu'un seul être, ma bouche collée à ta bouche. Même, de cette manière, ma punition ne sera pas complète. Alors, tu me déchireras, sans jamais t'arrêter, avec les dents et les ongles à la fois. Je parerai mon corps de guirlandes embaumées, pour cet holocauste expiatoire ; et nous souffrirons tous les deux, moi, d'être déchiré, toi, de me déchirer... ma bouche collée à ta bouche. Ô adolescent, aux cheveux blonds, aux yeux si doux, feras-tu maintenant ce que je te conseille ? Malgré toi, je veux que tu le fasses, et tu rendras heureuse ma conscience. » Après avoir parlé ainsi, en même temps tu auras fait le mal à un être humain, et tu seras aimé du même être : c'est le bonheur le plus grand que l'on puisse concevoir. Plus tard, tu pourras le mettre à l'hôpital ; car, le perclus ne pourra pas gagner sa vie. On t'appellera bon, et les couronnes de laurier et les médailles d'or cacheront tes pieds nus, épars sur la grande tombe, à la figure vieille. Ô toi, dont je ne veux pas écrire le nom sur cette page qui consacre la sainteté du crime, je sais que ton pardon fut immense comme l'univers. Mais, moi, j'existe encore !

J'ai fait un pacte avec la prostitution afin de semer le désordre dans les familles. Je me rappelle la nuit qui précéda cette dangereuse liaison. Je vis devant moi un tombeau. J'entendis un ver luisant, grand comme une maison, qui me dit : « Je vais t'éclairer. Lis l'inscription. Ce n'est pas de moi que vient cet ordre suprême. » Une vaste lumière couleur de sang, à l'aspect de laquelle mes mâchoires claquèrent et mes bras tombèrent inertes, se répandit dans les airs jusqu'à l'horizon. Je m'appuyai contre une muraille en ruine, car j'allais tomber, et je lus : « Ci-gît un adolescent qui mourut poitrinaire : vous savez pourquoi. Ne priez pas pour lui. » Beaucoup d'hommes n'auraient peut-être pas eu autant de courage que moi. Pendant ce temps, une belle femme nue vint se coucher à mes pieds. Moi, à elle, avec une figure triste : « Tu peux te relever. » Je lui tendis la main avec laquelle le fratricide égorge sa sœur. Le ver luisant, à moi : « Toi, prends une pierre et tue-la. — Pourquoi ? lui dis-je. » Lui, à moi : « Prends garde à toi ; le plus faible, parce que je suis le plus fort. Celle-ci s'appelle Prostitution. » Les larmes dans les yeux, la rage dans le cœur, je sentis naître en moi une force inconnue. Je pris une grosse pierre ; après bien des efforts, je la soulevai avec peine jusqu'à la hauteur de ma poitrine ; je la mis sur l'épaule avec les bras. Je gravis une montagne jusqu'au sommet : de là, j'écrasai le ver luisant. Sa tête s'enfonça sous le sol d'une grandeur d'homme ; la pierre rebondit jusqu'à la hauteur de six églises. Elle alla retomber dans un lac, dont les eaux s'abaissèrent un instant, tournoyantes, en creusant un immense cône renversé. Le calme reparut à la surface ; la lumière de sang ne brilla plus. « Hélas ! Hélas ! s'écria la belle femme nue ; qu'as-tu fait ? » Moi, à elle : « Je te préfère à lui ; parce que j'ai pitié des malheureux. Ce n'est pas ta faute, si la justice éternelle t'a créée. » Elle, à moi : « Un jour, les hommes me rendront justice ; je ne t'en dis pas davantage. Laisse-moi partir, pour aller cacher au fond de la mer ma tristesse infinie. Il n'y a que toi et les monstres hideux qui grouillent dans ces noirs abîmes, qui ne me méprisent pas. Tu es bon. Adieu, toi qui m'as aimée ! » Moi, à elle : « Adieu ! Encore une fois : adieu ! Je t'aimerai toujours !... Dès aujourd'hui, j'abandonne la vertu. » C'est pourquoi, ô peuples, quand vous entendrez le vent d'hiver gémir sur la mer et près de ses bords, ou au dessus des grandes villes, qui, depuis longtemps, ont pris le deuil pour moi, ou à travers les froides régions polaires, dites : « Ce n'est pas l'esprit de Dieu qui passe : ce n'est que le soupir aigu de la prostitution, uni avec les gémissements graves du Montévidéen. » Enfants, c'est moi qui vous le dis. Alors, pleins de miséricorde, agenouillez-vous ; et que les hommes, plus nombreux que les poux, fassent de longues prières.

Au clair de la lune, près de la mer, dans les endroits isolés des campagnes, l'on voit, plongé dans d'amères réflexions, toutes les choses revêtir des formes jaunes, indécises, fantastiques. L'ombre des arbres, tantôt vite, tantôt lentement, court, vient, revient, par diverses formes, en s'aplatissant, en se collant contre la terre. Dans le temps, lorsque j'étais emporté sur les ailes de la jeunesse, cela me faisait rêver, me paraissait étrange ; maintenant, j'y suis habitué. Le vent gémit à travers les feuilles ses notes langoureuses, et le hibou chante sa grave complainte, qui fait dresser les cheveux à ceux qui l'entendent. Alors, les chiens, rendus furieux, brisent leurs chaînes, s'échappent des fermes lointaines ; ils courent dans la campagne, çà et là, en proie à la folie. Tout à coup, ils s'arrêtent, regardent de tous les côtés avec une inquiétude farouche, l'œil en feu ; et, de même que les éléphants, avant de mourir, jettent dans le désert un dernier regard au ciel, élevant désespérément leur trompe, laissant leurs oreilles inertes, de même les chiens laissent leurs oreilles inertes, élèvent la tête, gonflent le cou terrible, et se mettent à aboyer, tour à tour, soit comme un enfant qui crie de faim, soit comme un chat blessé au ventre au-dessus d'un toit, soit comme une femme qui va enfanter, soit comme un moribond atteint de la peste à l'hôpital, soit comme une jeune fille qui chante un air sublime, contre les étoiles au nord, contre les étoiles au sud, contre les étoiles à l'ouest ; contre la lune ; contre les montagnes, semblables au loin à des roches géantes, gisantes dans l'obscurité ; contre l'air froid qu'ils aspirent à pleins poumons, qui rend l'intérieur de leur narine, rouge, brûlant ; contre le silence de la nuit ; contre les chouettes, dont le vol oblique leur rase le museau, emportant un rat ou une grenouille dans le bec, nourriture vivante, douce pour les petits ; contre les lièvres, qui disparaissent en un clin d'œil ; contre le voleur, qui s'enfuit au galop de son cheval après avoir commis un crime ; contre les serpents, remuant les bruyères, qui leur font trembler la peau, grincer les dents ; contre leurs propres aboiements, qui leur font peur à eux-mêmes ; contre les crapauds, qu'ils broient d'un coup sec de mâchoire (pourquoi se sont-ils éloignés du marais ?) ; contre les arbres, dont les feuilles, mollement bercées, sont autant de mystères qu'ils ne comprennent pas, qu'ils veulent découvrir avec leurs yeux fixes, intelligents ; contre les araignées, suspendues entre leurs longues pattes, qui grimpent sur les arbres pour se sauver ; contre les corbeaux, qui n'ont pas trouvé de quoi manger pendant la journée, et qui s'en reviennent au gîte l'aile fatiguée ; contre les rochers du rivage ; contre les feux, qui paraissent aux mâts des navires invisibles ; contre le bruit sourd des vagues ; contre les grands poissons, qui, nageant, montrent leur dos noir, puis s'enfoncent dans l'abîme ; et contre l'homme qui les rend esclaves. Après quoi, ils se mettent de nouveau à courir la campagne, en sautant, de leurs pattes sanglantes par dessus les fossés, les chemins, les champs, les herbes et les pierres escarpées. On les dirait atteints de la rage, cherchant un vaste étang pour apaiser leur soif. Leurs hurlements prolongés épouvantent la nature. Malheur au voyageur attardé ! Les amis des cimetières se jetteront sur lui, le déchireront, le mangeront avec leur bouche d'où tombe du sang ; car, ils n'ont pas les dents gâtées. Les animaux sauvages, n'osant pas s'approcher pour prendre part au repas de chair, s'enfuient à perte de vue, tremblants. Après quelques heures, les chiens, harassés de courir ça et là, presque morts, la langue en dehors de la bouche, se précipitent les uns sur les autres, sans savoir ce qu'ils font, et se déchirent en mille lambeaux, avec une rapidité incroyable. Ils n'agissent pas ainsi par cruauté. Un jour, avec des yeux vitreux, ma mère me dit : « Lorsque tu seras dans ton lit, que tu entendras les aboiements des chiens dans la campagne, cache-toi dans ta couverture, ne tourne pas en dérision ce qu'ils font : ils ont soif insatiable de l'infini, comme toi, comme moi, comme le reste des humains, à la figure pâle et longue. Même, je te permets de te mettre devant la fenêtre pour contempler ce spectacle, qui est assez sublime. » Depuis ce temps, je respecte le vœu de la morte. Moi, comme les chiens, j'éprouve le besoin de l'infini… Je ne puis, je ne puis contenter ce besoin ! Je suis fils de l'homme et de la femme, d'après ce qu'on m'a dit. Ça m'étonne… je croyais être davantage ! Au reste, que m'importe d'où je viens ? Moi, si cela avait pu dépendre de ma volonté, j'aurais voulu être plutôt le fils de la femelle du requin, dont la faim est amie des tempêtes, et du tigre, à la cruauté reconnue : je ne serais pas si méchant. Vous, qui me regardez, éloignez-vous de moi, car mon haleine exhale un souffle empoisonné. Nul n'a encore vu les rides vertes de mon front ; ni les os en saillie de ma figure maigre, pareils aux arêtes de quelque grand poisson, ou aux rochers couvrant les rivages de la mer, ou aux abruptes montagnes alpestres, que je parcourus souvent, quand j'avais sur ma tête des cheveux d'une autre couleur. Et, quand je rôde autour des habitations des hommes, pendant les nuits orageuses, les yeux ardents, les cheveux flagellés par le vent des tempêtes, isolé comme une pierre au milieu du chemin, je couvre ma face flétrie, avec un morceau de velours, noir comme la suie qui remplit l'intérieur des cheminées : il ne faut pas que mes yeux soient témoins de la laideur que l'Être suprême, avec un sourire de haine puissante, a mise sur moi. Chaque matin, quand le soleil se lève pour les autres, en répandant la joie et la chaleur dans toute la nature, tandis qu'aucun de mes traits ne bouge, en regardant fixement l'espace plein de ténèbres, accroupi vers le fond de ma caverne aimée, dans un désespoir qui m'enivre comme le vin, je meurtris de mes puissantes mains ma poitrine en lambeaux. Pourtant, je sens que je ne suis pas atteint de la rage ! Pourtant, je sens que je ne suis pas le seul qui souffre ! Pourtant, je sens que je respire ! Comme un condamné qui essaie ses muscles, en réfléchissant sur leur sort, et qui va bientôt monter à l'échafaud, debout, sur mon lit de paille, les yeux fermés, je tourne lentement mon col de droite à gauche, de gauche à droite, pendant des heures entières ; je ne tombe pas raide mort. De moment en moment, lorsque mon col ne peut plus continuer de tourner dans un même sens, qu'il s'arrête, pour se remettre à tourner dans un sens opposé, je regarde subitement l'horizon, à travers les rares interstices laissés par les broussailles épaisses qui recouvrent l'entrée : je ne vois rien ! Rien... si ce ne sont les campagnes qui dansent en tourbillons avec les arbres et avec les longues files d'oiseaux qui traversent les airs. Cela me trouble le sang et le cerveau... Qui donc, sur la tête, me donne des coups de barre de fer, comme un marteau frappant l'enclume ?

Je me propose, sans être ému, de déclamer à grande voix la strophe sérieuse et froide que vous allez entendre. Vous, faites attention à ce qu'elle contient, et gardez-vous de l'impression pénible qu'elle ne manquera pas de laisser, comme une flétrissure, dans vos imaginations troublées. Ne croyez pas que je sois sur le point de mourir, car je ne suis pas encore un squelette, et la vieillesse n'est pas collée à mon front. Écartons en conséquence toute idée de comparaison avec le cygne, au moment où son existence s'envole, et ne voyez devant vous qu'un monstre, dont je suis heureux que vous ne puissiez apercevoir la figure ; mais, moins horrible est-elle que son âme. Cependant, je ne suis pas un criminel... Assez sur ce sujet. Il n'y pas longtemps que j'ai revu la mer et foulé le pont des vaisseaux, et mes souvenirs sont vivaces comme si je l'avais quittée la veille. Soyez néanmoins, si vous le pouvez, aussi calmes que moi, dans cette lecture que je me repens déjà de vous offrir, et ne rougissez pas à la pensée de ce qu'est le cœur humain. Ô poulpe, au regard de soie ! toi, dont l'âme est inséparable de la mienne ; toi, le plus beau des habitants du globe terrestre, et qui commandes à un sérail de quatre cents ventouses ; toi, en qui siègent noblement, comme dans leur résidence naturelle, par un commun accord, d'un lien indestructible, la douce vertu communicative et les grâces divines, pourquoi n'es-tu pas avec moi, ton ventre de mercure contre ma poitrine d'aluminium, assis tous les deux sur quelque rocher du rivage, pour contempler ce spectacle que j'adore !

Vieil océan, aux vagues de cristal, tu ressembles proportionnellement à ces marques azurées que l'on voit sur le dos meurtri des mousses ; tu es un immense bleu, appliqué sur le corps de la terre : j'aime cette comparaison. Ainsi, à ton premier aspect, un souffle prolongé de tristesse, qu'on croirait être le murmure de ta brise suave, passe, en laissant des ineffaçables traces, sur l'âme profondément ébranlée, et tu rappelles au souvenir de tes amants, sans qu'on s'en rende toujours compte, les rudes commencements de l'homme, où il fait connaissance avec la douleur, qui ne le quitte plus. Je te salue, vieil océan !

Vieil océan, ta forme harmonieusement sphérique, qui réjouit la face grave de la géométrie, ne me rappelle que trop les petits yeux de l'homme, pareils à ceux du sanglier pour la petitesse, et à ceux des oiseaux de nuit pour la perfection circulaire du contour. Cependant, l'homme s'est cru beau dans tous les siècles. Moi, je suppose plutôt que l'homme ne croit à sa beauté que par amour-propre ; mais, qu'il n'est pas beau réellement et qu'il s'en doute ; car, pourquoi regarde-t-il la figure de son semblable avec tant de mépris ? Je te salue, vieil océan !

Vieil océan, tu es le symbole de l'identité : toujours égal à toi-même. Tu ne varies pas d'une manière essentielle, et, si tes vagues sont quelque part en furie, plus loin, dans quelque autre zone, elles sont dans le calme le plus complet. Tu n'es pas comme l'homme qui s'arrête dans la rue, pour voir deux bouledogues s'empoigner au cou, mais, qui ne s'arrête pas, quand un enterrement passe ; qui est ce matin accessible et ce soir de mauvaise humeur ; qui rit aujourd'hui et pleure demain. Je te salue, vieil océan !

Vieil océan, il n'y aurait rien d'impossible à ce que tu caches dans ton sein de futures utilités pour l'homme. Tu lui as déjà donné la baleine. Tu ne laisses pas facilement deviner aux yeux avides des sciences naturelles les mille secrets de ton intime organisation : tu es modeste. L'homme se vante sans cesse, et pour des minuties. Je te salue, vieil océan !

Vieil océan, les différentes espèces de poissons que tu nourris n'ont pas juré fraternité entre elles. Chaque espèce vit de son côté. Les tempéraments et les conformations qui varient dans chacune d'elles, expliquent, d'une manière satisfaisante, ce qui ne paraît d'abord qu'une anomalie. Il en est ainsi de l'homme, qui n'a pas les mêmes motifs d'excuse. Un morceau de terre est-il occupé par trente millions d'êtres humains, ceux-ci se croient obligés de ne pas se mêler de l'existence de leurs voisins, fixés comme des racines sur le morceau de terre qui suit. En descendant du grand au petit, chaque homme vit comme un sauvage dans sa tanière, et en sort rarement pour visiter son semblable, accroupi pareillement dans une autre tanière. La grande famille universelle des humains est une utopie digne de la logique la plus médiocre. En outre, du spectacle de tes mamelles fécondes, se dégage la notion d'ingratitude ; car, on pense aussitôt à ces parents nombreux, assez ingrats envers le Créateur, pour abandonner le fruit de leur misérable union. Je te salue, vieil océan !

Vieil océan, ta grandeur matérielle ne peut se comparer qu'à la mesure qu'on se fait de ce qu'il a fallu de puissance active pour engendrer la totalité de ta masse. On ne peut pas t'embrasser d'un coup d'œil. Pour te contempler, il faut que la vue tourne son télescope, par un mouvement continu, vers les quatre points de l'horizon, de même qu'un mathématicien, afin de résoudre une équation algébrique, est obligé d'examiner séparément les divers cas possibles, avant de trancher la difficulté. L'homme mange des substances nourrissantes, et fait d'autres efforts, dignes d'un meilleur sort, pour paraître gras. Qu'elle se gonfle tant qu'elle voudra, cette adorable grenouille. Sois tranquille, elle ne t'égalera pas en grosseur ; je le suppose, du moins. Je te salue, vieil océan !

Vieil océan, tes eaux sont amères. C'est exactement le même goût que le fiel que distille la critique sur les beaux-arts, sur les sciences, sur tout. Si quelqu'un a du génie, on le fait passer pour un idiot ; si quelque autre est beau de corps, c'est un bossu affreux. Certes, il faut que l'homme sente avec force son imperfection, dont les trois quarts d'ailleurs ne sont dus qu'à lui-même, pour la critiquer ainsi ! Je te salue, vieil océan !

Vieil océan, les hommes, malgré l'excellence de leurs méthodes, ne sont pas encore parvenus, aidés par les moyens d'investigation de la science, à mesurer la profondeur vertigineuse de tes abîmes ; tu en as que les sondes les plus longues, les plus pesantes, ont reconnu inaccessibles. Aux poissons... ça leur est permis : pas aux hommes. Souvent, je me suis demandé quelle chose était le plus facile à reconnaître : la profondeur de l'océan ou la profondeur du cœur humain ! Souvent, la main portée au front, debout sur les vaisseaux, tandis que la lune se balançait entre les mâts d'une façon irrégulière, je me suis surpris, faisant abstraction de tout ce qui n'était pas le but que je poursuivais, m'efforçant de résoudre ce difficile problème ! Oui, quel est le plus profond, le plus impénétrable des deux : l'océan ou le cœur humain ? Si trente ans d'expérience de la vie peuvent jusqu'à un certain point pencher la balance vers l'une ou l'autre de ces solutions, il me sera permis de dire que, malgré la profondeur de l'océan, il ne peut pas se mettre en ligne, quant à la comparaison sur cette propriété, avec la profondeur du cœur humain. J'ai été en relation avec des hommes qui ont été vertueux. Ils mouraient à soixante ans, et chacun ne manquait pas de s'écrier : « Ils ont fait le bien sur cette terre, c'est-à-dire qu'ils ont pratiqué la charité : voilà tout, ce n'est pas malin, chacun peut en faire autant. » Qui comprendra pourquoi deux amants qui s'idolâtraient la veille, pour un mot mal interprété, s'écartent, l'un vers l'orient, l'autre vers l'occident, avec les aiguillons de la haine, de la vengeance, de l'amour et du remords, et ne se revoient plus, chacun drapé dans sa fierté solitaire. C'est un miracle qui se renouvelle chaque jour et qui n'en est pas moins miraculeux. Qui comprendra pourquoi l'on savoure non seulement les disgrâces générales de ses semblables, mais encore les particulières de ses amis les plus chers, tandis que l'ont est affligé en même temps ? Un exemple incontestable pour clore la série : l'homme dit hypocritement oui et pense non. C'est pour cela que les marcassins de l'humanité ont tant de confiance les uns dans les autres et ne sont pas égoïstes. Il reste à la psychologie beaucoup de progrès à faire. Je te salue, vieil océan !

Vieil océan, tu es si puissant, que les hommes l'ont appris à leurs propres dépens. Ils ont beau employer toutes les ressources de leur génie... incapables de te dominer. Ils ont trouvé leur maître. Je dis qu'ils ont trouvé quelque chose de plus fort qu'eux. Ce quelque chose a un nom. Ce nom est : l'océan ! La peur que tu leur inspires est telle, qu'ils te respectent. Malgré cela, tu fais valser leurs plus lourdes machines avec grâce, élégance et facilité. Tu leur fais faire des sauts gymnastiques jusqu'au ciel, et des plongeons admirables jusqu'au fond de tes domaines : un saltimbanque en serait jaloux. Bienheureux sont-ils, quand tu ne les enveloppes pas définitivement dans tes plis bouillonnants, pour aller voir, sans chemin de fer, dans tes entrailles aquatiques, comment se portent les poissons, et surtout comment ils se portent eux-mêmes. L'homme dit : « Je suis plus intelligent que l'océan. » C'est possible ; c'est même assez vrai ; mais l'océan lui est plus redoutable que lui à l'océan : c'est ce qu'il n'est pas nécessaire de prouver. Ce patriarche observateur, contemporain des premières époques de notre globe suspendu, sourit de pitié, quand il assiste aux combats navals des nations. Voilà une centaine de léviathans qui sont sortis des mains de l'humanité. Les ordres emphatiques des supérieurs, les cris des blessés, les coups de canon, c'est du bruit fait exprès pour anéantir quelques secondes. Il paraît que le drame est fini, et que l'océan a tout mis dans son ventre. La gueule est formidable. Elle doit être grande vers le bas, dans la direction de l'inconnu ! Pour couronner enfin la stupide comédie, qui n'est même pas intéressante, on voit, au milieu des airs, quelque cigogne, attardée par la fatigue, qui se met à crier, sans arrêter l'envergure de son vol : « Tiens !... je la trouve mauvaise ! Il y avait en bas des points noirs ; j'ai fermé les yeux : ils ont disparu. » Je te salue, vieil océan !

Vieil océan, ô grand célibataire, quand tu parcours la solitude solennelle de tes royaumes flegmatiques, tu t'enorgueillis à juste titre de ta magnificence native, et des éloges vrais que je m'empresse de te donner. Balancé voluptueusement par les molles effluves de ta lenteur majestueuse, qui est le plus grandiose parmi les attributs dont le souverain pouvoir t'a gratifié, tu déroules, au milieu d'un sombre mystère, sur toute ta surface sublime, tes vagues incomparables, avec le sentiment calme de ta puissance éternelle. Elles se suivent parallèlement, séparées par de courts intervalles. À peine l'une diminue, qu'une autre va à sa rencontre en grandissant, accompagnées du bruit mélancolique de l'écume qui se fond, pour nous avertir que tout est écume. (Ainsi, les êtres humains, ces vagues vivantes, meurent l'un après l'autre, d'une manière monotone ; mais, sans laisser de bruit écumeux). L'oiseau de passage se repose sur elles avec confiance, et se laisse abandonner à leurs mouvements, pleins d'une grâce fière, jusqu'à ce que les os de ses ailes aient recouvré leur vigueur accoutumée pour continuer le pèlerinage aérien. Je voudrais que la majesté humaine ne fût que l'incarnation du reflet de la tienne. Je demande beaucoup, et ce souhait sincère est glorieux pour toi. Ta grandeur morale, image de l'infini, est immense comme la réflexion du philosophe, comme l'amour de la femme, comme la beauté divine de l'oiseau, comme les méditations du poète. Tu es plus beau que la nuit. Réponds-moi, océan, veux-tu être mon frère ? Remue-toi avec impétuosité... plus... plus encore, si tu veux que je te compare à la vengeance de Dieu ; allonge tes griffes livides, en te frayant un chemin sur ton propre sein... c'est bien. Déroule tes vagues épouvantables, océan hideux, compris par moi seul, et devant lequel je tombe, prosterné à tes genoux. La majesté de l'homme est empruntée ; il ne m'imposera point : toi, oui. Oh ! quand tu t'avances, la crête haute et terrible, entouré de tes replis tortueux comme d'une cour, magnétiseur et farouche, roulant tes ondes les unes sur les autres, avec la conscience de ce que tu es, pendant que tu pousses, des profondeurs de ta poitrine, comme accablé d'un remords intense que je ne puis pas découvrir, ce sourd mugissement perpétuel que les hommes redoutent tant, même quand ils te contemplent, en sûreté, tremblants sur le rivage, alors, je vois qu'il ne m'appartient pas, le droit insigne de me dire ton égal. C'est pourquoi, en présence de ta supériorité, je te donnerais tout mon amour (et nul ne sait la quantité d'amour que contiennent mes aspirations vers le beau), si tu ne me faisais douloureusement penser à mes semblables, qui forment avec toi le plus ironique contraste, l'antithèse la plus bouffonne que l'on ait jamais vue dans la création : je ne puis pas t'aimer, je te déteste. Pourquoi reviens-je à toi, pour la millième fois, vers tes bras amis, qui s'entrouvrent, pour caresser mon front brûlant, qui voit disparaître la fièvre à leur contact ! Je ne connais pas ta destinée cachée ; tout ce qui te concerne m'intéresse. Dis-moi donc si tu es la demeure du prince des ténèbres. Dis-le moi... dis-le moi, océan (à moi seul, pour ne pas attrister ceux qui n'ont encore connu que les illusions), et si le souffle de Satan crée les tempêtes qui soulèvent tes eaux salées jusqu'aux nuages. Il faut que tu me le dises, parce que je me réjouirais de savoir l'enfer si près de l'homme. Je veux que celle-ci soit la dernière strophe de mon invocation. Par conséquent, une seule fois encore, je veux te saluer et te faire mes adieux ! Vieil océan, aux vagues de cristal... Mes yeux se mouillent de larmes abondantes, et je n'ai pas la force de poursuivre ; car, je sens que le moment venu de revenir parmi les hommes, à l'aspect brutal ; mais… courage ! Faisons un grand effort, et accomplissons, avec le sentiment du devoir, notre destinée sur cette terre. Je te salue, vieil océan !

On ne me verra pas, à mon heure dernière (j'écris ceci sur mon lit de mort), entouré de prêtres. Je veux mourir, bercé par la vague de la mer tempétueuse, ou debout sur la montagne… les yeux en haut, non : je sais que mon anéantissement sera complet. D'ailleurs, je n'aurais pas de grâce à espérer. Qui ouvre la porte de ma chambre funéraire ? J'avais dit que personne n'entrât. Qui que vous soyez, éloignez-vous ; mais, si vous croyez apercevoir quelque marque de douleur ou de crainte sur mon visage d'hyène (j'use de cette comparaison, quoique l'hyène soit plus belle que moi, et plus agréable à voir), soyez détrompé : qu'il s'approche. Nous sommes dans une nuit d'hiver, alors que les éléments s'entrechoquent de toutes parts, que l'homme a peur, et que l'adolescent médite quelque crime sur un de ses amis, s'il est ce que je fus dans ma jeunesse. Que le vent, dont les sifflements plaintifs attristent l'humanité, depuis que le vent, l'humanité existent, quelques moments avant l'agonie dernière, me porte sur les os de ses ailes, à travers le monde, impatient de ma mort. Je jouirai encore, en secret, des exemples nombreux de la méchanceté humaine (un frère, sans être vu, aime à voir les actes de ses frères). L'aigle, le corbeau, l'immortel pélican, le canard sauvage, la grue voyageuse, éveillés, grelottant de froid, me verront passer à la lueur des éclairs, spectre horrible et content. Ils ne sauront ce que cela signifie. Sur la terre, la vipère, l'œil gros du crapaud, le tigre, l'éléphant ; dans la mer, la baleine, le requin, le marteau, l'informe raie, la dent du phoque polaire, se demanderont quelle est cette dérogation à la loi de la nature. L'homme, tremblant, collera son front contre la terre, au milieu de ses gémissements. « Oui, je vous surpasse tous par ma cruauté innée, cruauté qu'il n'a pas dépendu de moi d'effacer. Est-ce pour ce motif que vous vous montrez devant moi dans cette prosternation ? ou bien, est-ce parce que vous me voyez parcourir, phénomène nouveau, comme une comète effrayante, l'espace ensanglanté ? (Il me tombe une pluie de sang de mon vaste corps, pareil à un nuage noirâtre que pousse l'ouragan devant soi). Ne craignez rien, enfants, je ne veux pas vous maudire. Le mal que vous m'avez fait est trop grand, trop grand le mal que je vous ai fait, pour qu'il soit volontaire. Vous autres, vous avez marché dans votre voie, moi, dans la mienne, pareilles toutes les deux, toutes les deux perverses. Nécessairement, nous avons dû nous rencontrer, dans cette similitude de caractère ; le choc qui en est résulté nous a été réciproquement fatal. » Alors, les hommes relèveront peu à peu la tête, en reprenant courage, pour voir celui qui parle ainsi, allongeant le cou comme l'escargot. Tout à coup, leur visage brûlant, décomposé, montrant les plus terribles passions, grimacera de telle manière que les loups auront peur. Ils se dresseront à la fois comme un ressort immense.

Quelles imprécations ! Quels déchirements de voix ! Ils m'ont reconnu. Voilà que les animaux de la terre se réunissent aux hommes, font entendre leurs bizarres clameurs. Plus de haine réciproque ; les deux haines sont tournées contre l'ennemi commun, moi ; on se rapproche par un assentiment universel. Vents, qui me soutenez, élevez-moi plus haut ; je crains la perfidie. Oui, disparaissons peu à peu de leurs yeux, témoin, une fois de plus, des conséquences des passions, complètement satisfait... Je te remercie, ô rhinolophe, de m'avoir réveillé avec le mouvement de tes ailes, toi, dont le nez est surmonté d'une crête en forme de fer à cheval : je m'aperçois, en effet, que ce n'était malheureusement qu'une maladie passagère, et je me sens avec dégoût renaître à la vie. Les uns disent que tu arrivais vers moi pour me sucer le peu de sang qui se trouve dans mon corps : pourquoi cette hypothèse n'est-elle pas la réalité !

Une famille entoure une lampe posée sur la table :

— Mon fils, donne-moi les ciseaux qui sont placés sur cette chaise.

— Ils n'y sont pas, mère.

— Va les chercher alors dans l'autre chambre. Te rappelles-tu cette époque, mon doux maître, où nous faisions des vœux, pour avoir un enfant, dans lequel nous renaîtrions une seconde fois, et qui serait le soutien de notre vieillesse ?

— Je me la rappelle, et Dieu nous a exaucés. Nous n'avons pas à nous plaindre de notre lot sur cette terre. Chaque jour nous bénissons la Providence de ses bienfaits. Notre Édouard possède toutes les grâces de sa mère.

— Et les mâles qualités de son père.

— Voici les ciseaux, mère ; je les ai enfin trouvés.

Il reprend son travail... Mais quelqu'un s'est présenté à la porte d'entrée, et contemple, pendant quelques instants, le tableau qui s'offre à ses yeux :

— Que signifie ce spectacle ! Il y a beaucoup de gens qui sont moins heureux que ceux-là. Quel est le raisonnement qu'ils se font pour aimer l'existence ? Éloigne-toi, Maldoror, de ce foyer paisible ; ta place n'est pas ici.

Il s'est retiré !

— Je ne sais comment cela se fait ; mais, je sens les facultés humaines qui se livrent des combats dans mon cœur. Mon âme est inquiète, et sans savoir pourquoi ; l'atmosphère est lourde.

— Femme, je ressens les mêmes impressions que toi ; je tremble qu'il ne nous arrive quelque malheur. Ayons confiance en Dieu, en lui est le suprême espoir.

— Mère, je respire à peine ; j'ai mal à la tête.

— Toi aussi, mon fils ! Je vais te mouiller le front et les tempes avec du vinaigre.

— Bon, bonne mère...

Voyez, il appuie son corps sur le revers de la chaise, fatigué.

— Quelque chose se retourne en moi, que je ne saurais expliquer. Maintenant, le moindre objet me contrarie.

— Comme tu es pâle ! La fin de cette veillée ne se passera pas sans que quelque événement funeste nous plonge tous les trois dans le lac du désespoir !

J'entends dans le lointain des cris prolongés de la douleur la plus poignante.

— Mon fils !

— Ah ! mère... j'ai peur !

— Dis-moi vite si tu souffres.

— Mère, je ne souffre pas... Je ne dis pas la vérité.

Le père ne revient pas de son étonnement :

— Voilà des cris que l'on entend quelquefois, dans le silence des nuits sans étoiles. Quoique nous entendions ces cris, néanmoins, celui qui les pousse n'est pas près d'ici ; car, on peut entendre ces gémissements à trois lieues de distance, transportés par le vent d'une cité à une autre. On m'avait souvent parlé de ce phénomène ; mais, je n'avais jamais eu l'occasion de juger par moi-même de sa véracité. Femme, tu me parlais de malheur ; si malheur plus réel exista dans la longue spirale du temps, c'est le malheur de celui qui trouble maintenant le sommeil de ses semblables...

J'entends dans le lointain des cris prolongés de la douleur la plus poignante.

— Plût au ciel que sa naissance ne soit pas une calamité pour son pays, qui l'a repoussé de son sein. Il va de contrée en contrée, abhorré partout. Les uns disent qu'il est accablé d'une espèce de folie originelle, depuis son enfance. D'autres croient savoir qu'il est d'une cruauté extrême et instinctive, dont il a honte lui-même, et que ses parents en sont morts de douleur. Il y en a qui prétendent qu'on l'a flétri d'un surnom dans sa jeunesse ; qu'il en est resté inconsolable le reste de son existence, parce que sa dignité blessée voyait là une preuve flagrante de la méchanceté des hommes, qui se montre aux premières années, pour augmenter ensuite. Ce surnom était le vampire !...

J'entends dans le lointain des cris prolongés de la douleur la plus poignante.

— Ils ajoutent que, les jours, les nuits, sans trêve ni repos, des cauchemars horribles lui font saigner le sang par la bouche et les oreilles ; et que des spectres s'assoient au chevet de son lit, et lui jettent à la face, poussés malgré eux par une force inconnue, tantôt d'une voix douce, tantôt d'une voix pareille aux rugissements des combats, avec une persistance implacable, ce surnom toujours vivace, toujours hideux, et qui ne périra qu'avec l'univers. Quelques-uns mêmes ont affirmé que l'amour l'a réduit dans cet état ; ou que ces cris témoignent du repentir de quelque crime enseveli dans la nuit de son passé mystérieux. Mais le plus grand nombre pense qu'un incommensurable orgueil le torture, comme jadis Satan, et qu'il voudrait égaler Dieu...

J'entends dans le lointain des cris prolongés de la douleur la plus poignante.

— Mon fils, ce sont là des confidences exceptionnelles ; je plains ton âge de les avoir entendues, et j'espère que tu n'imiteras jamais cet homme.

— Parle, ô mon Édouard ; réponds que tu n'imiteras jamais cet homme.

— Ô mère, bien-aimée, à qui je dois le jour, je te promets, si ta sainte promesse d'un enfant a quelque valeur, de ne jamais imiter cet homme.

— C'est parfait, mon fils ; il faut obéir à sa mère, en quoi que ce soit.

On n'entend plus les gémissements.

— Femme, as-tu fini ton travail ?

— Il me manque quelques points à cette chemise, quoique nous ayons prolongé la veillée bien tard.

— Moi, aussi, je n'ai pas fini un chapitre commencé. Profitons des dernières lueurs de la lampe ; car, il n'y a presque plus d'huile, et achevons chacun notre travail...

L'enfant s'est écrié :

— Si Dieu nous laisse vivre !

— Ange radieux, viens à moi ; tu te promèneras dans la prairie, du matin jusqu'au soir ; tu ne travailleras point. Mon palais magnifique est construit avec des murailles d'argent, des colonnes d'or et des portes de diamant. Tu te coucheras quand tu voudras, au son d'une musique céleste, sans faire ta prière. Quand, au matin, le soleil montrera ses rayons resplendissants et que l'alouette joyeuse emportera avec elle, son cri, à perte de vue, dans les airs, tu pourras rester encore au lit, jusqu'à ce que cela te fatigue. Tu marcheras sur les tapis les plus précieux ; tu seras constamment enveloppé dans une atmosphère composée des essences parfumées des fleurs les plus odorantes.

— Il est temps de reposer le corps et l'esprit. Lève-toi, mère de famille, sur tes chevilles musculeuses. Il est juste que tes doigts raidis n'abandonnent l'aiguille du travail exagéré. Les extrêmes n'ont rien de bon.

— Oh ! que ton existence sera suave ! Je te donnerai une bague enchantée ; quand tu en retourneras le rubis, tu seras invisible, comme les princes, dans les contes de fées.

— Remets tes armes quotidiennes dans l'armoire protectrice, pendant que, de mon côté, j'arrange mes affaires.

— Quand tu le replaceras dans sa position ordinaire, tu reparaîtras tel que la nature t'a formé, ô jeune magicien. Cela, parce que je t'aime et que j'aspire à faire ton bonheur.

— Va-t'en, qui que tu sois ; ne me prends pas par les épaules.

— Mon fils, ne t'endors point, bercé par les rêves de l'enfance : la prière en commun n'est pas commencée et tes habits ne sont pas encore soigneusement placés sur une chaise… À genoux ! Éternel créateur de l'univers, tu montres ta bonté inépuisable jusque dans les plus petites choses.

— Tu n'aimes donc pas les ruisseaux limpides, où glissent des milliers de petits poissons rouges, bleus et argentés ? Tu les prendras avec un filet si beau, qu'il les attirera de lui-même, jusqu'à ce qu'il soit rempli. De la surface, tu verras des cailloux luisants, plus polis que le marbre.

— Mère, vois ces griffes : je me méfie de lui ; mais ma conscience est calme, car je n'ai rien à me reprocher.

— Tu nous vois prosternés à tes pieds, accablés du sentiment de ta grandeur. Si quelque pensée orgueilleuse s'insinue dans notre imagination, nous la rejetons aussitôt avec la salive du dédain et nous t'en faisons le sacrifice irrémissible.

— Tu t'y baigneras avec de petites filles, qui t'enlaceront de leurs bras. Une fois sortis du bain, elles te tresseront des couronnes de roses et d'œillets. Elles auront des ailes transparentes de papillon et des cheveux d'une longueur ondulée, qui flottent autour de la gentillesse de leur front.

— Quand même ton palais serait plus beau que le cristal, je ne sortirais pas de cette maison pour te suivre. Je crois que tu n'es qu'un imposteur, puisque tu me parles si doucement, de crainte de te faire entendre. Abandonner ses parents est une mauvaise action. Ce n'est pas moi qui serais fils ingrat. Quant à tes petites filles, elles ne sont pas si belles que les yeux de ma mère.

— Toute notre vie s'est épuisée dans les cantiques de ta gloire. Tels nous avons été jusqu'ici, tels nous serons, jusqu'au moment où nous recevrons de toi l'ordre de quitter cette terre.

— Elles t'obéiront à ton moindre signe et ne songeront qu'à te plaire. Si tu désires l'oiseau qui ne se repose jamais, elles te l'apporteront. Si tu désires la voiture de neige, qui transporte au soleil en un clin d'œil, elles te l'apporteront. Que ne t'apporteraient-elles pas ! Elles t'apporteraient même le cerf-volant, grand comme une tour, qu'on a caché dans la lune, et à la queue duquel sont suspendus, par des liens de soie, des oiseaux de toute espèce. Fais attention à toi… écoute mes conseils.

— Fais ce que tu voudras ; je ne veux pas interrompre la prière, pour appeler au secours. Quoique ton corps s'évapore, quand je veux l'écarter, sache que je ne te crains pas.

— Devant toi, rien n'est grand, si ce n'est la flamme exhalée d'un cœur pur.

— Réfléchis à ce que je t'ai dit, si tu ne veux pas t'en repentir.

— Père céleste, conjure, conjure les malheurs qui peuvent fondre sur notre famille.

— Tu ne veux donc pas te retirer, mauvais esprit ?

— Conserve cette épouse chérie, qui m'a consolé dans mes découragements…

— Puisque tu me refuses, je te ferai pleurer et grincer des dents comme un pendu.

— Et ce fils aimant, dont les chastes lèvres s'entrouvrent à peine aux baisers de l'aurore de vie.

— Mère, il m'étrangle… Père, secourez-moi… Je ne puis plus respirer… Votre bénédiction !

Un cri d'ironie immense s'est élevé dans les airs. Voyez comme les aigles, étourdis, tombent du haut des nuages, en roulant sur eux-mêmes, littéralement foudroyés par la colonne d'air.

— Son cœur ne bat plus… Et celle-ci est morte, en même temps que le fruit de ses entrailles, fruit que je ne reconnais plus, tant il est défiguré… Mon épouse ! Mon fils !… Je me rappelle un temps lointain où je fus époux et père.

Il s'était dit, devant le tableau qui s'offrit à ses yeux, qu'il ne supporterait pas cette injustice. S'il est efficace, le pouvoir que lui ont accordé les esprits infernaux, ou plutôt qu'il tirer de lui-même, cet enfant, avant que la nuit s'écoule, ne devait plus être.

Celui qui ne sait pas pleurer (car il a toujours refoulé la souffrance en dedans) remarqua qu'il se trouvait en Norvège. Aux îles Féroé, il assista à la recherche des nids d'oiseaux de mer, dans les crevasses à pic, et s'étonna que la corde de trois cents mètres, qui retient l'explorateur au-dessus du précipice, fût choisie d'une telle solidité. Il voyait là, quoi qu'on dise, un exemple frappant de la bonté humaine, et il ne pouvait en croire ses yeux. Si c'était lui qui eût dû préparer la corde, il aurait fait des entailles en plusieurs endroits, afin qu'elle se coupât, et précipitât le chasseur dans la mer ! Un soir, il se dirigea vers un cimetière, et les adolescents qui trouvent du plaisir à violer les cadavres de belles femmes mortes depuis peu, purent, s'ils le voulurent, entendre la conversation suivante, perdue dans le tableau d'une action qui va se dérouler en même temps.

— N'est-ce pas, fossoyeur, que tu voudras creuser avec moi ? Un cachalot s'élève peu à peu du fond de la mer, et montre sa tête au-dessus des eaux, pour voir le navire qui passe dans ces parages solitaires. La curiosité naquit avec l'univers.

— Ami, il m'est impossible d'échanger des idées avec toi. Il y a longtemps que les doux rayons de la lune font briller le marbre des tombeaux. C'est l'heure silencieuse où plus d'un être humain rêve qu'il voit apparaître des femmes enchaînées, traînant leurs linceuls, couverts de taches de sang, comme un ciel noir, d'étoiles. Celui qui dort pousse des gémissements, pareils à ceux d'un condamné à mort, jusqu'à ce qu'il se réveille, et s'aperçoive que la réalité est trois fois pire que le rêve. Je dois finir de creuser cette fosse, avec ma bêche infatigable, afin qu'elle soit prête demain matin. Pour faire un travail sérieux, il ne faut pas faire deux choses à la fois.

— Il croit que creuser une fosse est un travail sérieux ! Tu crois que creuser une fosse est un travail sérieux !

— Lorsque le sauvage pélican se résout à donner sa poitrine à dévorer à ses petits, n'ayant pour témoin que celui qui sut créer un pareil amour, afin de faire honte aux hommes, quoique le sacrifice soit grand, cet acte se comprend. Lorsqu'un jeune homme voit, dans les bras de son ami, une femme qu'il idolâtrait, il se met alors à fumer un cigare ; il ne sort pas de la maison, et se noue d'une amitié indissoluble avec la douleur ; cet acte se comprend. Quand un élève interne, dans un lycée, est gouverné, pendant des années qui sont des siècles, du matin jusqu'au soir et du soir jusqu'au lendemain, par un paria de la civilisation, qui a constamment les yeux sur lui, il sent les flots tumultueux d'une haine vivace monter, comme une épaisse fumée, à son cerveau, qui lui paraît près d'éclater. Depuis le moment où on l'a jeté dans la prison, jusqu'à celui, qui s'approche, où il en sortira, une fièvre intense lui jaunit la face, rapproche ses sourcils, et lui creuse les yeux. La nuit, il réfléchit, parce qu'il ne veut pas dormir. Le jour, sa pensée s'élance au-dessus des murailles de la demeure de l'abrutissement, jusqu'au moment où il s'échappe, ou qu'on le rejette, comme un pestiféré, de ce cloître éternel ; cet acte se comprend. Creuser une fosse dépasse souvent les forces de la nature. Comment veux-tu, étranger, que la pioche remue cette terre, qui d'abord nous nourrit, et puis nous donne un lit commode, préservé du vent de l'hiver soufflant avec furie dans ces froides contrées, lorsque celui qui tient la pioche, de ses tremblantes mains, après avoir toute la journée palpé convulsivement les joues des anciens vivants qui rentrent dans son royaume, voit, le soir, devant lui, écrit en lettres de flamme, sur chaque croix de bois, l'énoncé du problème effrayant que l'humanité n'a pas encore résolu : la mortalité ou l'immortalité de l'âme. Le créateur de l'univers, je lui ai toujours conservé mon amour ; mais si, après la mort, nous ne devons plus exister, pourquoi vois-je, la plupart des nuits, chaque tombe s'ouvrir, et leurs habitants soulever doucement les couvercles de plomb, pour aller respirer l'air frais.

— Arrête-toi dans ton travail. L'émotion t'enlève tes forces ; tu me parais faible comme le roseau ; ce serait une grande folie de continuer. Je suis fort ; je vais prendre ta place. Toi, mets-toi à l'écart ; tu me donneras des conseils, si je ne fais pas bien.

— Que tes bras sont musculeux, et qu'il y a du plaisir à te regarder bêcher la terre avec tant de facilité.

— Il ne faut pas qu'un doute inutile tourmente ta pensée : toutes ces tombes, qui sont éparses dans un cimetière, comme les fleurs dans une prairie, comparaison qui manque de vérité, sont dignes d'être mesurées avec le compas serein du philosophe. Les hallucinations dangereuses peuvent venir le jour ; mais elles viennent surtout la nuit. Par conséquent, ne t'étonne pas des visions fantastiques que tes yeux semblent apercevoir. Pendant le jour, lorsque l'esprit est en repos, interroge ta conscience ; elle te dira, avec sûreté, que le Dieu qui a créé l'homme avec une parcelle de sa propre intelligence possède une bonté sans limites, et recevra, après la mort terrestre, ce chef-d'œuvre dans son sein. Fossoyeur, pourquoi pleures-tu ? Pourquoi ces larmes, pareilles à celles d'une femme ? Rappelle-toi-le bien ; nous sommes sur ce vaisseau démâté pour souffrir. C'est un mérite, pour l'homme, que Dieu l'ait jugé capable de vaincre ses souffrances les plus graves. Parle, et puisque, d'après tes vœux les plus chers, l'on ne souffrirait pas, dis en quoi consisterait alors la vertu, idéal que chacun s'efforce d'atteindre, si ta langue est faite comme celle des autres hommes.

— Où suis-je ? N'ai-je pas changé de caractère ? Je sens un souffle puissant de consolation effleurer mon front rasséréné, comme la brise du printemps ranime l'espérance des vieillards. Quel est cet homme dont le langage sublime a dit des choses que le premier venu n'aurait pas prononcées ? Quelle beauté de musique dans la mélodie incomparable de sa voix ! Je préfère l'entendre parler, que chanter d'autres. Cependant, plus je l'observe, plus sa figure n'est pas franche. L'expression générale de ses traits contraste singulièrement avec ces paroles que l'amour de Dieu seul a pu inspirer. Son front, ridé de quelques plis, est marqué d'un stigmate indélébile. Ce stigmate, qui l'a vieilli avant l'âge, est-il honorable ou est-il infâme ? Ses rides doivent-elles être regardées avec vénération ? Je l'ignore, et je crains de le savoir. Quoiqu'il dise ce qu'il ne pense pas, je crois néanmoins qu'il a des raisons pour agir comme il l'a fait, excité par les restes en lambeaux d'une charité détruite en lui. Il est absorbé dans des méditations qui me sont inconnues, et il redouble d'activité dans un travail ardu qu'il n'a pas l'habitude d'entreprendre. La sueur mouille sa peau ; il ne s'en aperçoit pas. Il est plus triste que les sentiments qu'inspire la vue d'un enfant au berceau. Oh ! comme il est sombre !... D'où sors-tu ?... Étranger, permets que je te touche, et que mes mains, qui étreignent rarement celles des vivants, s'imposent sur la noblesse de ton corps. Quoi qu'il en arrive, je saurais à quoi m'en tenir. Ces cheveux sont les plus beaux que j'aie touchés dans ma vie. Qui serait assez audacieux pour constater que je ne connais pas la qualité des cheveux ?

— Que me veux-tu, quand je creuse une tombe ? Le lion ne souhaite pas qu'on l'agace, quand il se repaît. Si tu ne le sais pas, je te l'apprends. Allons, dépêche-toi ; accomplis ce que tu désires.

— Ce qui frissonne à mon contact, en me faisant frissonner moi-même, est de la chair, à n'en pas douter. Il est vrai... je ne rêve pas ! Qui donc es-tu, toi, qui te penches là pour creuser une tombe, tandis que, comme un paresseux qui mange le pain des autres, je ne fais rien. C'est l'heure de dormir, ou de sacrifier son repos à la science. En tout cas, nul n'est absent de sa maison, et se garde de laisser la porte ouverte, pour ne pas laisser entrer les voleurs. Il s'enferme dans sa chambre, le mieux qu'il peut, tandis que les ombres de la vieille cheminée savent encore réchauffer la salle d'un reste de chaleur. Toi, tu ne fais pas comme les autres ; tes habits indiquent un habitant de quelque pays lointain.

— Quoique je ne sois pas fatigué, il est inutile de creuser la fosse davantage. Maintenant, déshabille-moi ; puis, tu me mettras dedans.

— La conversation, que nous avons tous les deux, depuis quelques instants, est si étrange, que je ne sais que te répondre... Je crois qu'il veut rire.

— Oui, oui, c'est vrai, je voulais rire ; ne fais plus attention à ce que j'ai dit.

Il s'est affaissé, et le fossoyeur s'est empressé de le soutenir !

— Qu'as-tu ?

— Oui, oui, c'est vrai, j'avais menti… j'étais fatigué quand j'ai abandonné la pioche… c'est la première fois que j'entreprenais ce travail… ne fais plus attention à ce que j'ai dit.

— Mon opinion prend de plus en plus de la consistance : c'est quelqu'un qui a des chagrins épouvantables. Que le ciel m'ôte la pensée de l'interroger. Je préfère rester dans l'incertitude, tant il m'inspire de la pitié. Puis, il ne voudrait pas me répondre, cela est certain : c'est souffrir deux fois que de communiquer son cœur en cet état anormal.

— Laisse-moi sortir de ce cimetière ; je continuerai ma route.

— Tes jambes ne te soutiennent point ; tu t'égarerais, pendant que tu chemineras. Mon devoir est de t'offrir un lit grossier ; je n'en ai pas d'autre. Aie confiance en moi ; car, l'hospitalité ne demandera point la violation de tes secrets.

— Ô pou vénérable, toi dont le corps est dépourvu d'élytres, tu me reprocheras avec aigreur de ne pas aimer suffisamment ta sublime intelligence, qui ne se laisse pas lire ; peut-être avais-tu raison, puisque je ne sens même pas de la reconnaissance pour celui-ci. Fanal de Maldoror, où guides-tu ses pas ?

— Chez moi. Que tu sois un criminel, qui n'a pas eu la précaution de laver sa main droite, avec du savon, après avoir commis son forfait, et facile à reconnaître, par l'inspection de cette main ; ou un frère qui a perdu sa sœur ; ou quelque monarque dépossédé, fuyant de ses royaumes, mon palais vraiment grandiose, est digne de te recevoir. Il n'a pas été construit avec du diamant et des pierres précieuses, car ce n'est qu'une pauvre chaumière, mal bâtie ; mais, cette chaumière célèbre a un passé historique que le présent renouvelle et continue sans cesse. Si elle pouvait parler, elle t'étonnerait, toi, qui me parais ne t'étonner de rien. Que de fois, en même temps qu'elle, j'ai vu défiler, devant moi, les bières funéraires, contenant des os bien plus vermoulus que le bois de ma porte, contre laquelle je m'appuyai. Mes innombrables sujets augmentent chaque jour. Je n'ai pas besoin de faire, à des périodes fixes, aucun recensement pour m'en apercevoir. Ici, c'est comme chez les vivants ; chacun paie un impôt, proportionnel à la richesse de la demeure qu'il s'est choisie ; et, si quelque avare refusait de délivrer sa quote-part, j'ai ordre, en parlant à sa personne, de faire comme les huissiers : il ne manque pas de chacals et de vautours qui désireraient faire un bon repas. J'ai vu se ranger, sous les drapeaux de la mort, celui qui fut beau ; celui qui, après sa vie, n'a pas enlaidi ; l'homme, la femme, le mendiant, les fils de rois ; les illusions de la jeunesse ; les squelettes des vieillards ; le génie, la folie ; la paresse, son contraire ; celui qui fut faux, celui qui fut vrai ; le masque de l'orgueilleux, la modestie de l'humble ; le vice couronné de fleurs et l'innocence trahie.

— Non certes, je ne refuse pas ta couche, qui est digne de moi, jusqu'à ce que l'aurore vienne, qui ne tardera point. Je te remercie de ta bienveillance… Fossoyeur, il est beau de contempler les ruines des cités ; mais, il est plus beau de contempler les ruines des humains !

Le frère de la sangsue marchait à pas lents dans la forêt. Il s'arrête à plusieurs reprises, en ouvrant la bouche pour parler. Mais, chaque fois, sa gorge se resserre, et refoule en arrière l'effort avorté. Enfin, il s'écrie : « Homme, lorsque tu rencontres un chien mort retourné, appuyé contre une écluse qui l'empêche de partir, n'aille pas, comme les autres, prendre avec ta main, les vers qui sortent de son ventre gonflé, les considérer avec étonnement, ouvrir un couteau, puis en dépecer un grand nombre, en te disant que, toi aussi, tu ne seras pas plus que ce chien. Quel mystère cherches-tu ? Ni moi, ni les quatre pattes nageoires de l'ours marin de l'océan Boréal, n'avons pu trouver le problème de la vie. Prends garde, la nuit s'approche, et tu es là depuis le matin. Que dira ta famille, avec ta petite sœur, de te voir si tard arriver ? Lave tes mains, reprends ta route, qui va où tu dors… Quel est cet être, là-bas, à l'horizon, et qui ose approcher de moi, sans peur, à sauts obliques et tourmentés ; et quelle majesté, mêlée d'une douceur sereine ! Son regard, quoique doux, est profond. Ses paupières énormes jouent avec la brise, et paraissent vivre. En fixant ses yeux monstrueux, mon corps tremble ; et c'est la première fois, depuis que j'ai sucé les sèches mamelles de ce qu'on appelle une mère. Il y a comme une auréole de lumière éblouissante autour de lui. Quand il a parlé, tout s'est tu dans la nature, et a éprouvé un grand frisson. Puisqu'il te plaît de venir à moi, comme attiré par un aimant, je ne m'y opposerai pas. Qu'il est beau ! Ça me fait de la peine de te le dire. Tu dois être puissant ; car, tu as une figure plus qu'humaine, triste comme l'univers, belle comme le suicide. Je t'abhorre autant que je le peux ; et je préfère voir un serpent, entrelacé autour de mon cou depuis le commencement des siècles, que non pas tes yeux… Comment !… c'est toi, crapaud !… gros crapaud !… infortuné crapaud !… Pardonne !… pardonne !… que viens-tu faire sur cette terre où sont les maudits ? Mais, qu'as-tu donc fait de tes pustules visqueuses et fétides, pour avoir l'air si doux ? Quand tu descendis d'en haut, par un ordre supérieur, avec la mission de consoler les diverses races d'êtres existants, tu t'abattis sur la terre, avec la rapidité du milan, les ailes non fatiguées de cette longue, magnifique course ; je te vis ! Pauvre crapaud ! Comme alors je pensais à l'infini, en même temps qu'à ma faiblesse. « Un de plus qui est supérieur à ceux de la terre, me disais-je : cela, par la volonté divine. Moi, pourquoi pas aussi ? À quoi bon l'injustice, dans les décrets suprêmes ? Est-il insensé, le Créateur ; cependant le plus fort, dont la colère est terrible ! » Depuis que tu m'es apparu, monarque des étangs et des marécages ! couvert d'une gloire qui n'appartient qu'à Dieu, tu m'as en partie consolé ; mais, ma raison chancelante s'abîme devant tant de grandeur ! Qui es-tu donc ? Reste... oh ! Reste encore sur cette terre ! Replie tes blanches ailes, et ne regarde pas en haut, avec des paupières inquiètes... Si tu pars, partons ensemble ! » Le crapaud s'assit sur ses cuisses de derrière (qui ressemblent tant à celles de l'homme !) et, pendant que les limaces, les cloportes et les limaçons s'enfuyaient à la vue de leur ennemi mortel, prit la parole en ces termes : « Maldoror, écoute-moi. Remarque ma figure, calme comme un miroir, et je crois avoir une intelligence égale à la tienne. Un jour, tu m'appelas le soutien de ta vie. Depuis lors, je n'ai pas démenti la confiance que tu m'avais vouée. Je ne suis qu'un simple habitant des roseaux, c'est vrai ; mais, grâce à ton propre contact, ne prenant que ce qu'il y avait de beau en toi, ma raison s'est agrandie, et je puis te parler. Je suis venu vers toi, afin de te retirer de l'abîme. Ceux qui s'intitulent tes amis te regardent, frappés de consternation, chaque fois qu'ils te rencontrent, pâle et voûté, dans les théâtres, dans les places publiques, ou pressant, de deux cuisses nerveuses, ce cheval qui ne galope que pendant la nuit, tandis qu'il porte son maître-fantôme, enveloppé dans un long manteau noir. Abandonne ces pensées, qui rendent ton cœur vide comme un désert ; elles sont plus brûlantes que le feu. Ton esprit est tellement malade que tu ne t'en aperçois pas, et que tu crois être dans ton naturel, chaque fois qu'il sort de ta bouche des paroles insensées, quoique pleines d'une infernale grandeur. Malheureux ! qu'as-tu dit depuis le jour de ta naissance ? Ô triste reste d'une intelligence immortelle, que Dieu avait créée avec tant d'amour ! Tu n'as engendré que des malédictions, plus affreuses que la vue de panthères affamées ! Moi, je préférerais avoir les paupières collées, mon corps manquant des jambes et des bras, avoir assassiné un homme, que ne pas être toi ! Parce que je te hais. Pourquoi avoir ce caractère qui m'étonne ? De quel droit viens-tu sur cette terre, pour tourner en dérision ceux qui l'habitent, épave pourrie, ballottée par le scepticisme ? Si tu ne t'y plais pas, il faut retourner dans les sphères d'où tu viens. Un habitant des cités ne doit pas résider dans les villages, pareil à un étranger. Nous savons que, dans les espaces, il existe des sphères plus spacieuses que la nôtre, et donc les esprits ont une intelligence que nous ne pouvons même pas concevoir. Eh bien, va-t'en !... retire-toi de ce sol mobile !... montre enfin ton essence divine, que tu as cachée jusqu'ici ; et, le plus tôt possible, dirige ton vol ascendant vers la sphère, que nous n'envions point, orgueilleux que tu es ! Car, je ne suis pas parvenu à reconnaître si tu es un homme ou plus qu'un homme ! Adieu donc ; n'espère plus retrouver le crapaud sur ton passage. Tu es la cause de ma mort. Moi, je pars pour l'éternité, afin d'implorer ton pardon ! »

S'il est quelquefois logique de s'en rapporter à l'apparence des phénomènes, ce premier chant finit ici. Ne soyez pas sévère pour celui qui ne fait encore qu'essayer sa lyre : elle rend un son si étrange ! Cependant, si vous voulez être impartial, vous reconnaîtrez déjà une empreinte forte, au milieu des imperfections. Quant à moi, je vais me remettre au travail, pour faire paraître un deuxième chant, dans un laps de temps qui ne soit pas trop retardé. La fin du dix-neuvième siècle verra son poète (cependant, au début, il ne doit pas commencer par un chef d'œuvre, mais suivre la loi de la nature) ; il est né sur les rives américaines, à l'embouchure de la Plata, là où deux peuples, jadis rivaux, s'efforcent actuellement de se surpasser par le progrès matériel et moral. Buenos-Aires, la reine du Sud, et Montevideo, la coquette, se tendent une main amie, à travers les eaux argentines du grand estuaire. Mais, la guerre éternelle a placé son empire destructeur sur les campagnes, et moissonne avec joie des victimes nombreuses. Adieu, vieillard, et pense à moi, si tu m'as lu. Toi, jeune homme, ne désespère point ; car, tu as un ami dans le vampire, malgré ton opinion contraire. En comptant l'acarus sarcopte qui produit la gale, tu auras deux amis !

FIN DU PREMIER CHANT

CHANT DEUXIÈME

Où est-il passé ce premier chant de Maldoror, depuis que sa bouche, pleine des feuilles de la belladone, le laissa échapper, à travers les royaumes de la colère, dans un moment de réflexion ? Où est passé ce chant… On ne le sait pas au juste. Ce ne sont pas les arbres, ni les vents qui l'ont gardé. Et la morale, qui passait en cet endroit, ne présageant pas qu'elle avait, dans ces pages incandescentes, un défenseur énergique, l'a vu se diriger, d'un pas ferme et droit, vers les recoins obscurs et les fibres secrètes des consciences. Ce qui est du moins acquis à la science, c'est que, depuis ce temps, l'homme, à la figure de crapaud, ne se reconnaît plus lui-même, et tombe souvent dans des accès de fureur qui le font ressembler à une bête des bois. Ce n'est pas sa faute. Dans tous les temps, il avait cru, les paupières ployant sous les résédas de la modestie, qu'il n'était composé que de bien et d'une quantité minime de mal. Brusquement je lui appris, en découvrant au plein jour son cœur et ses trames, qu'au contraire il n'est composé que de mal, et d'une quantité minime de bien que les législateurs ont de la peine à ne pas laisser évaporer. Je voudrais qu'il ne ressente pas, moi, qui ne lui apprends rien de nouveau, une honte éternelle pour mes amères vérités ; mais, la réalisation de ce souhait ne serait pas conforme aux lois de la nature. En effet, j'arrache le masque à sa figure traîtresse et pleine de boue, et je fais tomber un à un, comme des boules d'ivoire sur un bassin d'argent, les mensonges sublimes avec lesquels il se trompe lui-même : il est alors compréhensible qu'il n'ordonne pas au calme d'imposer les mains sur son visage, même quand la raison disperse les ténèbres de l'orgueil. C'est pourquoi, le héros que je mets en scène s'est attiré une haine irréconciliable, en attaquant l'humanité, qui se croyait invulnérable, par la brèche d'absurdes tirades philanthropiques ; elles sont entassées, comme des grains de sable, dans ses livres, dont je suis quelquefois sur le point, quand la raison m'abandonne, d'estimer le comique si cocasse, mais ennuyant. Il l'avait prévu. Il ne suffit pas de sculpter la statue de la bonté sur le fronton des parchemins que contiennent les bibliothèques. Ô être humain ! te voilà, maintenant, nu comme un ver, en présence de mon glaive de diamant ! Abandonne ta méthode ; il n'est plus temps de faire l'orgueilleux : j'élance vers toi ma prière, dans l'attitude de la prosternation. Il y a quelqu'un qui observe les moindres mouvements de ta coupable vie ; tu es enveloppé par les réseaux subtils de sa perspicacité acharnée. Ne te fie pas à lui, quand il tourne les reins ; car, il te regarde ; ne te fie pas à lui, quand il ferme les yeux ; car, il te regarde encore. Il est difficile de supposer que, touchant les ruses et la méchanceté, ta redoutable résolution soit de surpasser l'enfant de mon imagination. Ses moindres coups portent. Avec des précautions, il est possible d'apprendre à celui qui croit l'ignorer que les loups et les brigands ne se dévorent pas entre eux : ce n'est peut-être pas leur coutume. Par conséquent, remets sans peur, entre ses mains, le soin de ton existence : il la conduira d'une manière qu'il connaît. Ne crois pas à l'intention qu'il fait reluire au soleil de te corriger ; car, tu l'intéresses médiocrement, pour ne pas dire moins ; encore n'approché-je pas, de la vérité totale, la bienveillante mesure de ma vérification. Mais, c'est qu'il aime à te faire du mal, dans la légitime persuasion que tu deviennes aussi méchant que lui, et que tu l'accompagnes dans le gouffre béant de l'enfer, quand cette heure sonnera. Sa place est depuis longtemps marquée, à l'endroit où l'on remarque une potence en fer, à laquelle sont suspendus des chaînes et des carcans. Quand la destinée l'y portera, le funèbre entonnoir n'aura jamais goûté de proie plus savoureuse, ni lui contemplé de demeure plus convenable. Il me semble que je parle d'une manière intentionnellement paternelle, et que l'humanité n'a pas le droit de se plaindre.

Je saisis la plume qui va construire le deuxième chant… instrument arraché aux ailes de quelque pygargue roux ! Mais… qu'ont-ils donc mes doigts ? Les articulations demeurent paralysées, dès que je commence mon travail. Cependant, j'ai besoin d'écrire… C'est impossible ! Eh bien, je répète que j'ai besoin d'écrire ma pensée : j'ai le droit, comme un autre, de me soumettre à cette loi naturelle… Mais non, mais non, la plume reste inerte !… Tenez, voyez, à travers les campagnes, l'éclair qui brille au loin. L'orage parcourt l'espace. Il pleut… Il pleut toujours… Comme il pleut !… La foudre a éclaté… elle s'est abattue sur ma fenêtre entr'ouverte, et m'a étendu sur le carreau, frappé au front. Pauvre jeune homme ! ton visage était déjà assez maquillé par les rides précoces et la difformité de naissance, pour ne pas avoir besoin, en outre, de cette longue cicatrice sulfureuse ! (Je viens de supposer que la blessure est guérie, ce qui n'arrivera pas de sitôt.) Pourquoi cet orage, et pourquoi la paralysie de mes doigts ? Est-ce un avertissement d'en haut pour m'empêcher d'écrire, et de mieux considérer ce à quoi je m'expose, en distillant la bave de ma bouche carrée ? Mais, cet orage ne m'a pas causé la crainte. Que m'importerait une légion d'orages ! Ces agents de la police céleste accomplissent avec zèle leur pénible devoir, si j'en juge sommairement par mon front blessé. Je n'ai pas à remercier le Tout-Puissant de son adresse remarquable ; il a envoyé la foudre de manière à couper précisément mon visage en deux, à partir du front, endroit où la blessure a été le plus dangereuse : qu'un autre le félicite ! Mais, les orages attaquent quelqu'un de plus fort qu'eux. Ainsi donc, horrible Éternel, à la figure de vipère, il a fallu que, non content d'avoir placé mon âme entre les frontières de la folie et les pensées de fureur qui tuent d'une manière lente, tu aies cru, en outre, convenable à ta majesté, après un mûr examen, de faire sortir de mon front une coupe de sang !… Mais, enfin, qui te dit quelque chose ? Tu sais que je ne t'aime pas, et qu'au contraire je te hais : pourquoi insistes-tu ? Quand ta conduite voudra-t-elle cesser de s'envelopper des apparences de la bizarrerie ? Parle-moi franchement, comme à un ami : est-ce que tu ne te doutes pas, enfin, que tu montres, dans ta persécution odieuse, un empressement naïf, dont aucun de tes séraphins n'oserait faire ressortir le complet ridicule ? Quelle colère te prend ? Sache que, si tu me laissais vivre à l'abri de tes poursuites, ma reconnaissance t'appartiendrait... Allons, Sultan, avec ta langue, débarrasse-moi de ce sang qui salit le parquet. Le bandage est fini : mon front étanché a été lavé avec de l'eau salée, et j'ai croisé des bandelettes à travers mon visage. Le résultat n'est pas infini : quatre chemises, pleines de sang et deux mouchoirs. On ne croirait pas, au premier abord, que Maldoror contînt tant de sang dans ses artères ; car, sur sa figure, ne brillent que les reflets du cadavre. Mais, enfin, c'est comme ça. Peut-être que c'est à peu près tout le sang que pût contenir son corps, et il est probable qu'il n'y en reste pas beaucoup. Assez, assez, chien avide ; laisse le parquet tel qu'il est ; tu as le ventre rempli. Il ne faut pas continuer de boire ; car, tu ne tarderais pas à vomir. Tu es convenablement repu, va te coucher dans le chenil ; estime-toi nager dans le bonheur ; car, tu ne penseras pas à la faim, pendant trois jours immenses, grâce aux globules que tu as descendues dans ton gosier, avec une satisfaction solennellement visible. Toi, Léman, prends un balai ; je voudrais aussi en prendre un, mais je n'en ai pas la force. Tu comprends, n'est-ce pas, que je n'en ai pas la force ? Remets tes pleurs dans leur fourreau ; sinon, je croirais que tu n'as pas le courage de contempler, avec sang-froid, la grande balafre, occasionnée par un supplice déjà perdu pour moi dans la nuit des temps passés. Tu iras chercher à la fontaine deux seaux d'eau. Une fois le parquet lavé, tu mettras ces linges dans la chambre voisine. Si la blanchisseuse revient ce soir, comme elle doit le faire, tu les lui remettras ; mais, comme il a plu beaucoup depuis une heure, et qu'il continue de pleuvoir, je ne crois pas qu'elle sorte de chez elle ; alors, elle viendra demain matin. Si elle te demande d'où vient tout ce sang, tu n'es pas obligé de lui répondre. Oh ! que je suis faible ! N'importe ; j'aurai cependant la force de soulever le porte-plume, et le courage de creuser ma pensée. Qu'a-t-il rapporté au Créateur de me tracasser, comme si j'étais un enfant, par un orage qui porte la foudre ? Je n'en persiste pas moins dans ma résolution d'écrire. Ces bandelettes m'embêtent, et l'atmosphère de ma chambre respire le sang...

Qu'il n'arrive pas le jour où, Lohengrin et moi, nous passerons dans la rue, l'un à côté de l'autre, sans nous regarder, en nous frôlant le coude, comme deux passants pressés ! Oh ! qu'on me laisse fuir à jamais loin de cette supposition ! L'Éternel a créé le monde tel qu'il est : il montrerait beaucoup de sagesse si, pendant le temps strictement nécessaire pour briser d'un coup de marteau la tête d'une femme, il oubliait sa majesté sidérale, afin de nous révéler les mystères au milieu desquels notre existence étouffe, comme un poisson au fond d'une barque. Mais, il est grand et noble ; il l'emporte sur nous par la puissance de ses conceptions ; s'il parlementait avec les hommes, toutes les hontes rejailliraient jusqu'à son visage. Mais... misérable que tu es ! pourquoi ne rougis-tu pas ? Ce n'est pas assez que l'armée des douleurs physiques et morales, qui nous entoure, ait été enfantée : le secret de notre destinée en haillons ne nous est pas divulgué. Je le connais, le Tout-Puissant... et lui, aussi, doit me connaître. Si, par hasard, nous marchons sur le même sentier, sa vue perçante me voit arriver de loin : il prend un chemin de traverse, afin d'éviter le triple dard de platine que la nature me donna comme une langue ! Tu me feras plaisir, ô Créateur, de me laisser épancher mes sentiments. Maniant les ironies terribles, d'une main ferme et froide, je t'avertis que mon cœur en contiendra suffisamment, pour m'attaquer à toi, jusqu'à la fin de mon existence. Je frapperai ta carcasse creuse ; mais, si fort, que je me charge d'en faire sortir les parcelles restantes d'intelligence que tu n'as pas voulu donner à l'homme, parce que tu aurais été jaloux de le faire égal à toi, et que tu avais effrontément cachées dans tes boyaux, rusé bandit, comme si tu ne savais pas qu'un jour où l'autre je les aurais découvertes de mon œil toujours ouvert, les aurais enlevées, et les aurais partagées avec mes semblables. J'ai fait ainsi que je parle, et, maintenant, ils ne te craignent plus ; ils traitent de puissance à puissance avec toi. Donne-moi la mort, pour faire repentir mon audace : je découvre ma poitrine et j'attends avec humilité. Apparaissez donc, envergures dérisoires de châtiments éternels !... déploiements emphatiques d'attributs trop vantés ! Il a manifesté l'incapacité d'arrêter la circulation de mon sang qui le nargue. Cependant, j'ai des preuves qu'il n'hésite pas d'éteindre, à la fleur de l'âge, le souffle d'autres humains, quand ils ont à peine goûté les jouissances de la vie. C'est simplement atroce ; mais, seulement, d'après la faiblesse de mon opinion ! J'ai vu le Créateur, aiguillonnant sa cruauté inutile, embraser des incendies où périssaient les vieillards et les enfants ! Ce n'est pas moi qui commence l'attaque ; c'est lui qui me force à le faire tourner, ainsi qu'une toupie, avec le fouet aux cordes d'acier. N'est-ce pas lui qui me fournit des accusations contre lui-même ? Ne tarira point ma verve épouvantable ! Elle se nourrit des cauchemars insensés qui tourmentent mes insomnies. C'est à cause de Lohengrin que ce qui précède a été écrit ; revenons donc à lui. Dans la crainte qu'il ne devînt plus tard comme les autres hommes, j'avais d'abord résolu de le tuer à coups de couteau, lorsqu'il aurait dépassé l'âge d'innocence. Mais, j'ai réfléchi, et j'ai abandonné sagement ma résolution à temps. Il ne se doute pas que sa vie a été en péril pendant un quart d'heure. Tout était prêt, et le couteau avait été acheté. Ce stylet était mignon, car j'aime la grâce et l'élégance jusque dans les appareils de la mort ; mais il était long et pointu. Une seule blessure au cou, en perçant avec soin une des artères carotides, et je crois que ç'aurait suffi. Je suis content de ma conduite ; je me serais repenti plus tard. Donc, Lohengrin, fais ce que tu voudras, agis comme il te plaira, enferme-moi toute la vie dans une prison obscure, avec des scorpions pour compagnons de ma captivité, ou arrache-moi un œil jusqu'à ce qu'il tombe à terre, je ne te ferai jamais le moindre reproche ; je suis à toi, je t'appartiens, je ne vis plus pour moi. La douleur que tu me causeras ne sera pas comparable au bonheur de savoir, que celui qui me blesse, de ses mains meurtrières, est trempé dans une essence plus divine que celle de ses semblables ! Oui, c'est encore beau de donner sa vie pour un être humain, et de conserver ainsi l'espérance que tous les hommes ne sont pas méchants, puisqu'il y en a eu un, enfin, qui a su attirer, de force, vers soi, les répugnances défiantes de ma sympathie amère !...

Il est minuit ; on ne voit plus un seul omnibus de la Bastille à la Madeleine. Je me trompe ; en voilà un qui apparaît subitement, comme s'il sortait de dessous terre. Les quelques passants attardés le regardent attentivement ; car, il paraît ne ressembler à aucun autre. Sont assis, à l'impériale, des hommes qui ont l'œil immobile, comme celui d'un poisson mort. Ils sont pressés les uns contre les autres, et paraissent avoir perdu la vie ; au reste, le nombre réglementaire n'est pas dépassé. Lorsque le cocher donne un coup de fouet à ses chevaux, on dirait que c'est le fouet qui fait remuer son bras, et non son bras le fouet. Que doit être cet assemblage d'êtres bizarres et muets ? Sont-ce des habitants de la lune ? Il y a des moments où on serait tenté de le croire ; mais, ils ressemblent plutôt à des cadavres. L'omnibus, pressé d'arriver à la dernière station, dévore l'espace, et fait craquer le pavé... Il s'enfuit !... Mais, une masse informe le poursuit avec acharnement, sur ses traces, au milieu de la poussière. « Arrêtez, je vous en supplie ; arrêtez... mes jambes sont gonflées d'avoir marché pendant la journée... je n'ai pas mangé depuis hier... mes parents m'ont abandonné... je ne sais plus que faire... je suis résolu de retourner chez moi, et j'y serais vite arrivé, si vous m'accordiez une place... je suis un petit enfant de huit ans, et j'ai confiance en vous... » Il s'enfuit !... Il s'enfuit !... Mais, une masse informe le poursuit avec acharnement, sur ses traces, au milieu de la poussière. Un de ces hommes, à l'œil froid, donne un coup de coude à son voisin, et paraît lui exprimer son mécontentement de ces gémissements, au timbre argentin, qui parviennent jusqu'à son oreille. L'autre baisse la tête d'une manière imperceptible, en forme d'acquiescement, et se replonge ensuite dans l'immobilité de son égoïsme, comme une tortue dans sa carapace. Tout indique dans les traits des autres voyageurs les mêmes sentiments que ceux des deux premiers. Les cris se font encore entendre pendant deux ou trois minutes, plus perçants de seconde en seconde. L'on voit des fenêtres s'ouvrir sur le boulevard, et une figure effarée, une lumière à la main, après avoir jeté les yeux sur la chaussée, refermer le volet avec impétuosité, pour ne plus reparaître... Il s'enfuit !... Il s'enfuit !... Mais, une masse informe le poursuit avec acharnement, sur ses traces, au milieu de la poussière. Seul, un jeune homme, plongé dans la rêverie, au milieu de ces personnages de pierre, paraît ressentir de la pitié pour le malheur. En faveur de l'enfant, qui croit pouvoir l'atteindre, avec ses petites jambes endolories, il n'ose pas élever la voix ; car les autres hommes lui jettent des regards de mépris et d'autorité, et il sait qu'il ne peut rien faire contre tous. Le coude appuyé sur ses genoux et la tête entre ses mains, il se demande, stupéfait, si c'est là vraiment ce qu'on appelle la charité humaine. Il reconnaît alors que ce n'est qu'un vain mot, qu'on ne trouve plus même dans le dictionnaire de la poésie, et avoue avec franchise son erreur. Il se dit : « En effet, pourquoi s'intéresser à un petit enfant ? Laissons-le de côté. » Cependant, une larme brûlante a roulé sur la joue de cet adolescent, qui vient de blasphémer. Il passe péniblement la main sur son front, comme pour en écarter un nuage dont l'opacité obscurcit son intelligence. Il se démène, mais en vain, dans le siècle où il a été jeté ; il sent qu'il n'y est pas à sa place, et cependant il ne peut en sortir. Prison terrible ! Fatalité hideuse ! Lombano, je suis content de toi depuis ce jour ! Je ne cessais pas de t'observer, pendant que ma figure respirait la même indifférence que celle des autres voyageurs. L'adolescent se lève, dans un mouvement d'indignation, et veut se retirer, pour ne pas participer, même involontairement, à une mauvaise action. Je lui fais un signe, et il se remet à mon côté... Il s'enfuit !... Il s'enfuit !... Mais, une masse informe le poursuit avec acharnement, sur ses traces, au milieu de la poussière. Les cris cessent subitement ; car, l'enfant a touché du pied contre un pavé en saillie, et s'est fait une blessure à la tête, en tombant. L'omnibus a disparu à l'horizon, et l'on ne voit plus que la rue silencieuse... Il s'enfuit !... Il s'enfuit !... Mais, une masse informe ne le poursuit plus avec acharnement, sur ses traces, au milieu de la poussière. Voyez ce chiffonnier qui passe, courbé sur sa lanterne pâlotte ; il y a en lui plus de cœur que dans tous ses pareils de l'omnibus. Il vient de ramasser l'enfant ; soyez sûr qu'il le guérira, et ne l'abandonnera pas, comme ont fait ses parents. Il s'enfuit !... Il s'enfuit !... Mais, de l'endroit où il se trouve, le regard perçant du chiffonnier le poursuit avec acharnement, sur ses traces, au milieu de la poussière !... Race stupide et idiote ! Tu te repentiras de te conduire ainsi. C'est moi qui te le dis. Tu t'en repentiras, va ! tu t'en repentiras. Ma poésie ne consistera qu'à attaquer, par tous les moyens, l'homme, cette bête fauve, et le Créateur, qui n'aurait pas dû engendrer une pareille vermine. Les volumes s'entasseront sur les volumes, jusqu'à la fin de ma vie, et, cependant, l'on n'y verra que cette seule idée, toujours présente à ma conscience !

Faisant ma promenade quotidienne, chaque jour je passais dans une rue étroite ; chaque jour, une jeune fille svelte de dix ans me suivait, à distance, respectueusement, le long de cette rue, en me regardant avec des paupières sympathiques et curieuses. Elle était grande pour son âge et avait la taille élancée. D'abondants cheveux noirs, séparés en deux sur la tête, tombaient en tresses indépendantes sur des épaules marmoréennes. Un jour, elle me suivait comme de coutume ; les bras musculeux d'une femme du peuple la saisit par les cheveux, comme le tourbillon saisit la feuille, appliqua deux gifles brutales sur une joue fière et muette, et ramena dans la maison cette conscience égarée. En vain, je faisais l'insouciant ; elle ne manquait jamais de me poursuivre de sa présence devenue inopportune. Lorsque j'enjambais une autre rue, pour continuer mon chemin, elle s'arrêtait, faisant un violent effort sur elle-même, au terme de cette rue étroite, immobile comme la statue du Silence, et ne cessait de regarder devant elle, jusqu'à ce que je disparusse. Une fois, cette jeune fille me précéda dans la rue, et emboîta le pas devant moi. Si j'allais vite pour la dépasser, elle courait presque pour maintenir la distance égale ; mais, si je ralentissais le pas, pour qu'il y eût un intervalle de chemin, assez grand entre elle et moi, alors, elle le ralentissait aussi, et y mettait la grâce de l'enfance. Arrivée au terme de la rue, elle se retourna lentement, de manière à me barrer le passage. Je n'eus pas le temps de m'esquiver, et je me trouvai devant sa figure. Elle avait les yeux gonflés et rouges. Je voyais facilement qu'elle voulait me parler, et qu'elle ne savait comment s'y prendre. Devenue subitement pâle comme un cadavre, elle me demanda : « Auriez-vous la bonté de me dire quelle heure est-il ? » Je lui dis que je ne portais pas de montre, et je m'éloignai rapidement. Depuis ce jour, enfant à l'imagination inquiète et précoce, tu n'as plus revu, dans la rue étroite, le jeune homme mystérieux qui battait péniblement, de sa sandale lourde, le pavé des carrefours tortueux. L'apparition de cette comète enflammée ne reluira plus, comme un triste sujet de curiosité fanatique, sur la façade de ton observation déçue ; et, tu penseras souvent, trop souvent, peut-être toujours, à celui qui ne paraissait pas s'inquiéter des maux, ni des biens de la vie présente, et s'en allait au hasard, avec une figure horriblement morte, les cheveux hérissés, la démarche chancelante, et les bras nageant aveuglément dans les eaux ironiques de l'éther, comme pour y chercher la proie sanglante de l'espoir, ballottée continuellement, à travers les immenses régions de l'espace, par le chasse-neige implacable de la fatalité. Tu ne me verras plus, et je ne te verrai plus !... Qui sait ? Peut-être que cette fille n'était pas ce qu'elle se montrait. Sous une enveloppe naïve, elle cachait peut-être une immense ruse, le poids de dix-huit années, et le charme du vice. On a vu des vendeuses d'amour s'expatrier avec gaîté des îles Britanniques, et franchir le détroit. Elles rayonnaient leurs ailes, en tournoyant, en essaims dorés, devant la lumière parisienne ; et, quand vous les aperceviez, vous disiez : « Mais elles sont encore enfants ; elles n'ont pas plus de dix ou douze ans. » En réalité elles en avaient vingt. Oh ! dans cette supposition, maudits soient-ils les détours de cette rue obscure ! Horrible ! horrible ! ce qui s'y passe. Je crois que sa mère la frappa parce qu'elle ne faisait pas son métier avec assez d'adresse. Il est possible que ce ne fût qu'un enfant, et alors la mère est plus coupable encore. Moi, je ne veux pas croire à cette supposition, qui n'est qu'une hypothèse, et je préfère aimer, dans ce caractère romanesque, une âme qui se dévoile trop tôt… Ah ! vois-tu, jeune fille, je t'engage à ne plus reparaître devant mes yeux, si jamais je repasse dans la rue étroite. Il pourrait t'en coûter cher ! Déjà le sang et la haine me montent vers la tête, à flots bouillants. Moi, être assez généreux pour aimer mes semblables ! Non, non ! Je l'ai résolu depuis le jour de ma naissance ! Ils ne m'aiment pas, eux ! On verra les mondes se détruire, et le granit glisser, comme un cormoran, sur la surface des flots, avant que je touche la main infâme d'un être humain. Arrière… arrière, cette main !… Jeune fille, tu n'es pas un ange, et tu deviendras, en somme, comme les autres femmes. Non, non, je t'en supplie ; ne reparais plus devant mes sourcils froncés et louches. Dans un moment d'égarement, je pourrais te prendre les bras, les tordre comme un linge lavé dont on exprime l'eau, ou les casser avec fracas, comme deux branches sèches, et te les faire ensuite manger, en employant la force. Je pourrais, en prenant ta tête entre mes mains, d'un air caressant et doux, enfoncer mes doigts avides dans les lobes de ton cerveau innocent, pour en extraire, le sourire aux lèvres, une graisse efficace qui lave mes yeux, endoloris par l'insomnie éternelle de la vie. Je pourrais, cousant tes paupières avec une aiguille, te priver du spectacle de l'univers, et te mettre dans l'impossibilité de trouver ton chemin ; ce n'est pas moi qui te servirai de guide. Je pourrais, soulevant ton corps vierge avec un bras de fer, te saisir par les jambes, te faire rouler autour de moi, comme une fronde, concentrer mes forces en décrivant la dernière circonférence, et te lancer contre la muraille. Chaque goutte de sang rejaillira sur une poitrine humaine, pour effrayer les hommes, et mettre devant eux l'exemple de ma méchanceté ! Ils s'arracheront sans trêve des lambeaux et des lambeaux de chair ; mais, la goutte de sang reste ineffaçable, à la même place, et brillera comme un diamant. Sois tranquille, je donnerai à une demi-douzaine de domestiques l'ordre de garder les restes vénérés de ton corps, et de les préserver de la faim des chiens voraces. Sans doute, le corps est resté plaqué sur la muraille, comme une poire mûre, et n'est pas tombé à terre ; mais, les chiens savent accomplir des bonds élevés, si l'on n'y prend garde.

Cet enfant, qui est assis sur un banc du jardin des Tuileries, comme il est gentil ! Ses yeux hardis dardent quelque objet invisible, au loin, dans l'espace. Il ne doit pas avoir plus de huit ans, et, cependant, il ne s'amuse pas, comme il serait convenable. Tout au moins il devrait rire et se promener avec quelque camarade, au lieu de rester seul ; mais, ce n'est pas son caractère.

Cet enfant, qui est assis sur un banc du jardin des Tuileries, comme il est gentil ! Un homme, mû par un dessein caché, vient s'asseoir à côté de lui, sur le même banc, avec des allures équivoques. Qui est-ce ? Je n'ai pas besoin de vous le dire ;

car, vous le reconnaîtrez à sa conversation tortueuse. Écoutons-les, ne les dérangeons pas :

— À quoi pensais-tu, enfant ?

— Je pensais au ciel.

— Il n'est pas nécessaire que tu penses au ciel ; c'est déjà assez de penser à la terre. Es-tu fatigué de vivre, toi qui viens à peine de naître ?

— Non, mais chacun préfère le ciel à la terre.

— Eh bien, pas moi. Car, puisque le ciel a été fait par Dieu, ainsi que la terre, sois sûr que tu y rencontreras les mêmes maux qu'ici-bas. Après ta mort, tu ne seras pas récompensé d'après tes mérites ; car, si l'on te commet des injustices sur cette terre (comme tu l'éprouveras, par expérience, plus tard), il n'y a pas de raison pour que, dans l'autre vie, on ne t'en commette non plus. Ce que tu as de mieux à faire, c'est de ne pas penser à Dieu, et de te faire justice toi-même, puisqu'on te la refuse. Si un de tes camarades t'offensait, est-ce que tu ne serais pas heureux de le tuer ?

— Mais, c'est défendu.

— Ce n'est pas si défendu que tu crois. Il s'agit seulement de ne pas se laisser attraper. La justice qu'apportent les lois ne vaut rien ; c'est la jurisprudence de l'offensé qui compte. Si tu détestais un de tes camarades, est-ce que tu ne serais pas malheureux de songer qu'à chaque instant tu aies sa pensée devant tes yeux ?

— C'est vrai.

— Voilà donc un de tes camarades qui te rendrait malheureux toute ta vie ; car, voyant que ta haine n'est que passive, il ne continuera pas moins de se narguer de toi, et de te causer du mal impunément. Il n'y a donc qu'un moyen de faire cesser la situation ; c'est de se débarrasser de son ennemi. Voilà où je voulais en venir, pour te faire comprendre sur quelles bases est fondée la société actuelle. Chacun doit se faire justice lui-même, sinon il n'est qu'un imbécile. Celui qui remporte la victoire sur ses semblables, celui-là est le plus rusé et le plus fort. Est-ce que tu ne voudrais pas un jour dominer tes semblables ?

— Oui, oui.

— Sois donc le plus fort et le plus rusé. Tu es encore trop jeune pour être le plus fort ; mais, dès aujourd'hui, tu peux employer la ruse, le plus bel instrument des hommes de génie. Lorsque le berger David atteignait au front le géant Goliath d'une pierre lancée par la fronde, est-ce qu'il n'est pas admirable de remarquer que c'est seulement par la ruse que David a vaincu son adversaire, et que si, au contraire, ils s'étaient pris à bras-le-corps, le géant l'aurait écrasé comme une mouche ? Il en est de même pour toi. À guerre ouverte, tu ne pourras jamais vaincre les hommes, sur lesquels tu es désireux d'étendre ta volonté ; mais, avec la ruse, tu pourras lutter seul contre tous. Tu désires les richesses, les beaux palais et la gloire ? ou m'as-tu trompé quand tu m'as affirmé ces nobles prétentions ?

— Non, non, je ne vous trompais pas. Mais, je voudrais acquérir ce que je désire par d'autres moyens.

— Alors, tu n'acquerras rien du tout. Les moyens vertueux et bonasses ne mènent à rien. Il faut mettre à l'œuvre des leviers plus énergiques et des trames plus savantes. Avant que tu deviennes célèbre par ta vertu et que tu atteignes le but, cent autres auront le temps de faire des cabrioles par dessus ton dos, et d'arriver au bout de la carrière avant toi, de telle manière qu'il ne s'y trouvera plus de place pour tes idées étroites. Il faut savoir embrasser, avec plus de grandeur, l'horizon du temps présent. N'as-tu jamais entendu parler, par exemple, de la gloire immense qu'apportent les victoires ? Et, cependant, les victoires ne se font pas seules. Il faut verser du sang, beaucoup de sang, pour les engendrer et les déposer aux pieds des conquérants. Sans les cadavres et les membres épars que tu aperçois dans la plaine, où s'est opéré sagement le carnage, il n'y aurait pas de guerre, et, sans guerre, il n'y aurait pas de victoire. Tu vois que, lorsqu'on veut devenir célèbre, il faut se plonger avec grâce dans des fleuves de sang, alimentés par de la chair à canon. Le but excuse le moyen. La première chose, pour devenir célèbre, est d'avoir de l'argent. Or, comme tu n'en as pas, il faudra assassiner pour en acquérir ; mais, comme tu n'es pas assez fort pour manier le poignard, fais-toi voleur, en attendant que tes membres aient grossi. Et, pour qu'ils grossissent plus vite, je te conseille de faire de la gymnastique deux fois par jour, une heure le matin, une heure le soir. De cette manière, tu pourras essayer le crime, avec un certain succès, dès l'âge de quinze ans, au lieu d'attendre jusqu'à vingt. L'amour de la gloire excuse tout, et peut-être, plus tard, maître de tes semblables, leur feras-tu presque autant de bien que tu leur as fait du mal au commencement !…

Maldoror s'aperçoit que le sang bouillonne dans la tête de son jeune interlocuteur ; ses narines sont gonflées, et ses lèvres rejettent une légère écume blanche. Il lui tâte le pouls ; les pulsations sont précipitées. La fièvre a gagné ce corps délicat. Il craint les suites de ses paroles ; il s'esquive, le malheureux, contrarié de n'avoir pas pu entretenir cet enfant pendant plus longtemps. Lorsque, dans l'âge mûr, il est si difficile de maîtriser les passions, balancé entre le bien et le mal, qu'est-ce dans un esprit, encore plein d'inexpérience ? et quelle somme d'énergie relative ne lui faut-il pas en plus ? L'enfant en sera quitte pour garder le lit trois jours. Plût au ciel que le contact maternel amène la paix dans cette fleur sensible, fragile enveloppe d'une belle âme !

Là, dans un bosquet entouré de fleurs, dort l'hermaphrodite, profondément assoupi sur le gazon, mouillé de ses pleurs. La lune a dégagé son disque de la masse des nuages, et caresse avec ses pâles rayons cette douce figure d'adolescent. Ses traits expriment l'énergie la plus virile, en même temps que la grâce d'une vierge céleste. Rien ne paraît naturel en lui, pas même les muscles de son corps, qui se fraient un passage à travers les contours harmonieux de formes féminines. Il a le bras recourbé sur le front, l'autre main appuyée contre la poitrine, comme pour comprimer les battements d'un cœur fermé à toutes les confidences, et chargé du pesant fardeau d'un secret éternel. Fatigué de la vie, et honteux de marcher parmi des êtres qui ne lui ressemblent pas, le désespoir a gagné son âme, et il s'en va seul, comme le mendiant de la vallée. Comment se procure-t-il les moyens d'existence ? Des âmes compatissantes veillent de près sur lui, sans qu'il se doute de cette surveillance, et ne l'abandonnent pas : il est si bon ! il est si résigné ! Volontiers il parle quelquefois avec ceux qui ont le caractère sensible, sans leur toucher la main, et se tient à distance, dans la crainte d'un danger imaginaire. Si on lui demande pourquoi il a pris la solitude pour compagne, ses yeux se lèvent vers le ciel, et retiennent avec peine une larme de reproche contre la Providence ; mais, il ne répond pas à cette question imprudente, qui répand, dans la neige de ses paupières, la rougeur de la rose matinale. Si l'entretien se prolonge, il devient inquiet, tourne les yeux vers les quatre points de l'horizon, comme pour chercher à fuir la présence d'un ennemi invisible qui s'approche, fait de la main un adieu brusque, s'éloigne sur les ailes de sa pudeur en éveil, et disparaît dans la forêt. On le prend généralement pour un fou. Un jour, quatre hommes masqués, qui avaient reçu des ordres, se jetèrent sur lui et le garrottèrent solidement, de manière qu'il ne pût remuer que les jambes. Le fouet abattit ses rudes lanières sur son dos, et ils lui dirent qu'il se dirigeât sans délai vers la route qui mène à Bicêtre. Il se mit à sourire en recevant les coups, et leur parla avec tant de sentiment, d'intelligence sur beaucoup de sciences humaines qu'il avait étudiées et qui montraient une grande instruction dans celui qui n'avait pas encore franchi le seuil de la jeunesse, et sur les destinées de l'humanité où il dévoila entière la noblesse poétique de son âme, que ses gardiens, épouvantés jusqu'au sang de l'action qu'ils avaient commise, délièrent ses membres brisés, se traînèrent à ses genoux, en demandant un pardon qui fut accordé, et s'éloignèrent, avec les marques d'une vénération qui ne s'accorde pas ordinairement aux hommes. Depuis cet événement, dont on parla beaucoup, son secret fut deviné par chacun, mais on paraît l'ignorer, pour ne pas augmenter ses souffrances ; et le gouvernement lui accorde une pension honorable, pour lui faire oublier qu'un instant on voulut l'introduire par force, sans vérification préalable, dans un hospice d'aliénés. Lui, il emploie la moitié de son argent ; le reste, il le donne aux pauvres. Quand il voit un homme et une femme qui se promènent dans quelque allée de platanes, il sent son corps se fendre en deux de bas en haut, et chaque partie nouvelle aller étreindre un des promeneurs ; mais, ce n'est qu'une hallucination, et la raison ne tarde pas à reprendre son empire. C'est pourquoi, il ne mêle sa présence, ni parmi les hommes, ni parmi les femmes ; car, sa pudeur excessive, qui a pris jour dans cette idée qu'il n'est qu'un monstre, l'empêche d'accorder sa sympathie brûlante à qui que ce soit. Il croirait se profaner, et il croirait profaner les autres. Son orgueil lui répète cet axiome : « Que chacun reste dans sa nature. » Son orgueil, ai-je dit, parce qu'il craint qu'en joignant sa vie à un homme ou à une femme, on ne lui reproche tôt ou tard, comme une faute énorme, la conformation de son organisation. Alors, il se retranche dans son amour-propre, offensé par cette supposition impie qui ne vient que de lui, et il persévère à rester seul, au milieu des tourments, et sans consolation. Là, dans un bosquet entouré de fleurs, dort l'hermaphrodite, profondément assoupi sur le gazon, mouillé de ses pleurs. Les oiseaux, éveillés, contemplent avec ravissement cette figure mélancolique, à travers les branches des arbres, et le rossignol ne veut pas faire entendre ses cavatines de cristal. Le bois est devenu auguste comme une tombe, par la présence nocturne de l'hermaphrodite infortuné. Ô voyageur égaré, par ton esprit d'aventure qui t'a fait quitter ton père et ta mère, dès l'âge le plus tendre ; par les souffrances que la soif t'a causées, dans le désert ; par ta patrie que tu cherches peut-être, après avoir longtemps erré, proscrit, dans des contrées étrangères ; par ton coursier, ton fidèle ami, qui a supporté, avec toi, l'exil et l'intempérie des climats que te faisait parcourir ton humeur vagabonde ; par la dignité que donnent à l'homme les voyages sur les terres lointaines et les mers inexplorées, au milieu des glaçons polaires, ou sous l'influence d'un soleil torride, ne touche pas avec ta main, comme avec un frémissement de la brise, ces boucles de cheveux, répandues sur le sol, et qui se mêlent à l'herbe verte. Écarte-toi de plusieurs pas, et tu agiras mieux ainsi. Cette chevelure est sacrée ; c'est l'hermaphrodite lui-même qui l'a voulu. Il ne veut pas que des lèvres humaines embrassent religieusement ses cheveux, parfumés par le souffle de la montagne, pas plus que son front, qui resplendit, en cet instant, comme les étoiles du firmament. Mais, il vaut mieux croire que c'est une étoile elle-même qui est descendue de son orbite, en traversant l'espace, sur ce front majestueux, qu'elle entoure avec sa clarté de diamant, comme d'une auréole. La nuit, écartant du doigt sa tristesse, se revêt de tous ses charmes pour fêter le sommeil de cette incarnation de la pudeur, de cette image parfaite de l'innocence des anges : le bruissement des insectes est moins perceptible. Les branches penchent sur lui leur élévation touffue, afin de le préserver de la rosée, et la brise, faisant résonner les cordes de sa harpe mélodieuse, envoie ses accords joyeux, à travers le silence universel, vers ces paupières baissées, qui croient assister, immobiles, au concert cadencé des mondes suspendus. Il rêve qu'il est heureux ; que sa nature corporelle a changé ; ou que, du moins, il s'est envolé sur un nuage pourpre, vers une autre sphère, habitée par des êtres de même nature que lui. Hélas ! que son illusion se prolonge jusqu'au réveil de l'aurore ! Il rêve que les fleurs dansent autour de lui en rond, comme d'immenses guirlandes folles, et l'imprègnent de leurs parfums suaves, pendant qu'il chante un hymne d'amour, entre les bras d'un être humain d'une beauté magique. Mais, ce n'est qu'une vapeur crépusculaire que ses bras entrelacent ; et, quand il se réveillera, ses bras ne l'entrelaceront plus. Ne te réveille pas, hermaphrodite ; ne te réveille pas encore, je t'en supplie. Pourquoi ne veux-tu pas me croire ? Dors… dors toujours. Que ta poitrine se soulève, en poursuivant l'espoir chimérique du bonheur, je te le permets ; mais, n'ouvre pas tes yeux. Ah ! N'ouvre pas tes yeux ! Je veux te quitter ainsi, pour ne pas être témoin de ton réveil. Peut-être un jour, à l'aide d'un livre volumineux, dans des pages émues, raconterai-je ton histoire, épouvanté de ce qu'elle contient, et des enseignements qui s'en dégagent. Jusqu'ici, je ne l'ai pas pu ; car, chaque fois que je l'ai voulu, d'abondantes larmes tombaient sur le papier, et mes doigts tremblaient, sans que ce fût de vieillesse. Mais, je veux avoir à la fin ce courage. Je suis indigné de n'avoir pas plus de nerfs qu'une femme, et de m'évanouir, comme une petite fille, chaque fois que je réfléchis à ta grande misère. Dors… dors toujours ; mais, n'ouvre pas tes yeux. Ah ! n'ouvre pas tes yeux ! Adieu, hermaphrodite ! Chaque jour, je ne manquerai pas de prier le ciel pour toi (si c'était pour moi, je ne le prierai point). Que la paix soit dans ton sein !

Quand une femme, à la voix de soprano, émet ses notes vibrantes et mélodieuses, à l'audition de cette harmonie humaine, mes yeux se remplissent d'une flamme latente et lancent des étincelles douloureuses, tandis que dans mes oreilles semble retentir le tocsin de la canonnade. D'où peut venir cette répugnance profonde pour tout ce qui tient à l'homme ? Si les accords s'envolent des fibres d'un instrument, j'écoute avec volupté ces notes perlées qui s'échappent en cadence à travers les ondes élastiques de l'atmosphère. La perception ne transmet à mon ouïe qu'une impression d'une douceur à fondre les nerfs et la pensée ; un assoupissement ineffable enveloppe de ses pavots magiques, comme d'un voile qui tamise la lumière du jour, la puissance active de mes sens et les forces vivaces de mon imagination. On raconte que je naquis entre les bras de la surdité ! Aux premières époques de mon enfance, je n'entendais pas ce qu'on me disait. Quand, avec les plus grandes difficultés, on parvint à m'apprendre à parler, c'était seulement, après avoir lu sur une feuille ce que quelqu'un écrivait, que je pouvais communiquer, à mon tour, le fil de mes raisonnements. Un jour, jour néfaste, je grandissais en beauté et en innocence ;

et chacun admirait l'intelligence et la bonté du divin adolescent. Beaucoup de consciences rougissaient quand elles contemplaient ces traits limpides où son âme avait placé son trône. On ne s'approchait de lui qu'avec vénération, parce qu'on remarquait dans ses yeux le regard d'un ange. Mais non, je savais de reste que les roses heureuses de l'adolescence ne devaient pas fleurir perpétuellement, tressées en guirlandes capricieuses, sur son front modeste et noble, qu'embrassaient avec frénésie toutes les mères. Il commençait à me sembler que l'univers, avec sa voûte étoilée de globes impassibles et agaçants, n'était peut-être pas ce que j'avais rêvé de plus grandiose. Un jour, donc, fatigué de talonner du pied le sentier abrupte du voyage terrestre, et de m'en aller, en chancelant comme un homme ivre, à travers les catacombes obscures de la vie, je soulevai avec lenteur mes yeux spleenétiques, cernés d'un grand cercle bleuâtre, vers la concavité du firmament, et j'osai pénétrer, moi, si jeune, les mystères du ciel ! Ne trouvant pas ce que je cherchais, je soulevai la paupière effarée plus haut, plus haut encore, jusqu'à ce que j'aperçusse un trône, formé d'excréments humains et d'or, sur lequel trônait, avec un orgueil idiot, le corps recouvert d'un linceul fait avec des draps non lavés d'hôpital, celui qui s'intitule lui-même le Créateur ! Il tenait à la main le tronc pourri d'un homme mort, et le portait, alternativement, des yeux au nez et du nez à la bouche ; une fois à la bouche, on devine ce qu'il en faisait. Ses pieds plongeaient dans une vaste mare de sang en ébullition, à la surface duquel s'élevaient tout à coup, comme des ténias à travers le contenu d'un pot de chambre, deux ou trois têtes prudentes, et qui s'abaissaient aussitôt, avec la rapidité de la flèche : un coup de pied, bien appliqué sur l'os du nez, était la récompense connue de la révolte au règlement, occasionnée par le besoin de respirer un autre milieu ; car, enfin, ces hommes n'étaient pas des poissons ! Amphibies tout au plus, ils nageaient entre deux eaux dans ce liquide immonde !… jusqu'à ce que, n'ayant plus rien dans la main, le Créateur, avec les deux premières griffes du pied, saisît un autre plongeur par le cou, comme dans une tenaille, et le soulevât en l'air, en dehors de la vase rougeâtre, sauce exquise ! Pour celui-là, il faisait comme pour l'autre. Il lui dévorait d'abord la tête, les jambes et les bras, et en dernier lieu le tronc, jusqu'à ce qu'il ne restât plus rien ; car, il croquait les os. Ainsi de suite, durant les autres heures de son éternité. Quelquefois il s'écriait : « Je vous ai créés ; donc j'ai le droit de faire de vous ce que je veux. Vous ne m'avez rien fait, je ne dis pas le contraire. Je vous fais souffrir, et c'est pour mon plaisir. » Et il reprenait son repas cruel, en remuant sa mâchoire inférieure, laquelle remuait sa barbe pleine de cervelle. Ô lecteur, ce dernier détail ne te fait-il pas venir l'eau à la bouche ? N'en mange pas qui veut d'une pareille cervelle, si bonne, toute fraîche, et qui vient d'être pêchée il n'y a qu'un quart d'heure dans le lac aux poissons. Les membres paralysés, et la gorge muette, je contemplai quelque temps ce spectacle. Trois fois, je faillis tomber à la renverse, comme un homme qui subit une émotion trop forte ; trois fois, je parvins à me remettre sur les pieds. Pas une fibre de mon corps ne restait immobile ; et je tremblais, comme tremble la lave intérieure d'un volcan. À la fin, ma poitrine oppressée, ne pouvant chasser avec assez de vitesse l'air qui donne la vie, les lèvres de ma bouche s'entrouvrirent, et je poussai un cri… un cri si déchirant… que je l'entendis ! Les entraves de mon oreille se délièrent d'une manière brusque, le tympan craqua sous le choc de cette masse d'air sonore repoussée loin de moi avec énergie, et il se passa un phénomène nouveau dans l'organe condamné par la nature. Je venais d'entendre un son ! Un cinquième sens se révélait en moi ! Mais, quel plaisir eussé-je pu trouver d'une pareille découverte ? Désormais, le son humain n'arriva à mon oreille qu'avec le sentiment de la douleur qu'engendre la pitié pour une grande injustice. Quand quelqu'un me parlait, je me rappelais ce que j'avais vu, un jour, au-dessus des sphères visibles, et la traduction de mes sentiments étouffés en un hurlement impétueux, dont le timbre était identique à celui de mes semblables ! Je ne pouvais pas lui répondre ; car, les supplices exercés sur la faiblesse de l'homme, dans cette mer hideuse de pourpre, passaient devant mon front en rugissant comme des éléphants écorchés, et rasaient de leurs ailes de feu mes cheveux calcinés. Plus tard, quand je connus davantage l'humanité, à ce sentiment de pitié se joignit une fureur intense contre cette tigresse marâtre, dont les enfants endurcis ne savent que maudire et faire le mal. Audace du mensonge ! Ils disent que le mal n'est chez eux qu'à l'état d'exception !… Maintenant, c'est fini depuis longtemps ; depuis longtemps, je n'adresse la parole à personne. Ô vous, qui que vous soyez, quand vous serez à côté de moi, que les cordes de votre glotte ne laissent échapper aucune intonation ; que votre larynx immobile n'aille pas s'efforcer de surpasser le rossignol ; et vous-même n'essayez nullement de me faire connaître votre âme à l'aide du langage. Gardez un silence religieux, que rien n'interrompe ; croisez humblement vos mains sur la poitrine, et dirigez vos paupières sur le bas. Je vous l'ai dit, depuis la vision qui me fit connaître la vérité suprême, assez de cauchemars ont sucé avidement ma gorge, pendant les nuits et les jours, pour avoir encore le courage de renouveler, même par la pensée, les souffrances que j'éprouvai dans cette heure infernale, qui me poursuit sans relâche de son souvenir. Oh ! quand vous entendez l'avalanche de neige tomber du haut de la froide montagne ; la lionne se plaindre, au désert aride, de la disparition de ses petits ; la tempête accomplir sa destinée ; le condamné mugir, dans la prison, la veille de la guillotine ; et le poulpe féroce raconter, aux vagues de la mer, ses victoires sur les nageurs et les naufragés, dites-le, ces voix majestueuses ne sont-elles pas plus belles que le ricanement de l'homme !

Il existe un insecte que les hommes nourrissent à leurs frais. Ils ne lui doivent rien ; mais, ils le craignent. Celui-ci, qui n'aime pas le vin, mais qui préfère le sang, si on ne satisfaisait pas à ses besoins légitimes, serait capable, par un pouvoir occulte, de devenir aussi gros qu'un éléphant, d'écraser les hommes comme des épis. Aussi faut-il voir comme on le respecte, comme on l'entoure d'une vénération canine, comme on le place en haute estime au-dessus des animaux de la création. On lui donne la tête pour trône, et lui, accroche ses griffes à la racine des cheveux, avec dignité. Plus tard, lorsqu'il est gras et qu'il entre dans un âge avancé, en imitant la coutume d'un peuple ancien, on le tue, afin de ne pas lui faire sentir les atteintes de la vieillesse. On lui fait des funérailles grandioses, comme à un héros, et la bière, qui le conduit directement vers le couvercle de la tombe, est portée, sur les épaules, par les principaux citoyens. Sur la terre humide que le fossoyeur remue avec sa pelle sagace, on combine des phrases multicolores sur l'immortalité de l'âme, sur le néant de la vie, sur la volonté inexplicable de la Providence, et le marbre se referme, à jamais, sur cette existence, laborieusement remplie, qui n'est plus qu'un cadavre. La foule se disperse, et la nuit ne tarde pas à couvrir de ses ombres les murailles du cimetière.

Mais, consolez-vous, humains, de sa perte douloureuse. Voici sa famille innombrable, qui s'avance, et dont il vous a libéralement gratifié, afin que votre désespoir fût moins amer, et comme adouci par la présence agréable de ces avortons hargneux, qui deviendront plus tard de magnifiques poux, ornés d'une beauté remarquable, monstres à allure de sage. Il a couvé plusieurs douzaines d'œufs chéris, avec son aile maternelle, sur vos cheveux, desséchés par la succion acharnée de ces étrangers redoutables. La période est promptement venue, où les œufs ont éclaté. Ne craignez rien, ils ne tarderont pas à grandir, ces adolescents philosophes, à travers cette vie éphémère. Ils grandiront tellement, qu'ils vous le feront sentir, avec leurs griffes et leurs suçoirs.

Vous ne savez pas, vous autres, pourquoi ils ne dévorent pas les os de votre tête, et qu'ils se contentent d'extraire, avec leur pompe, la quintessence de votre sang. Attendez un instant, je vais vous le dire : c'est parce qu'ils n'en ont pas la force. Soyez certains que, si leur mâchoire était conforme à la mesure de leurs vœux infinis, la cervelle, la rétine des yeux, la colonne vertébrale, tout votre corps y passerait. Comme une goutte d'eau. Sur la tête d'un jeune mendiant des rues, observez, avec un microscope, un pou qui travaille ; vous m'en donnerez des nouvelles. Malheureusement ils sont petits, ces brigands de la longue chevelure. Ils ne seraient pas bons pour être conscrits ; car, ils n'ont pas la taille nécessaire exigée par la loi. Ils appartiennent au monde lilliputien de ceux de la courte cuisse, et les aveugles n'hésitent pas à les ranger parmi les infiniment petits. Malheur au cachalot qui se battrait contre un pou. Il serait dévoré en un clin d'œil, malgré sa taille. Il ne resterait pas la queue pour aller annoncer la nouvelle. L'éléphant se laisse caresser. Le pou, non. Je ne vous conseille pas de tenter cet essai périlleux. Gare à vous, si votre main est poilue, ou que seulement elle soit composée d'os et de chair. C'en est fait de vos doigts. Ils craqueront comme s'ils étaient à la torture. La peau disparaît par un étrange enchantement. Les poux sont incapables de commettre autant de mal que leur imagination en médite. Si vous trouvez un pou dans votre route, passez votre chemin, et ne lui léchez pas les papilles de la langue. Il vous arriverait quelque accident. Cela s'est vu. N'importe, je suis déjà content de la quantité de mal qu'il te fait, ô race humaine ; seulement, je voudrais qu'il t'en fît davantage.

Jusqu'à quand garderas-tu le culte vermoulu de ce dieu, insensible à tes prières et aux offrandes généreuses que tu lui offres en holocauste expiatoire ? Vois, il n'est pas reconnaissant, ce manitou horrible, des larges coupes de sang et de cervelle que tu répands sur ses autels, pieusement décorés de guirlandes de fleurs. Il n'est pas reconnaissant... car, les tremblements de terre et les tempêtes continuent de sévir depuis le commencement des choses. Et, cependant, spectacle digne d'observation, plus il se montre indifférent, plus tu l'admires. On voit que tu te méfies de ses attributs, qu'il cache ; et ton raisonnement s'appuie sur cette considération, qu'une divinité d'une puissance extrême peut seule montrer tant de mépris envers les fidèles qui obéissent à sa religion. C'est pour cela que, dans chaque pays, existent des dieux divers, ici, le crocodile, là, la vendeuse d'amour ; mais, quand il s'agit du pou, à ce nom sacré, baisant universellement les chaînes de leur esclavage, tous les peuples s'agenouillent ensemble sur le parvis auguste, devant le piédestal de l'idole informe et sanguinaire. Le peuple qui n'obéirait pas à ses propres instincts de rampement, et ferait mine de révolte, disparaîtrait tôt ou tard de la terre, comme la feuille d'automne, anéanti par la vengeance du dieu inexorable.

Ô pou, à la prunelle recroquevillée, tant que les fleuves répandront la pente de leurs eaux dans les abîmes de la mer ; tant que les astres graviteront sur le sentier de leur orbite ; tant que le vide muet n'aura pas d'horizon ; tant que l'humanité déchirera ses propres flancs par des guerres funestes ; tant que la justice divine précipitera ses foudres vengeresses sur ce globe égoïste ; tant que l'homme méconnaîtra son créateur, et se narguera de lui, non sans raison, en y mêlant du mépris, ton règne sera assuré sur l'univers, et ta dynastie étendra ses anneaux de siècle en siècle. Je te salue, soleil levant, libérateur céleste, toi, l'ennemi invisible de l'homme. Continue de dire à la saleté de s'unir avec lui dans des embrassements impurs, et de lui jurer, par des serments, non écrits dans la poudre, qu'elle restera son amante fidèle jusqu'à l'éternité. Baise de temps en temps la robe de cette grande impudique, en mémoire des services importants qu'elle ne manque pas de te rendre. Si elle ne séduisait pas l'homme, avec ses mamelles lascives, il est probable que tu ne pourrais pas exister, toi, le produit de cet accouplement raisonnable et conséquent. Ô fils de la saleté ! dis à ta mère que, si elle délaisse la couche de l'homme, marchant à travers des routes solitaires, seule et sans appui, elle verra son existence compromise. Que ses entrailles, qui t'ont porté neuf mois dans leurs parois parfumées, s'émeuvent un instant à la pensée des dangers que courrait, par suite, leur tendre fruit, si gentil et si tranquille, mais déjà froid et féroce. Saleté, reine des empires, conserve aux yeux de ma haine le spectacle de l'accroissement insensible des muscles de ta progéniture affamée. Pour atteindre ce but, tu sais que tu n'as qu'à te coller plus étroitement contre les flancs de l'homme. Tu peux le faire, sans inconvénient pour la pudeur, puisque, tous les deux, vous êtes mariés depuis longtemps.

Pour moi, s'il m'est permis d'ajouter quelques mots à cet hymne de glorification, je dirai que j'ai fait construire une fosse, de quarante lieues carrées, et d'une profondeur relative. C'est là que gît, dans sa virginité immonde, une mine vivante de poux. Elle remplit les bas-fonds de la fosse, et serpente ensuite, en larges veines denses, dans toutes les directions. Voici comment j'ai construit cette mine artificielle. J'arrachai un pou femelle aux cheveux de l'humanité. On m'a vu se coucher avec lui pendant trois nuits consécutives, et je le jetai dans la fosse. La fécondation humaine, qui aurait été nulle dans d'autres cas pareils, fut acceptée, cette fois, par la fatalité ; et, au bout de quelques jours, des milliers de monstres, grouillant dans un nœud compact de matière, naquirent à la lumière. Ce nœud hideux devint, par le temps, de plus en plus immense, tout en acquérant la propriété liquide du mercure, et se ramifia en plusieurs branches, qui se nourrissent, actuellement, en se dévorant elles-mêmes (la naissance est plus grande que la mortalité), toutes les fois que je ne leur jette pas en pâture un bâtard qui vient de naître, et dont la mère désirait la mort, ou un bras que je vais couper à quelque jeune fille, pendant la nuit, grâce au chloroforme. Tous les quinze ans, les générations de poux, qui se nourrissent de l'homme, diminuent d'une manière notable, et prédisent elles-mêmes, infailliblement, l'époque prochaine de leur complète destruction. Car, l'homme, plus intelligent que son ennemi, parvient à le vaincre. Alors, avec une pelle infernale qui accroît mes forces, j'extrais de cette mine inépuisable des blocs de poux, grands comme des montagnes, je les brise à coups de hache, et je les transporte, pendant les nuits profondes, dans les artères des cités. Là, au contact de la température humaine, ils se dissolvent comme aux premiers jours de leur formation dans les galeries tortueuses de la mine souterraine, se creusent un lit dans le gravier, et se répandent en ruisseaux dans les habitations, comme des esprits nuisibles. Le gardien de la maison aboie sourdement, car il lui semble qu'une légion d'êtres inconnus perce les pores des murs, et apporte la terreur au chevet du sommeil. Peut-être n'êtes-vous pas, sans avoir entendu, au moins, une fois dans votre vie, ces sortes d'aboiements douloureux et prolongés. Avec ses yeux impuissants, il tâche de percer l'obscurité de la nuit ; car, son cerveau de chien ne comprend pas cela. Ce bourdonnement l'irrite, et il sent qu'il est trahi. Des millions d'ennemis s'abattent ainsi, sur chaque cité, comme des nuages de sauterelles. En voilà pour quinze ans. Ils combattront l'homme, en lui faisant des blessures cuisantes. Après ce laps de temps, j'en enverrai d'autres. Quand je concasse les blocs de matière animée, il peut arriver qu'un fragment soit plus dense qu'un autre. Ses atomes s'efforcent avec rage de séparer leur agglomération pour aller tourmenter l'humanité ; mais, la cohésion résiste dans sa dureté. Par une suprême convulsion, ils engendrent un tel effort, que la pierre, ne pouvant pas disperser ses principes vivants, s'élance d'elle-même jusqu'au haut des airs, comme par un effet de la poudre, et retombe, en s'enfonçant solidement sous le sol. Parfois, le paysan rêveur aperçoit un aérolithe fendre verticalement l'espace, en se dirigeant, du côté du bas, vers un champ de maïs. Il ne sait d'où vient la pierre. Vous avez maintenant, claire et succincte, l'explication du phénomène.

Si la terre était couverte de poux, comme de grains de sable le rivage de la mer, la race humaine serait anéantie, en proie à des douleurs terribles. Quel spectacle ! Moi, avec des ailes d'ange, immobile dans les airs, pour le contempler.

Ô mathématiques sévères, je ne vous ai pas oubliées depuis que vos savantes leçons, plus douces que le miel, filtrèrent dans mon cœur, comme une onde rafraîchissante. J'aspirais instinctivement, dès le berceau, à boire à votre source, plus ancienne que le soleil, et je continue encore de fouler le parvis sacré de votre temple solennel, moi, le plus fidèle de vos initiés. Il y avait du vague dans mon esprit, un je ne sais quoi épais comme de la fumée ; mais, je sus franchir religieusement les degrés qui mènent à votre autel, et vous avez chassé ce voile obscur, comme le vent chasse le damier. Vous avez mis, à la place, une froideur excessive, une prudence consommée et une logique implacable. À l'aide de votre lait fortifiant, mon intelligence s'est rapidement développée, et a pris des proportions immenses, au milieu de cette clarté ravissante dont vous faites présent, avec prodigalité, à ceux qui vous aiment d'un sincère amour. Arithmétique ! algèbre ! géométrie ! trinité grandiose ! triangle lumineux ! Celui qui ne vous a pas connues est un insensé ! Il mériterait l'épreuve des plus grands supplices ; car, il y a du mépris aveugle dans son insouciance ignorante ; mais, celui qui vous connaît et vous apprécie ne veut plus rien des biens de la terre ; se contente de vos jouissances magiques ; et, porté sur vos ailes sombres, ne désire plus que de s'élever, d'un vol léger, en construisant une hélice ascendante, vers la voûte sphérique des cieux. La terre ne lui montre que des illusions et des fantasmagories morales ; mais vous, ô mathématiques concises, par l'enchaînement rigoureux de vos propositions tenaces et la constance de vos lois de fer, vous faites luire, aux yeux éblouis, un reflet puissant de cette vérité suprême dont on remarque l'empreinte dans l'ordre de l'univers. Mais, l'ordre qui vous entoure, représenté surtout par la régularité parfaite du carré, l'ami de Pythagore, est encore plus grand ; car, le Tout-Puissant s'est révélé complètement, lui et ses attributs, dans ce travail mémorable qui consista à faire sortir, des entrailles du chaos, vos trésors de théorèmes et vos magnifiques splendeurs. Aux époques antiques et dans les temps modernes, plus d'une grande imagination humaine vit son génie, épouvanté, à la contemplation de vos figures symboliques tracées sur le papier brûlant, comme autant de signes mystérieux, vivants d'une haleine latente, que ne comprend pas le vulgaire profane et qui n'étaient que la révélation éclatante d'axiomes et d'hiéroglyphes éternels, qui ont existé avant l'univers et qui se maintiendront après lui. Elle se demande, penchée vers le précipice d'un point d'interrogation fatal, comment se fait-il que les mathématiques contiennent tant d'imposante grandeur et tant de vérité incontestable, tandis que, si elle les compare à l'homme, elle ne trouve en ce dernier que faux orgueil et mensonge. Alors, cet esprit supérieur, attristé, auquel la familiarité noble de vos conseils fait sentir davantage la petitesse de l'humanité et son incomparable folie, plonge sa tête, blanchie, sur une main décharnée et reste absorbé dans des méditations surnaturelles. Il incline ses genoux devant vous, et sa vénération rend hommage à votre visage divin, comme à la propre image du Tout-Puissant. Pendant mon enfance, vous m'apparûtes, une nuit de mai, aux rayons de la lune, sur une prairie verdoyante, aux bords d'un ruisseau limpide, toutes les trois égales en grâce et en pudeur, toutes les trois pleines de majesté comme des reines. Vous fîtes quelques pas vers moi, avec votre longue robe, flottante comme une vapeur, et vous m'attirâtes vers vos fières mamelles, comme un fils béni. Alors, j'accourus avec empressement, mes mains crispées sur votre blanche gorge. Je me suis nourri, avec reconnaissance, de votre manne féconde, et j'ai senti que l'humanité grandissait en moi, et devenait meilleure. Depuis ce temps, ô déesses rivales, je ne vous ai pas abandonnées. Depuis ce temps, que de projets énergiques, que de sympathies, que je croyais avoir gravées sur les pages de mon cœur, comme sur du marbre, n'ont-elles pas effacé lentement, de ma raison désabusée, leurs lignes configuratives, comme l'aube naissante efface les ombres de la nuit ! Depuis ce temps, j'ai vu la mort, dans l'intention, visible à l'œil nu, de peupler les tombeaux, ravager les champs de bataille, engraissés par le sang humain et faire pousser des fleurs matinales par-dessus les funèbres ossements. Depuis ce temps, j'ai assisté aux révolutions de notre globe ; les tremblements de terre, les volcans, avec leur lave embrasée, le simoun du désert et les naufrages de la tempête ont eu ma présence pour spectateur impassible. Depuis ce temps, j'ai vu plusieurs générations humaines élever, le matin, ses ailes et ses yeux, vers l'espace, avec la joie inexpérimentée de la chrysalide qui salue sa dernière métamorphose, et mourir, le soir, avant le coucher du soleil, la tête courbée, comme des fleurs fanées que balance le sifflement plaintif du vent. Mais, vous, vous restez toujours les mêmes. Aucun changement, aucun air empesté n'effleure les rocs escarpés et les vallées immenses de votre identité. Vos pyramides modestes dureront davantage que les pyramides d'Égypte, fourmilières élevées par la stupidité et l'esclavage. La fin des siècles verra encore, debout sur les ruines des temps, vos chiffres cabalistiques, vos équations laconiques et vos lignes sculpturales siéger à la droite vengeresse du Tout-Puissant, tandis que les étoiles s'enfonceront, avec désespoir, comme des trombes, dans l'éternité d'une nuit horrible et universelle, et que l'humanité, grimaçante, songera à faire ses comptes avec le jugement dernier. Merci, pour les services innombrables que vous m'avez rendus. Merci, pour les qualités étrangères dont vous avez enrichi mon intelligence. Sans vous, dans ma lutte contre l'homme, j'aurai peut-être été vaincu. Sans vous, il m'aurait fait rouler dans le sable et embrasser la poussière de ses pieds. Sans vous, avec une griffe perfide, il aurait labouré ma chair et mes os. Mais, je me suis tenu sur mes gardes, comme un athlète expérimenté. Vous me donnâtes la froideur qui surgit de vos conceptions sublimes, exemptes de passion. Je m'en servis pour rejeter avec dédain les jouissances éphémères de mon court voyage et pour renvoyer de ma porte les offres sympathiques, mais trompeuses, de mes semblables. Vous me donnâtes la prudence opiniâtre qu'on déchiffre à chaque pas dans vos méthodes admirables de l'analyse, de la synthèse et de la déduction. Je m'en servis pour dérouter les ruses pernicieuses de mon ennemi mortel, pour l'attaquer, à mon tour, avec adresse, et plonger, dans les viscères de l'homme, un poignard aigu qui restera à jamais enfoncé dans son corps ; car, c'est une blessure dont il ne se relèvera pas. Vous me donnâtes la logique, qui est comme l'âme elle-même de vos enseignements, pleins de sagesse ; avec ses syllogismes, dont le labyrinthe compliqué n'en est que plus compréhensible, mon intelligence sentit s'accroître du double ses forces audacieuses. À l'aide de cet auxiliaire terrible, je découvris, dans l'humanité, en nageant vers les bas-fonds, en face de l'écueil de la haine, la méchanceté noire et hideuse, qui croupissait au milieu de miasmes délétères, en s'admirant le nombril. Le premier, je découvris, dans les ténèbres de ses entrailles, ce vice néfaste, le mal ! supérieur en lui au bien. Avec cette arme empoisonnée que vous me prêtâtes, je fis descendre, de son piédestal, construit par la lâcheté de l'homme, le Créateur lui-même ! Il grinça des dents et subit cette injure ignominieuse ; car, il avait pour adversaire quelqu'un de plus fort que lui. Mais, je le laisserai de côté, comme un paquet de ficelles, afin d'abaisser mon vol… Le penseur Descartes faisait, une fois, cette réflexion que rien de solide n'avait été bâti sur vous. C'était une manière ingénieuse de faire comprendre que le premier venu ne pouvait pas sur le coup découvrir votre valeur inestimable. En effet, quoi de plus solide que les trois qualités principales déjà nommées qui s'élèvent, entrelacées comme une couronne unique, sur le sommet auguste de votre architecture colossale ? Monument qui grandit sans cesse de découvertes quotidiennes, dans vos mines de diamant, et d'explorations scientifiques, dans vos superbes domaines. Ô mathématiques saintes, puissiez-vous, par votre commerce perpétuel, consoler le reste de mes jours de la méchanceté de l'homme et de l'injustice du Grand-Tout !

« Ô lampe au bec d'argent, mes yeux t'aperçoivent dans les airs, compagne de la voûte des cathédrales, et cherchent la raison de cette suspension. On dit que tes lueurs éclairent, pendant la nuit, la tourbe de ceux qui viennent adorer le Tout-Puissant et que tu montres aux repentis le chemin qui mène à l'autel. Écoute, c'est fort possible ; mais... est-ce que tu as besoin de rendre de pareils services à ceux auxquels tu ne dois rien ? Laisse, plongées dans les ténèbres, les colonnes des basiliques ; et, lorsqu'une bouffée de la tempête sur laquelle le démon tourbillonne, emporté dans l'espace, pénétrera, avec lui, dans le saint lieu, en y répandant l'effroi, au lieu de lutter, courageusement, contre la rafale empestée du prince du mal, éteins-toi subitement, sous son souffle fiévreux, pour qu'il puisse, sans qu'on le voie, choisir ses victimes parmi les croyants agenouillés. Si tu fais cela, tu peux dire que je te devrai tout mon bonheur. Quand tu reluis ainsi, en répandant tes clartés indécises, mais suffisantes, je n'ose pas me livrer aux suggestions de mon caractère, et je reste, sous le portique sacré, en regardant par le portail entr'ouvert, ceux qui échappent à ma vengeance, dans le sein du Seigneur. Ô lampe poétique ! toi qui serais mon amie si tu pouvais me comprendre, quand mes pieds foulent le basalte des églises, dans les heures nocturnes, pourquoi te mets-tu à briller d'une manière qui, je l'avoue, me parait extraordinaire ? Tes reflets se colorent, alors, des nuances blanches de la lumière électrique ; l'œil ne peut pas te fixer ; et tu éclaires d'une flamme nouvelle et puissante les moindres détails du chenil du Créateur, comme si tu étais en proie à une sainte colère. Et, quand je me retire après avoir blasphémé, tu redeviens inaperçue, modeste et pâle, sûre d'avoir accompli un acte de justice. Dis-moi, un peu ; serait-ce, parce que tu connais les détours de mon cœur, que, lorsqu'il m'arrive d'apparaître où tu veilles, tu t'empresses de désigner ma présence pernicieuse, et de porter l'attention des adorateurs vers le côté où vient de se montrer l'ennemi des hommes ? Je penche vers cette opinion ; car, moi aussi, je commence à te connaître ; et je sais qui tu es, vieille sorcière, qui veilles si bien sur les mosquées sacrées, où se pavane, comme la crête d'un coq, ton maître curieux. Vigilante gardienne, tu t'es donné une mission folle. Je t'avertis ; la première fois que tu me désigneras à la prudence de mes semblables, par l'augmentation de tes lueurs phosphorescentes, comme je n'aime pas ce phénomène d'optique, qui n'est mentionné, du reste, dans aucun livre de physique, je te prends par la peau de ta poitrine, en accrochant mes griffes aux escarres de ta nuque teigneuse, et je te jette dans la Seine. Je ne prétends pas que, lorsque je ne te fais rien, tu te comportes sciemment d'une manière qui me soit nuisible. Là, je te permettrai de briller autant qu'il me sera agréable ; là, tu me nargueras avec un sourire inextinguible ; là, convaincue de l'incapacité de ton huile criminelle, tu l'urineras avec amertume. » Après avoir parlé ainsi, Maldoror ne sort pas du temple, et reste les yeux fixés sur la lampe du saint lieu… Il croit voir une espèce de provocation, dans l'attitude de cette lampe, qui l'irrite au plus haut degré, par sa présence inopportune. Il se dit que, si quelque âme est renfermée dans cette lampe, elle est lâche de ne pas répondre, à une attaque loyale, par la sincérité. Il bat l'air de ses bras nerveux et souhaiterait que la lampe se transformât en homme ; il lui ferait passer un mauvais quart d'heure, il se le promet. Mais, le moyen qu'une lampe se change en homme ; ce n'est pas naturel. Il ne se résigne pas, et va chercher, sur le parvis de la misérable pagode, un caillou plat, à tranchant effilé. Il le lance en l'air avec force… la chaîne est coupée, par le milieu, comme l'herbe par la faux, et l'instrument du culte tombe à terre, en répandant son huile sur les dalles… Il saisit la lampe pour la porter dehors, mais elle résiste et grandit. Il lui semble voir des ailes sur ses flancs, et la partie supérieure revêt la forme d'un buste d'ange. Le tout veut s'élever en l'air pour prendre son essor ; mais il le retient d'une main ferme. Une lampe et un ange qui forment un même corps, voilà ce que l'on ne voit pas souvent. Il reconnaît la forme de la lampe ; il reconnaît la forme de l'ange ; mais, il ne peut pas les scinder dans son esprit ; en effet, dans la réalité, elles sont collées l'une dans l'autre, et ne forment qu'un corps indépendant et libre ; mais, lui croit que quelque nuage a voilé ses yeux, et lui a fait perdre un peu de l'excellence de sa vue. Néanmoins, il se prépare à la lutte avec courage, car son adversaire n'a pas peur. Les gens naïfs racontent, à ceux qui veulent les croire, que le portail sacré se referma de lui-même, en roulant sur ses gonds affligés, pour que personne ne pût assister à cette lutte impie, dont les péripéties allaient se dérouler dans l'enceinte du sanctuaire violé. L'homme au manteau, pendant qu'il reçoit des blessures cruelles avec un glaive invisible, s'efforce de rapprocher de sa bouche la figure de l'ange ; il ne pense qu'à cela, et tous ses efforts se portent vers ce but. Celui-ci perd son énergie, et paraît pressentir sa destinée. Il ne lutte plus que faiblement, et l'on voit le moment où son adversaire pourra l'embrasser à son aise, si c'est ce qu'il veut faire. Eh bien, le moment est venu. Avec ses muscles, il étrangle la gorge de l'ange, qui ne peut plus respirer, et lui renverse le visage, en l'appuyant sur sa poitrine odieuse. Il est un instant touché du sort qui attend cet être céleste, dont il aurait volontiers fait son ami. Mais, il se dit que c'est l'envoyé du Seigneur, et il ne peut pas retenir son courroux. C'en est fait ; quelque chose d'horrible va rentrer dans la cage du temps ! Il se penche, et porte la langue, imbibée de salive, sur cette joue angélique, qui jette des regards suppliants. Il promène quelque temps sa langue sur cette joue. Oh !… voyez !… voyez donc !… la joue blanche et rose est devenue noire, comme un charbon ! Elle exhale des miasmes putrides. C'est la gangrène ; il n'est plus permis d'en douter. Le mal rongeur s'étend sur toute la figure, et de là, exerce ses furies sur les parties basses ; bientôt, tout le corps n'est qu'une vaste plaie immonde. Lui-même, épouvanté (car, il ne croyait pas que sa langue contînt un poison d'une telle violence), il ramasse la lampe et s'enfuit de l'église. Une fois dehors, il aperçoit dans les airs une forme noirâtre, aux ailes brûlées, qui dirige péniblement son vol vers les régions du ciel. Ils se regardent tous les deux, pendant que l'ange monte vers les hauteurs sereines du bien, et que lui, Maldoror, au contraire, descend vers les abîmes vertigineux du mal… Quel regard ! Tout ce que l'humanité a pensé depuis soixante siècles, et ce qu'elle pensera encore, pendant les siècles suivants, pourrait y contenir aisément, tant de choses se dirent-ils, dans cet adieu suprême ! Mais, on comprend que c'étaient des pensées plus élevées que celles qui jaillissent de l'intelligence humaine ; d'abord, à cause des deux personnages, et puis, à cause de la circonstance. Ce regard les noua d'une amitié éternelle. Il s'étonne que le Créateur puisse avoir des missionnaires d'une âme si noble. Un instant, il croit s'être trompé, et se demande s'il aurait dû suivre la route du mal, comme il l'a fait. Le trouble est passé ; il persévère dans sa résolution ; et il est glorieux, d'après lui, de vaincre tôt ou tard le Grand-Tout, afin de régner à sa place sur l'univers entier, et sur des légions d'anges aussi beaux. Celui-ci lui fait comprendre, sans parler, qu'il reprendra sa forme primitive, à mesure qu'il montera vers le ciel ; laisse tomber une larme, qui rafraîchit le front de celui qui lui a donné la gangrène ; et disparaît peu à peu, comme un vautour, en s'élevant au milieu des nuages. Le coupable regarde la lampe, cause de ce qui précède. Il court comme un insensé à travers les rues, se dirige vers la Seine, et lance la lampe par-dessus le parapet. Elle tourbillonne, pendant quelques instants, et s'enfonce définitivement dans les eaux bourbeuses. Depuis ce jour, chaque soir, dès la tombée de la nuit, l'on voit une lampe brillante qui surgit et se maintient, gracieusement, sur la surface du fleuve, à la hauteur du pont Napoléon, en portant, au lieu d'anse, deux mignonnes ailes d'ange. Elle s'avance lentement, sur les eaux, passe sous les arches du pont de la Gare et du pont d'Austerlitz, et continue son sillage silencieux, sur la Seine, jusqu'au pont de l'Alma. Une fois en cet endroit, elle remonte avec facilité le cours de la rivière, et revient au bout de quatre heures à son point de départ. Ainsi de suite, pendant toute la nuit. Ses lueurs, blanches comme la lumière électrique, effacent les becs de gaz qui longent les deux rives, et, entre lesquels, elle s'avance comme une reine, solitaire, impénétrable, avec un sourire inextinguible, sans que son huile se répande avec amertume. Au commencement, les bateaux lui faisaient la chasse ; mais, elle déjouait ces vains efforts, échappait à toutes les poursuites, en plongeant, comme une coquette, et reparaissait, plus loin, à une grande distance. Maintenant, les marins superstitieux, lorsqu'ils la voient, rament vers une direction opposée, et retiennent leurs chansons. Quand vous passez sur un pont, pendant la nuit, faites bien attention ; vous êtes sûr de voir briller la lampe, ici ou là ; mais, on dit qu'elle ne se montre pas à tout le monde. Quand il passe sur les ponts un être humain qui a quelque chose sur la conscience, elle éteint subitement ses reflets, et le passant, épouvanté, fouille en vain, d'un regard désespéré, la surface et le limon du fleuve. Il sait ce que cela signifie. Il voudrait croire qu'il a vu la céleste lueur ; mais, il se dit que la lumière venait du devant des bateaux ou de la réflexion des becs de gaz ; et il a raison... Il sait que, cette disparition, c'est lui qui en est la cause ; et, plongé dans de tristes réflexions, il hâte le pas pour gagner sa demeure. Alors, la lampe au bec d'argent reparaît à la surface, et poursuit sa marche, à travers des arabesques élégantes et capricieuses.

Écoutez les pensées de mon enfance, quand je me réveillais, humains, à la verge rouge : « Je viens de me réveiller ; mais, ma pensée est encore engourdie. Chaque matin, je ressens un poids dans la tête. Il est rare que je trouve le repos dans la nuit ; car, des rêves affreux me tourmentent, quand je parviens à m'endormir. Le jour, ma pensée se fatigue dans des méditations bizarres, pendant que mes yeux errent au hasard dans l'espace ; et, la nuit, je ne peux pas dormir. Quand faut-il alors que je dorme ? Cependant, la nature a besoin de réclamer ses droits. Comme je la dédaigne, elle rend ma figure pâle et fait luire mes yeux avec la flamme aigre de la fièvre. Au reste, je ne demanderais pas mieux que de ne pas épuiser mon esprit à réfléchir continuellement ; mais, quand même je ne le voudrais pas, mes sentiments consternés m'entraînent invinciblement vers cette pente. Je me suis aperçu que les autres enfants sont comme moi ; mais, ils sont plus pâles encore, et leurs sourcils sont froncés, comme ceux des hommes, nos frères aînés. Ô Créateur de l'univers, je ne manquerai pas, ce matin, de t'offrir l'encens de ma prière enfantine. Quelquefois je l'oublie, et j'ai remarqué que, ces jours-là, je me sens plus heureux qu'à l'ordinaire ; ma poitrine s'épanouit, libre de toute contrainte, et je respire, plus à l'aise, l'air embaumé des champs ; tandis que, lorsque j'accomplis le pénible devoir, ordonné par mes parents, de t'adresser quotidiennement un cantique de louanges, accompagné de l'ennui inséparable que me cause sa laborieuse invention, alors, je suis triste et irrité, le reste de la journée, parce qu'il ne me semble pas logique et naturel de dire ce que je ne pense pas, et je recherche le recul des immenses solitudes. Si je leur demande l'explication de cet état étrange de mon âme, elles ne me répondent pas. Je voudrais t'aimer et t'adorer ; mais, tu es trop puissant, et il y a de la crainte, dans mes hymnes. Si, par une seule manifestation de ta pensée, tu peux détruire ou créer des mondes, mes faibles prières ne te seront pas utiles ; si, quand il te plaît, tu envoies le choléra ravager les cités, ou la mort emporter dans ses serres, sans aucune distinction, les quatre âges de la vie, je ne veux pas me lier avec un ami si redoutable. Non pas que la haine conduise le fil de mes raisonnements ; mais, j'ai peur, au contraire, de ta propre haine, qui, par un ordre capricieux, peut sortir de ton cœur et devenir immense, comme l'envergure du condor des Andes. Tes amusements équivoques ne sont pas à ma portée, et j'en serais probablement la première victime. Tu es le Tout-Puissant ; je ne te conteste pas ce titre, puisque, toi seul, as le droit de le porter, et que tes désirs, aux conséquences funestes ou heureuses, n'ont de terme que toi-même. Voilà précisément pourquoi il me serait douloureux de marcher à côté de ta cruelle tunique de saphir, non pas comme ton esclave, mais pouvant l'être d'un moment à l'autre. Il est vrai que, lorsque tu descends en toi-même, pour scruter ta conduite souveraine, si le fantôme d'une injustice passée, commise envers cette malheureuse humanité, qui t'a toujours obéi, comme ton ami le plus fidèle, dresse, devant toi, les vertèbres immobiles d'une épine dorsale vengeresse, ton œil hagard laisse tomber la larme épouvantée du remords tardif, et qu'alors, les cheveux hérissés, tu crois, toi-même, prendre, sincèrement, la résolution de suspendre, à jamais, aux broussailles du néant, les jeux inconcevables de ton imagination de tigre, qui serait burlesque, si elle n'était pas lamentable ; mais, je sais aussi que la constance n'a pas fixé, dans tes os, comme une moelle tenace, le harpon de sa demeure éternelle, et que tu retombes assez souvent, toi et tes pensées, recouvertes de la lèpre noire de l'erreur, dans le lac funèbre des sombres malédictions. Je veux croire que celles-ci sont inconscientes (quoiqu'elles n'en renferment pas moins leur venin fatal), et que le mal et le bien, unis ensemble, se répandent en bonds impétueux de ta royale poitrine gangrenée, comme le torrent du rocher, par le charme secret d'une force aveugle ; mais, rien ne m'en fournit la preuve. J'ai vu, trop souvent, tes dents immondes claquer de rage, et ton auguste face, recouverte de la mousse des temps, rougir, comme un charbon ardent, à cause de quelque futilité microscopique que les hommes avaient commise, pour pouvoir m'arrêter, plus longtemps, devant le poteau indicateur de cette hypothèse bonasse. Chaque jour, les mains jointes, j'élèverai vers toi les accents de mon humble prière, puisqu'il le faut ; mais, je t'en supplie, que ta providence ne pense pas à moi ; laisse-moi de côté, comme le vermisseau qui rampe sous la terre. Sache que je préférerais me nourrir avidement des plantes marines d'îles inconnues et sauvages, que les vagues tropicales entraînent, au milieu de ces parages, dans leur sein écumeux, que de savoir que tu m'observes, et que tu portes, dans ma conscience, ton scalpel qui ricane. Elle vient de te révéler la totalité de mes pensées, et j'espère que ta prudence applaudira facilement au bon sens dont elles gardent l'ineffaçable empreinte. À part ces réserves faites sur le genre de relations plus ou moins intimes que je dois garder avec toi, ma bouche est prête, à n'importe quelle heure du jour, à exhaler, comme un souffle artificiel, le flot de mensonges que ta gloriole exige sévèrement de chaque humain, dès que l'aurore s'élève bleuâtre, cherchant la lumière dans les replis de satin du crépuscule, comme, moi, je recherche la bonté, excité par l'amour du bien. Mes années ne sont pas nombreuses, et, cependant, je sens déjà que la bonté n'est qu'un assemblage de syllabes sonores ; je ne l'ai trouvée nulle part. Tu laisses trop percer ton caractère ; il faudrait le cacher avec plus d'adresse. Au reste, peut-être que je me trompe et que tu fais exprès ; car, tu sais mieux qu'un autre comment tu dois te conduire. Les hommes, eux, mettent leur gloire à t'imiter ; c'est pourquoi la bonté sainte ne reconnaît pas son tabernacle dans leurs yeux farouches : tel père, tel fils. Quoi qu'on doive penser de ton intelligence, je n'en parle que comme un critique impartial. Je ne demande pas mieux que d'avoir été induit en erreur. Je ne désire pas te montrer la haine que je te porte et que je couve avec amour, comme une fille chérie ; car, il vaut mieux la cacher à tes yeux et prendre seulement, devant toi, l'aspect d'un censeur sévère, chargé de contrôler tes actes impurs. Tu cesseras ainsi tout commerce actif avec elle, tu l'oublieras et tu détruiras complètement cette punaise avide qui ronge ton foie. Je préfère plutôt te faire entendre des paroles de rêverie et de douceur… Oui, c'est toi qui as créé le monde et tout ce qu'il renferme. Tu es parfait. Aucune vertu ne te manque. Tu es très- puissant, chacun le sait. Que l'univers entier entonne, à chaque heure du temps, ton cantique éternel ! Les oiseaux te bénissent, en prenant leur essor dans la campagne. Les étoiles t'appartiennent… Ainsi soit-il ! » Après ces commencements, étonnez-vous de me trouver tel que je suis !

Je cherchais une âme qui me ressemblât, et je ne pouvais pas la trouver. Je fouillais tous les recoins de la terre ; ma persévérance était inutile. Cependant, je ne pouvais pas rester seul. Il fallait quelqu'un qui approuvât mon caractère ; il fallait quelqu'un qui eût les mêmes idées que moi. C'était le matin ; le soleil se leva à l'horizon, dans toute sa magnificence, et voilà qu'à mes yeux se lève aussi un jeune homme, dont la présence engendrait des fleurs sur son passage. Il s'approcha de moi, et, me tendant la main : « Je suis venu vers toi, toi, qui me cherches. Bénissons ce jour heureux. » Mais, moi : « Va-t'en ; je ne t'ai pas appelé ; je n'ai pas besoin de ton amitié… » C'était le soir ; la nuit commençait à étendre la noirceur de son voile sur la nature. Une belle femme, que je ne faisais que distinguer, étendait aussi sur moi son influence enchanteresse, et me regardait avec compassion ; cependant, elle n'osait me parler. Je dis : « Approche-toi de moi, afin que je distingue nettement les traits de ton visage ; car, la lumière des étoiles n'est pas assez forte, pour les éclairer à cette distance. » Alors, avec une démarche modeste, et les yeux baissés, elle foula l'herbe du gazon, en se dirigeant de mon côté. Dès que je la vis : « Je vois que la bonté et la justice ont fait résidence dans ton cœur : nous ne pourrions pas vivre ensemble. Maintenant, tu admires ma beauté, qui a bouleversé plus d'une ; mais, tôt ou tard, tu te repentirais de m'avoir consacré ton amour ; car, tu ne connais pas mon âme. Non que je te sois jamais infidèle : celle qui se livre à moi avec tant d'abandon et de confiance, avec autant de confiance et d'abandon, je me livre à elle ; mais, mets-te le dans la tête, pour ne jamais l'oublier : les loups et les agneaux ne se regardent pas avec des yeux doux. » Que me fallait-il donc, à moi, qui rejetais, avec tant de dégoût, ce qu'il y avait de plus beau dans l'humanité ! ce qu'il me fallait, je n'aurais pas su le dire. Je n'étais pas encore habitué à me rendre un compte rigoureux des phénomènes de mon esprit, au moyen des méthodes que recommande la philosophie. Je m'assis sur un roc, près de la mer. Un navire venait de mettre toutes voiles pour s'éloigner de ce parage : un point imperceptible venait de paraître à l'horizon, et s'approchait peu à peu, poussé par la rafale, en grandissant avec rapidité. La tempête allait commencer ses attaques, et déjà le ciel s'obscurcissait, en devenant d'un noir presque aussi hideux que le cœur de l'homme. Le navire, qui était un grand vaisseau de guerre, venait de jeter toutes ses ancres, pour ne pas être balayé sur les rochers de la côte. Le vent sifflait avec fureur des quatre points cardinaux, et mettait les voiles en charpie. Les coups de tonnerre éclataient au milieu des éclairs, et ne pouvaient surpasser le bruit des lamentations qui s'entendaient sur la maison sans bases, sépulcre mouvant. Le roulis de ces masses aqueuses n'était pas parvenu à rompre les chaînes des ancres ; mais, leurs secousses avaient entrouvert une voie d'eau, sur les flancs du navire. Brèche énorme ; car, les pompes ne suffisent pas à rejeter les paquets d'eau salée qui viennent, en écumant, s'abattre sur le pont, comme des montagnes. Le navire en détresse tire des coups de canon d'alarme ; mais, il sombre avec lenteur… avec majesté. Celui qui n'a pas vu un vaisseau sombrer au milieu de l'ouragan, de l'intermittence des éclairs et de l'obscurité la plus profonde, pendant que ceux qu'il contient sont accablés de ce désespoir que vous savez, celui-là ne connaît pas les accidents de la vie. Enfin, il s'échappe un cri universel de douleur immense d'entre les flancs du vaisseau, tandis que la mer redouble ses attaques redoutables. C'est le cri qu'a fait pousser l'abandon des forces humaines. Chacun s'enveloppe dans le manteau de la résignation, et remet son sort entre les mains de Dieu. On s'accule comme un troupeau de moutons. Le navire en détresse tire des coups de canon d'alarme ; mais, il sombre avec lenteur… avec majesté. Ils ont fait jouer les pompes pendant tout le jour. Efforts inutiles. La nuit est venue, épaisse, implacable, pour mettre le comble à ce spectacle gracieux. Chacun se dit qu'une fois dans l'eau, il ne pourra plus respirer ; car, d'aussi loin qu'il fait revenir sa mémoire, il ne se reconnaît aucun poisson pour ancêtre ; mais, il s'exhorte à retenir son souffle le plus longtemps possible, afin de prolonger sa vie de deux ou trois secondes ; c'est là l'ironie vengeresse qu'il veut adresser à la mort… Le navire en détresse tire des coups de canon d'alarme ; mais, il sombre avec lenteur… avec majesté. Il ne sait pas que le vaisseau, en s'enfonçant, occasionne une puissante circonvolution des houles autour d'elles-mêmes ; que le limon bourbeux s'est mêlé aux eaux troublées, et qu'une force qui vient de dessous, contrecoup de la tempête qui exerce ses ravages en haut, imprime à l'élément des mouvements saccadés et nerveux. Ainsi, malgré la provision de sang-froid qu'il ramasse d'avance, le futur noyé, après réflexion plus ample, devra se sentir heureux, s'il prolonge sa vie, dans les tourbillons de l'abîme, de la moitié d'une respiration ordinaire, afin de faire bonne mesure. Il lui sera donc impossible de narguer la mort, son suprême vœu. Le navire en détresse tire des coups de canon d'alarme ; mais, il sombre avec lenteur... avec majesté. C'est une erreur. Il ne tire plus des coups de canon, il ne sombre pas. La coquille de noix s'est engouffrée complètement. Ô ciel ! comment peut-on vivre, après avoir éprouvé tant de voluptés ! Il venait de m'être donné d'être témoin des agonies de mort de plusieurs de mes semblables. Minute par minute, je suivais les péripéties de leurs angoisses. Tantôt, le beuglement de quelque vieille, devenue folle de peur, faisait prime sur le marché. Tantôt, le seul glapissement d'un enfant en mamelles empêchait d'entendre le commandement des manœuvres. Le vaisseau était trop loin pour percevoir distinctement les gémissements que m'apportait la rafale ; mais, je le rapprochais par la volonté, et l'illusion d'optique était complète. Chaque quart d'heure, quand un coup de vent, plus fort que les autres, rendant ses accents lugubres à travers le cri des pétrels effarés, disloquait le navire dans un craquement longitudinal, et augmentait les plaintes de ceux qui allaient être offerts en holocauste à la mort, je m'enfonçais dans la joue la pointe aiguë d'un fer, et je pensais secrètement : « Ils souffrent davantage ! » J'avais, au moins, ainsi, un terme de comparaison. Du rivage, je les apostrophais, en leur lançant des imprécations et des menaces. Il me semblait qu'ils devaient m'entendre ! Il me semblait que ma haine et mes paroles, franchissant la distance, anéantissaient les lois physiques du son, et parvenaient, distinctes, à leurs oreilles, assourdies par les mugissements de l'océan en courroux ! Il me semblait qu'ils devaient penser à moi, et exhaler leur vengeance en impuissante rage ! De temps à autre, je jetais les yeux vers les cités, endormies sur la terre ferme ; et, voyant que personne ne se doutait qu'un vaisseau allait sombrer, à quelques milles du rivage, avec une couronne d'oiseaux de proie et un piédestal de géants aquatiques, au ventre vide, je reprenais courage, et l'espérance me revenait : j'étais donc sûr de leur perte ! Ils ne pouvaient échapper ! Par surcroît de précaution, j'avais été chercher mon fusil à deux coups, afin que, si quelque naufragé était tenté d'aborder les rochers à la nage, pour échapper à une mort imminente, une balle sur l'épaule lui fracassât le bras, et l'empêchât d'accomplir son dessein. Au moment le plus furieux de la tempête, je vis, surnageant sur les eaux, avec des efforts désespérés, une tête énergique, aux cheveux hérissés. Il avalait des litres d'eau, et s'enfonçait dans l'abîme, ballotté comme un liège. Mais, bientôt, il apparaissait de nouveau, les cheveux ruisselants ; et, fixant l'œil sur le rivage, il semblait défier la mort. Il était admirable de sang-froid. Une large blessure sanglante, occasionnée par quelque pointe d'écueil caché, balafrait son visage intrépide et noble. Il ne devait pas avoir plus de seize ans ; car, à peine, à travers les éclairs qui illuminaient la nuit, le duvet de la pêche s'apercevait sur sa lèvre. Et, maintenant, il n'était plus qu'à deux cents mètres de la falaise ; et je le dévisageais facilement. Quel courage ! Quel esprit indomptable ! Comme la fixité de sa tête semblait narguer le destin, tout en fendant avec vigueur l'onde, dont les sillons s'ouvraient difficilement devant lui !... Je l'avais décidé d'avance. Je me devais à moi-même de tenir ma promesse : l'heure dernière avait sonné pour tous, aucun ne devait en échapper. Voilà ma résolution ; rien ne le changerait... Un son sec s'entendit, et la tête aussitôt s'enfonça, pour ne plus reparaître. Je ne pris pas à ce meurtre autant de plaisir qu'on pourrait le croire ; et, c'était, précisément, parce que j'étais rassasié de toujours tuer, que je le faisais dorénavant par simple habitude, dont on ne peut se passer, mais, qui ne procure qu'une jouissance légère. Le sens est émoussé, endurci. Quelle volupté ressentir à la mort de cet être humain, quand il y en avait plus d'une centaine, qui allaient s'offrir à moi, en spectacle, dans leur lutte dernière contre les flots, une fois le navire submergé ? À cette mort, je n'avais même pas l'attrait du danger ; car, la justice humaine, bercée par l'ouragan de cette nuit affreuse, sommeillait dans les maisons, à quelques pas de moi. Aujourd'hui que les années pèsent sur mon corps, je le dis avec sincérité, comme une vérité suprême et solennelle : je n'étais pas aussi cruel qu'on l'a raconté ensuite, parmi les hommes ; mais, des fois, leur méchanceté exerçait ses ravages persévérants pendant des années entières. Alors, je ne connaissais plus de borne à ma fureur ; il me prenait des accès de cruauté, et je devenais terrible pour celui qui s'approchait de mes yeux hagards, si toutefois il appartenait à ma race. Si c'était un cheval ou un chien, je le laissais passer : avez-vous entendu ce que je viens de dire ? Malheureusement, la nuit de cette tempête, j'étais dans un de ces accès, ma raison s'était envolée (car, ordinairement, j'étais aussi cruel, mais, plus prudent) ; et tout ce qui tomberait, cette fois-là, entre mes mains, devait périr ; je ne prétends pas m'excuser de mes torts. La faute n'en est pas toute à mes semblables. Je ne fais que constater ce qui est, en attendant le jugement dernier qui me fait gratter la nuque d'avance... Que m'importe le jugement dernier ! Ma raison ne s'envole jamais, comme je le disais pour vous tromper. Et, quand je commets un crime, je sais ce que je fais : je ne voulais pas faire autre chose ! Debout sur le rocher, pendant que l'ouragan fouettait mes cheveux et mon manteau, j'épiais dans l'extase cette force de la tempête, s'acharnant sur un navire, sous un ciel sans étoiles. Je suivis, dans un attitude triomphante, toutes les péripéties de ce drame, depuis l'instant où le vaisseau jeta ses ancres, jusqu'au moment où il s'engloutit, habit fatal qui entraîna, dans les boyaux de la mer, ceux qui s'en étaient revêtus comme d'un manteau. Mais, l'instant s'approchait, où j'allais, moi-même, me mêler comme acteur à ces scènes de la nature bouleversée. Quand la place où le vaisseau avait soutenu le combat montra clairement que celui-ci avait été passer le reste de ses jours au rez-de-chaussée de la mer, alors, ceux qui avaient été emportés avec les flots reparurent en partie à la surface. Il se prirent à bras-le-corps, deux par deux, trois par trois ; c'était le moyen de ne pas sauver leur vie ; car, leurs mouvements devenaient embarrassés, et ils coulaient bas comme des cruches percées... Quelle est cette armée de monstres marins qui fend les flots avec vitesse ? Ils sont six ; leurs nageoires sont vigoureuses, et s'ouvrent un passage, à travers les vagues soulevées. De tous ces êtres humains, qui remuent les quatre membres dans ce continent peu ferme, les requins ne font bientôt qu'une omelette sans œufs, et se la partagent d'après la loi du plus fort. Le sang se mêle aux eaux, et les eaux se mêlent au sang. Leurs yeux féroces éclairent suffisamment la scène du carnage... Mais, quel est encore ce tumulte des eaux, là-bas, à l'horizon ? On dirait une trombe qui s'approche. Quels coups de rame ! J'aperçois ce que c'est. Une énorme femelle de requin vient prendre part au pâté de foie de canard, et manger du bouilli froid. Elle est furieuse ; car, elle arrive affamée. Une lutte s'engage entre elle et les requins, pour se disputer les quelques membres palpitants qui flottent par-ci, par-là, sans rien dire, sur la surface de la crème rouge. À droite, à gauche, elle lance des coups de dent qui engendrent des blessures mortelles. Mais, trois requins vivants l'entourent encore, et elle est obligée de tourner en tous sens, pour déjouer leurs manœuvres. Avec une émotion croissante, inconnue jusqu'alors, le spectateur, placé sur le rivage, suit cette bataille navale d'un nouveau genre. Il a les yeux fixés sur cette courageuse femelle de requin, aux dents si fortes. Il n'hésite plus, il épaule son fusil, et, avec son adresse habituelle, il loge sa deuxième balle dans l'ouïe d'un des requins, au moment où il se montrait au-dessus d'une vague. Restent deux requins qui n'en témoignent qu'un acharnement plus grand. Du haut du rocher, l'homme à la salive saumâtre, se jette à la mer, et nage vers le tapis agréablement coloré, en tenant à la main ce couteau d'acier qui ne l'abandonne jamais. Désormais, chaque requin a affaire à un ennemi. Il s'avance vers son adversaire fatigué, et, prenant son temps, lui enfonce dans le ventre sa lame aiguë. La citadelle mobile se débarrasse facilement du dernier adversaire... Se trouvent en présence le nageur et la femelle de requin, sauvée par lui. Ils se regardèrent entre les yeux pendant quelques minutes ; et chacun s'étonna de trouver tant de férocité dans les regards de l'autre. Ils tournent en rond en nageant, ne se perdent pas de vue, et se disent à part soi : « Je me suis trompé jusqu'ici ; en voilà un qui est plus méchant. » Alors, d'un commun accord, entre deux eaux, ils glissèrent l'un vers l'autre, avec une admiration mutuelle, la femelle de requin écartant l'eau de ses nageoires, Maldoror battant l'onde avec ses bras ; et retinrent leur souffle, dans une vénération profonde, chacun désireux de contempler, pour la première fois, son portrait vivant. Arrivés à trois mètres de distance, sans faire aucun effort, ils tombèrent brusquement l'un contre l'autre, comme deux aimants, et s'embrassèrent avec dignité et reconnaissance, dans une étreinte aussi tendre que celle d'un frère ou d'une sœur. Les désirs charnels suivirent de près cette démonstration d'amitié. Deux cuisses nerveuses se collèrent étroitement à la peau visqueuse du monstre, comme deux sangsues ; et, les bras et les nageoires entrelacés autour du corps de l'objet aimé qu'ils entouraient avec amour, tandis que leurs gorges et leurs poitrines ne faisaient bientôt plus qu'une masse glauque aux exhalaisons de goémon ; au milieu de la tempête qui continuait de sévir ; à la lueur des éclairs ; ayant pour lit d'hyménée la vague écumeuse, emportés par un courant sous-marin comme dans un berceau, et roulant, sur eux-mêmes, vers les profondeurs inconnues de l'abîme, ils se réunirent dans un accouplement long, chaste et hideux !... Enfin, je venais de trouver quelqu'un qui me ressemblât !... Désormais, je n'étais plus seul dans la vie !... Elle avait les mêmes idées que moi !... J'étais en face de mon premier amour !

La Seine entraîne un corps humain. Dans ces circonstances, elle prend des allures solennelles. Le cadavre gonflé se soutient sur les eaux ; il disparaît sous l'arche d'un pont ; mais, plus loin, on le voit apparaître de nouveau, tournant lentement sur lui-même, comme une roue de moulin, et s'enfonçant par intervalles. Un maître de bateau, à l'aide d'une perche, l'accroche au passage, et le ramène à terre. Avant de transporter le corps à la Morgue, on le laisse quelque temps sur la berge, pour le ramener à la vie. La foule compacte se rassemble autour du corps. Ceux qui ne peuvent pas voir, parce qu'ils sont derrière, poussent, tant qu'ils peuvent, ceux qui sont devant. Chacun se dit : « Ce n'est pas moi qui me serais noyé. » On plaint le jeune homme qui s'est suicidé ; on l'admire ; mais, on ne l'imite pas. Et, cependant, lui, a trouvé très-naturel de se donner la mort, ne jugeant rien sur la terre capable de le contenter, et aspirant plus haut. Sa figure est distinguée, et ses habits sont riches. A-t-il encore dix-sept ans ? C'est mourir jeune ! La foule paralysée continue de jeter sur lui ses yeux immobiles... Il se fait nuit. Chacun se retire silencieusement. Aucun n'ose renverser le noyé, pour lui faire rejeter l'eau qui remplit son corps. On a craint de passer pour sensible, et aucun n'a bougé, retranché dans le col de sa chemise. L'un s'en va, en sifflotant aigrement une tyrolienne absurde ; l'autre fait claquer ses doigts comme des castagnettes... Harcelé par sa pensée sombre, Maldoror, sur son cheval, passe près de cet endroit, avec la vitesse de l'éclair. Il aperçoit le noyé ; cela suffit. Aussitôt, il a arrêté son coursier, et est descendu de l'étrier. Il soulève le jeune homme sans dégoût, et lui fait rejeter l'eau avec abondance. À la pensée que ce corps inerte pourrait revivre sous sa main, il sent son cœur bondir, sous cette impression excellente, et redouble de courage. Vains efforts ! Vains efforts, ai-je dit, et c'est vrai. Le cadavre reste inerte, et se laisse tourner en tous sens. Il frotte les tempes ; il frictionne ce membre-ci, ce membre-là ; il souffle pendant une heure, dans la bouche, en pressant ses lèvres contre les lèvres de l'inconnu. Il lui semble enfin sentir sous sa main, appliquée contre la poitrine, un léger battement. Le noyé vit ! À ce moment suprême, on put remarquer que plusieurs rides disparurent du front du cavalier, et le rajeunirent de dix ans. Mais, hélas ! les rides reviendront, peut-être demain, peut-être aussitôt qu'il se sera éloigné des bords de la Seine. En attendant, le noyé ouvre des yeux ternes, et, par un sourire blafard, remercie son bienfaiteur ; mais, il est faible encore, et ne peut faire aucun mouvement. Sauver la vie à quelqu'un, que c'est beau ! Et comme cette action rachète de fautes ! L'homme aux lèvres de bronze, occupé jusque-là à l'arracher de la mort, regarde le jeune homme avec plus d'attention, et ses traits ne lui paraissent pas inconnus. Il se dit qu'entre l'asphyxié, aux cheveux blonds, et Holzer, il n'y a pas beaucoup de différence. Les voyez-vous comme ils s'embrassent avec effusion ! N'importe ! L'homme à la prunelle de jaspe tient à conserver l'apparence d'un rôle sévère. Sans rien dire, il prend son ami qu'il met en croupe, et le coursier s'éloigne au galop. Ô toi, Holzer, qui te croyais si raisonnable et si fort, n'as-tu pas vu, par ton exemple même, comme il est difficile, dans un accès de désespoir, de conserver le sang-froid dont tu te vantes. J'espère que tu ne me causeras plus un pareil chagrin, et moi, de mon côté, je t'ai promis de ne jamais attenter à ma vie.

Il y a des heures dans la vie où l'homme, à la chevelure pouilleuse, jette, l'œil fixe, des regards fauves sur les membranes vertes de l'espace ; car, il lui semble entendre, devant lui, les ironiques huées d'un fantôme. Il chancelle et courbe la tête : ce qu'il a entendu, c'est la voix de la conscience. Alors, il s'élance de la maison, avec la vitesse d'un fou, prend la première direction qui s'offre à sa stupeur, et dévore les plaines rugueuses de la campagne. Mais, le fantôme jaune ne le perd pas de vue, et le poursuit avec une égale vitesse. Quelquefois, dans une nuit d'orage, pendant que des légions de poulpes ailés, ressemblant de loin à des corbeaux, planent au-dessus des nuages, en se dirigeant d'une rame raide vers les cités des humains, avec la mission de les avertir de changer de conduite, le caillou, à l'œil sombre, voit deux êtres passer à la lueur de l'éclair, l'un derrière l'autre ; et, essuyant une furtive larme de compassion, qui coule de sa paupière glacée, il s'écrie : « Certes, il le mérite ; et ce n'est que justice. » Après avoir dit cela, il se replace dans son attitude farouche, et continue de regarder, avec un tremblement nerveux, la chasse à l'homme, et les grandes lèvres du vagin d'ombre, d'où découlent, sans cesse, comme un fleuve, d'immenses spermatozoïdes ténébreux qui prennent leur essor dans l'éther lugubre, en cachant, avec le vaste déploiement de leurs ailes de chauve-souris, la nature entière, et les légions solitaires de poulpes, devenues mornes à l'aspect de ces fulgurations sourdes et inexprimables. Mais, pendant ce temps, le steeple-chase continue entre les deux infatigables coureurs, et le fantôme lance par sa bouche des torrents de feu sur le dos calciné de l'antilope humain. Si, dans l'accomplissement de ce devoir, il rencontre en chemin la pitié qui veut lui barrer le passage, il cède avec répugnance à ses supplications, et laisse l'homme s'échapper. Le fantôme fait claquer sa langue, comme pour se dire à lui-même qu'il va cesser la poursuite, et retourne vers son chenil, jusqu'à nouvel ordre. Sa voix de condamné s'entend jusque dans les couches les plus lointaines de l'espace ; et, lorsque son hurlement épouvantable pénètre dans le cœur humain, celui-ci préférerait avoir, dit-on, la mort pour mère que le remords pour fils. Il enfonce la tête jusqu'aux épaules dans les complications terreuses d'un trou ; mais, la conscience volatilise cette ruse d'autruche. L'excavation s'évapore, goutte d'éther ; la lumière apparaît, avec son cortège de rayons, comme un vol de courlis qui s'abat sur les lavandes ; et l'homme se retrouve en face de lui-même, les yeux ouverts et blêmes. Je l'ai vu se diriger du côté de la mer, monter sur un promontoire déchiqueté et battu par le sourcil de l'écume ; et, comme une flèche, se précipiter dans les vagues. Voici le miracle : le cadavre reparaissait, le lendemain, sur la surface de l'océan, qui reportait au rivage cette épave de chair. L'homme se dégageait du moule que son corps avait creusé dans le sable, exprimait l'eau de ses cheveux mouillés, et, reprenait, le front muet et penché, le chemin de la vie. La conscience juge sévèrement nos pensées et nos actes les plus secrets, et ne se trompe pas. Comme elle est souvent impuissante à prévenir le mal, elle ne cesse de traquer l'homme comme un renard, surtout pendant l'obscurité. Des yeux vengeurs, que la science ignorante appelle météores, répandent une flamme livide, passent en roulant sur eux-mêmes, et articulent des paroles de mystère… qu'il comprend ! Alors, son chevet est broyé par les secousses de son corps, accablé sous le poids de l'insomnie, et il entend la sinistre respiration des rumeurs vagues de la nuit. L'ange du sommeil, lui-même, mortellement atteint au front d'une pierre inconnue, abandonne sa tâche, et remonte vers les cieux. Eh bien, je me présente pour défendre l'homme, cette fois ; moi, le contempteur de toutes les vertus ; moi, celui que n'a pas pu oublier le Créateur, depuis le jour glorieux où, renversant de leur socle les annales du ciel, où, par je ne sais quel tripotage infâme, étaient consignées sa puissance et son éternité, j'appliquai mes quatre cents ventouses sur le dessous de son aisselle, et lui fis pousser des cris terribles… Ils se changèrent en vipères, en sortant par sa bouche, et allèrent se cacher dans les broussailles, les murailles en ruine, aux aguets le jour, aux aguets la nuit. Ces cris, devenus rampants, et doués d'anneaux innombrables, avec une tête petite et aplatie, des yeux perfides, ont juré d'être en arrêt devant l'innocence humaine ; et, quand celle-ci se promène dans les enchevêtrements des maquis, ou au revers des talus ou sur les sables des dunes, elle ne tarde pas à changer d'idée. Si, cependant, il en est temps encore ; car, des fois, l'homme aperçoit le poison s'introduire dans les veines de sa jambe, par une morsure presque imperceptible, avant qu'il ait eu le temps de rebrousser chemin, et de gagner le large. C'est ainsi que le Créateur, conservant un sang-froid admirable, jusque dans les souffrances les plus atroces, sait retirer, de leur propre sein, des germes nuisibles aux habitants de la terre. Quel ne fut pas son étonnement, quand il vit Maldoror, changé en poulpe, avancer contre son corps ses huit pattes monstrueuses, dont chacune, lanière solide, aurait pu embrasser facilement la circonférence d'une planète. Pris au dépourvu, il se débattit, quelques instants, contre cette étreinte visqueuse, qui se resserrait de plus en plus… je craignais quelque mauvais coup de sa part ; après m'être nourri abondamment des globules de ce sang sacré, je me détachai brusquement de son corps majestueux, et je me cachai dans une caverne, qui, depuis lors, resta ma demeure. Après des recherches infructueuses, il ne put m'y trouver. Il y a longtemps de ça ; mais, je crois que maintenant il sait où est ma demeure ; il se garde d'y rentrer ; nous vivons, tous les deux, comme deux monarques voisins, qui connaissent leurs forces respectives, ne peuvent se vaincre l'un l'autre, et sont fatigués des batailles inutiles du passé. Il me craint, et je le crains ; chacun, sans être vaincu, a éprouvé les rudes coups de son adversaire, et nous en restons là. Cependant, je suis prêt à recommencer la lutte, quand il le voudra. Mais, qu'il n'attende pas quelque moment favorable à ses desseins cachés. Je me tiendrai toujours sur mes gardes, en ayant l'œil sur lui. Qu'il n'envoie plus sur la terre la conscience et ses tortures. J'ai enseigné aux hommes les armes avec lesquelles on peut la combattre avec avantage. Ils ne sont pas encore familiarisés avec elle ; mais, tu sais que, pour moi, elle est comme la paille qu'emporte le vent. J'en fais autant de cas. Si je voulais profiter de l'occasion, qui se présente, de subtiliser ces discussions poétiques, j'ajouterais que je fais même plus de cas de la paille que de la conscience ; car, la paille est utile pour le bœuf qui la rumine, tandis que la conscience ne sait montrer que ses griffes d'acier. Elles subirent un pénible échec, le jour où elles se placèrent devant moi. Comme la conscience avait été envoyée par le Créateur, je crus convenable de ne pas me laisser barrer le passage par elle. Si elle s'était présentée avec la modestie et l'humilité propres à son rang, et dont elle n'aurait jamais dû se départir, je l'aurais écoutée. Je n'aimais pas son orgueil. J'étendis une main, et sous mes doigts broyai les griffes ; elles tombèrent en poussière, sous la pression croissante de ce mortier de nouvelle espèce. J'étendis l'autre main, et lui arrachai la tête. Je chassai ensuite, hors de ma maison, cette femme, à coups de fouet, et je ne la revis plus. J'ai gardé sa tête en souvenir de ma victoire… Une tête à la main, dont je rongeais le crâne, je me suis tenu sur un pied, comme le héron, au bord du précipice creusé dans les flancs de la montagne. On m'a vu descendre dans la vallée, pendant que la peau de ma poitrine était immobile et calme, comme le couvercle d'une tombe ! Une tête à la main, dont je rongeais le crâne, j'ai nagé dans les gouffres les plus dangereux, longé les écueils mortels, et plongé plus bas que les courants, pour assister, comme un étranger, aux combats des monstres marins ; je me suis écarté du rivage, jusqu'à le perdre de ma vue perçante ; et, les crampes hideuses, avec leur magnétisme paralysant, rôdaient autour de mes membres, qui fendaient les vagues avec des mouvements robustes, sans oser approcher. On m'a vu revenir, sain et sauf, dans la plage, pendant que la peau de ma poitrine était immobile et calme, comme le couvercle d'une tombe ! Une tête à la main, dont je rongeais le crâne, j'ai franchi les marches ascendantes d'une tour élevée. Je suis parvenu, les jambes lasses, sur la plate-forme vertigineuse. J'ai regardé la campagne, la mer ; j'ai regardé le soleil, le firmament ; repoussant du pied le granit qui ne recula pas, j'ai défié la mort et la vengeance divine par une huée suprême, et me suis précipité, comme un pavé, dans la bouche de l'espace. Les hommes entendirent le choc douloureux et retentissant qui résulta de la rencontre du sol avec la tête de la conscience, que j'avais abandonnée dans ma chute. On me vit descendre, avec la lenteur de l'oiseau, porté par un nuage invisible, et ramasser la tête, pour la forcer à être témoin d'un triple crime, que je devais commettre le jour même, pendant que la peau de ma poitrine était immobile et calme, comme le couvercle d'une tombe ! Une tête à la main, dont je rongeais le crâne, je me suis dirigé vers l'endroit où s'élèvent les poteaux qui soutiennent la guillotine. J'ai placé la grâce suave des cous de trois jeunes filles sous le couperet. Exécuteur des hautes-œuvres, je lâchai le cordon avec l'expérience apparente d'une vie entière ; et, le fer triangulaire, s'abattant obliquement, trancha trois têtes qui me regardaient avec douceur. Je mis ensuite la mienne sous le rasoir pesant, et le bourreau prépara l'accomplissement de son devoir. Trois fois, le couperet redescendit entre les rainures avec une nouvelle vigueur ; trois fois, ma carcasse matérielle, surtout au siège du cou, fut remuée jusqu'en ses fondements, comme lorsqu'on se figure en rêve être écrasé par une maison qui s'effondre. Le peuple stupéfait me laissa passer, pour m'écarter de la place funèbre ; il m'a vu ouvrir avec mes coudes ses flots ondulatoires, et me remuer, plein de vie, avançant devant moi, la tête droite, pendant que la peau de ma poitrine était immobile et calme, comme le couvercle d'une tombe ! J'avais dit que je voulais défendre l'homme, cette fois ; mais, je crains que mon apologie ne soit pas l'expression de la vérité ; et, par conséquent, je préfère me taire. C'est avec reconnaissance que l'humanité applaudira à cette mesure !

Il est temps de serrer les freins à mon inspiration, et de m'arrêter, un instant, en route, comme quand on regarde le vagin d'une femme ; il est bon d'examiner la carrière parcourue, et de s'élancer, ensuite, les membres reposés, d'un bond impétueux. Fournir une traite d'une seule haleine n'est pas facile ; et les ailes se fatiguent beaucoup, dans un vol élevé, sans espérance et sans remords. Non... ne conduisons pas plus profondément la meute hagarde des pioches et des fouilles, à travers les mines explosibles de ce chant impie ! Le crocodile ne changera pas un mot au vomissement sorti de dessous son crâne. Tant pis, si quelque ombre furtive, excitée par le but louable de venger l'humanité, injustement attaquée par moi, ouvre subrepticement la porte de ma chambre, en frôlant la muraille comme l'aile d'un goéland, et enfonce un poignard, dans les côtes du pilleur d'épaves célestes ! Autant vaut que l'argile dissolve ses atomes, de cette manière que d'une autre.

FIN DU DEUXIÈME CHANT

CHANT TROISIÈME

Rappelons les noms de ces êtres imaginaires, à la nature d'ange, que ma plume, pendant le deuxième chant, a tirés d'un cerveau, brillant d'une lueur émanée d'eux-mêmes. Ils meurent, dès leur naissance, comme ces étincelles dont l'œil a de la peine à suivre l'effacement rapide, sur du papier brûlé. Léman !… Lohengrin !… Lombano !… Holzer !… un instant, vous apparûtes, recouverts des insignes de la jeunesse, à mon horizon charmé ; mais, je vous ai laissés retomber dans le chaos, comme des cloches de plongeur. Vous n'en sortirez plus. Il me suffit que j'aie gardé votre souvenir ; vous devez céder la place à d'autres substances, peut-être moins belles, qu'enfantera le débordement orageux d'un amour qui a résolu de ne pas apaiser sa soif auprès de la race humaine. Amour affamé, qui se dévorerait lui-même, s'il ne cherchait sa nourriture dans des fictions célestes : créant, à la longue, une pyramide de séraphins, plus nombreux que les insectes qui fourmillent dans une goutte d'eau, il les entrelacera dans une ellipse qu'il fera tourbillonner autour de lui. Pendant ce temps, le voyageur, arrêté contre l'aspect d'une cataracte, s'il relève le visage, verra, dans le lointain, un être humain, emporté vers la cave de l'enfer par une guirlande de camélias vivants ! Mais… silence ! l'image flottante du cinquième idéal se dessine lentement, comme les replis indécis d'une aurore boréale, sur le plan vaporeux de mon intelligence, et prend de plus en plus une consistance déterminée… Mario et moi nous longions la grève. Nos chevaux, le cou tendu, fendaient les membranes de l'espace, et arrachaient des étincelles aux galets de la plage. La bise, qui nous frappait en plein visage, s'engouffrait dans nos manteaux, et faisait voltiger en arrière les cheveux de nos têtes jumelles. La mouette, par ses cris et ses mouvements d'aile, s'efforçait en vain de nous avertir de la proximité possible de la tempête, et s'écriait : « Où s'en vont-ils, de ce galop insensé ? » Nous ne disions rien ; plongés dans la rêverie, nous nous laissions emporter sur les ailes de cette course furieuse ; le pêcheur, nous voyant passer, rapides comme l'albatros, et croyant apercevoir, fuyant devant lui, les deux frères mystérieux, comme on les avait ainsi appelés, parce qu'ils étaient toujours ensemble, s'empressait de faire le signe de la croix, et se cachait, avec son chien paralysé, sous quelque roche profonde. Les habitants de la côte avaient entendu raconter des choses étranges sur ces deux personnages, qui apparaissaient sur la terre, au milieu des nuages, aux grandes époques de calamité, quand une guerre affreuse menaçait de planter son harpon sur la poitrine de deux pays ennemis, ou que le choléra s'apprêtait à lancer, avec sa fronde, la pourriture et la mort dans des cités entières. Les plus vieux pilleurs d'épaves fronçaient le sourcil, d'un air grave, affirmant que les deux fantômes, dont chacun avait remarqué la vaste envergure des ailes noires, pendant les ouragans, au-dessus des bancs de sable et des écueils, étaient le génie de la terre et le génie de la mer, qui promenaient leur majesté, au milieu des airs, pendant les grandes révolutions de la nature, unis ensemble par une amitié éternelle, dont la rareté et la gloire ont enfanté l'étonnement du câble indéfini des générations. On disait que, volant côte à côte comme deux condors des Andes, ils aimaient à planer, en cercles concentriques, parmi les couches d'atmosphères qui avoisinent le soleil ; qu'ils se nourrissaient, dans ces parages, des plus pures essences de la lumière ; mais, qu'ils ne se décidaient qu'avec peine à rabattre l'inclinaison de leur vol vertical, vers l'orbite épouvanté où tourne le globe humain en délire, habité par des esprits cruels qui se massacrent entre eux dans les champs où rugit la bataille (quand ils ne se tuent pas perfidement, en secret, dans le centre des villes, avec le poignard de la haine ou de l'ambition), et qui se nourrissent d'êtres pleins de vie comme eux et placés quelques degrés plus bas dans l'échelle des existences. Ou bien, quand ils prenaient la ferme résolution, afin d'exciter les hommes au repentir par les strophes de leurs prophéties, de nager, en se dirigeant à grandes brassées, vers les régions sidérales où une planète se mouvait au milieu des exhalaisons épaisses d'avarice, d'orgueil, d'imprécation et de ricanement qui se dégageaient, comme des vapeurs pestilentielles, de sa surface hideuse et paraissait petite comme une boule, étant presque invisible, à cause de la distance, ils ne manquaient pas de trouver des occasions où ils se repentaient amèrement de leur bienveillance, méconnue et conspuée, et allaient se cacher au fond des volcans, pour converser avec le feu vivace qui bouillonne dans les cuves des souterrains centraux, ou au fond de la mer, pour reposer agréablement leur vue désillusionnée sur les monstres les plus féroces de l'abîme, qui leur paraissaient des modèles de douceur, en comparaison des bâtards de l'humanité. La nuit venue, avec son obscurité propice, ils s'élançaient des cratères, à la crête de porphyre, des courants sous-marins et laissaient, bien loin derrière eux, le pot de chambre rocailleux où se démène l'anus constipé des kakatoès humains, jusqu'à ce qu'ils ne pussent plus distinguer la silhouette suspendue de la planète immonde. Alors, chagrinés de leur tentative infructueuse, au milieu des étoiles qui compatissaient à leur douleur et sous l'œil de Dieu, s'embrassaient, en pleurant, l'ange de la terre et l'ange de la mer !... Mario et celui qui galopait auprès de lui n'ignoraient pas les bruits vagues et superstitieux que racontaient, dans les veillées, les pêcheurs de la côte, en chuchotant autour de l'âtre, portes et fenêtres fermées ; pendant que le vent de la nuit, qui désire se réchauffer, fait entendre ses sifflements autour de la cabane de paille, et ébranle, par sa vigueur, ces frêles murailles, entourées à la base de fragments de coquillage, apportés par les replis mourants des vagues. Nous ne parlions pas. Que se disent deux cœurs qui s'aiment ? Rien. Mais nos yeux exprimaient tout. Je l'avertis de serrer davantage son manteau autour de lui, et lui me fait observer que mon cheval s'éloigne trop du sien : chacun prend autant d'intérêt à la vie de l'autre qu'a sa propre vie ; nous ne rions pas. Il s'efforce de me sourire ; mais, j'aperçois que son visage porte le poids des terribles impressions qu'y a gravées la réflexion, constamment penchée sur les sphinx qui déroutent, avec un œil oblique, les grandes angoisses de l'intelligence des mortels. Voyant ses manœuvres inutiles, il détourne les yeux, mord son frein terrestre avec la bave de la rage, et regarde l'horizon, qui s'enfuit à notre approche. À mon tour, je m'efforce de lui rappeler sa jeunesse dorée, qui ne demande qu'à s'avancer dans les palais des plaisirs, comme une reine ; mais, il remarque que mes paroles sortent difficilement de ma bouche amaigrie, et que les années de mon propre printemps ont passé, tristes et glaciales, comme un rêve implacable qui promène, sur les tables des banquets, et sur les lits de satin, où sommeille la pâle prêtresse d'amour, payée avec les miroitements de l'or, les voluptés amères du désenchantement, les rides pestilentielles de la vieillesse, les effarements de la solitude et les flambeaux de la douleur. Voyant mes manœuvres inutiles, je ne m'étonne pas de ne pas pouvoir le rendre heureux ; le Tout-Puissant m'apparaît revêtu de ses instruments de torture, dans toute l'auréole resplendissante de son horreur ; je détourne les yeux et regarde l'horizon qui s'enfuit à notre approche... Nos chevaux galopaient le long du rivage, comme s'ils fuyaient l'œil humain... Mario est plus jeune que moi ; l'humidité du temps et l'écume salée qui rejaillit jusqu'à nous amènent le contact du froid sur ses lèvres. Je lui dis : « Prends garde !... prends garde !... ferme tes lèvres, les unes contre les autres ; ne vois-tu pas les griffes aiguës de la gerçure, qui sillonne ta peau de blessures cuisantes ? » Il fixe mon front, et me répliqua, avec les mouvements de sa langue : « Oui, je les vois, ces griffes vertes ; mais, je ne dérangerai pas la situation naturelle de ma bouche pour les faire fuir. Regarde, si je mens. Puisqu'il paraît que c'est la volonté de la Providence, je veux m'y conformer. Sa volonté aurait pu être meilleure. » Et moi, je m'écriai : « J'admire cette vengeance noble. » Je voulus m'arracher les cheveux ; mais, il me le défendit avec un regard sévère, et je lui obéis avec respect. Il se faisait tard, et l'aigle regagnait son nid, creusé dans les anfractuosités de la roche. Il me dit : « Je vais te prêter mon manteau, pour te garantir du froid ; je n'en ai pas besoin. » Je lui répliquai : « Malheur à toi, si tu fais ce que tu dis. Je ne veux pas qu'un autre souffre à ma place, et surtout toi. » Il ne répondit pas, parce que j'avais raison ; mais, moi, je me mis à le consoler, à cause de l'accent trop impétueux de mes paroles... Nos chevaux galopaient le long du rivage, comme s'ils fuyaient l'œil humain... Je relevai la tête, comme la proue d'un vaisseau soulevée par une vague énorme, et je lui dis : « Est-ce que tu pleures ? Je te le demande, roi des neiges et des brouillards. Je ne vois pas des larmes sur ton visage, beau comme la fleur du cactus, et tes paupières sont sèches, comme le lit du torrent ; mais, je distingue, au fond de tes yeux, une cuve, pleine de sang, où bout ton innocence, mordue au cou par un scorpion de la grande espèce. Un vent violent s'abat sur le feu qui réchauffe la chaudière, et en répand les flammes obscures jusqu'en dehors de ton orbite sacré. J'ai approché mes cheveux de ton front rosé, et j'ai senti une odeur de roussi, parce qu'ils se brûlèrent. Ferme tes yeux ; car, sinon, ton visage, calciné comme la lave du volcan, tombera en cendres sur le creux de ma main. » Et, lui, se retournait vers moi, sans faire attention aux rênes qu'il tenait dans la main, et me contemplait avec attendrissement, tandis que lentement il baissait et relevait ses paupières de lis, comme le flux et le reflux de la mer. Il voulut bien répondre à ma question audacieuse, et voici comme il le fit : « Ne fais pas attention à moi. De même que les vapeurs des fleuves rampent le long des flancs de la colline, et, une fois arrivées au sommet, s'élancent dans l'atmosphère, en formant des nuages ; de même, tes inquiétudes sur mon compte se sont insensiblement accrues, sans motif raisonnable, et forment au-dessus de ton imagination, le corps trompeur d'un mirage désolé. Je t'assure qu'il n'y a pas de feu dans mes yeux, quoique j'y ressente la même impression que si mon crâne était plongé dans un casque de charbons ardents. Comment veux-tu que les chairs de mon innocence bouillent dans la cuve, puisque je n'entends que des cris très faibles et confus, qui, pour moi, ne sont que les gémissements du vent qui passe au-dessus de nos têtes. Il est impossible qu'un scorpion ait fixé sa résidence et ses pinces aiguës au fond de mon orbite haché ; je crois plutôt que ce sont des tenailles vigoureuses qui broient les nerfs optiques. Cependant, je suis d'avis, avec toi, que le sang, qui remplit la cuve, a été extrait de mes veines par un bourreau invisible, pendant le sommeil de la dernière nuit. Je t'ai attendu longtemps, fils aimé de l'océan ; et mes bras assoupis ont engagé un vain combat avec Celui qui s'était introduit dans le vestibule de ma maison... Oui, je sens que mon âme est cadenacée dans le verrou de mon corps, et qu'elle ne peut se dégager, pour fuir loin des rivages que frappe la mer humaine, et n'être plus témoin du spectacle de la meute livide des malheurs, poursuivant sans relâche, à travers les fondrières et les gouffres de l'abattement immense, les isards humains. Mais, je ne me plaindrai pas. J'ai reçu la vie comme une blessure, et j'ai défendu au suicide de guérir la cicatrice. Je veux que le Créateur en contemple, à chaque heure de son éternité, la crevasse béante. C'est le châtiment que je lui inflige. Nos coursiers ralentissent la vitesse de leurs pieds d'airain ; leurs corps tremblent, comme le chasseur surpris par un troupeau de pécaris. Il ne faut pas qu'ils se mettent à écouter ce que nous disons. À force d'attention, leur intelligence grandirait, et ils pourraient peut-être nous comprendre. Malheur à eux ; car, ils souffriraient davantage ! En effet, ne pense qu'aux marcassins de l'humanité : le degré d'intelligence qui les sépare des autres êtres de la création ne semble-t-il pas ne leur être accordé qu'au prix irrémédiable de souffrances incalculables ? Imite mon exemple, et que ton éperon d'argent s'enfonce dans les flancs de ton coursier... » Nos chevaux galopaient le long du rivage, comme s'ils fuyaient l'œil humain.

Voici la folle qui passe en dansant, tandis qu'elle se rappelle vaguement quelque chose. Les enfants la poursuivent à coups de pierre, comme si c'était un merle. Elle brandit un bâton et fait mine de les poursuivre, puis reprend sa course. Elle a laissé un soulier en chemin, et ne s'en aperçoit pas. De longues pattes d'araignée circulent sur sa nuque ; ce ne sont autre chose que ses cheveux. Son visage ne ressemble plus au visage humain, et elle lance des éclats de rire comme l'hyène. Elle laisse échapper des lambeaux de phrases dans lesquels, en les recousant, très-peu trouveraient une signification claire. Sa robe, percée en plus d'un endroit, exécute des mouvements saccadés autour de ses jambes osseuses et pleines de boue. Elle va devant soi, comme la feuille du peuplier, emportée, elle, sa jeunesse, ses illusions et son bonheur passé, qu'elle revoit à travers les brumes d'une intelligence détruite, par le tourbillon des facultés inconscientes. Elle a perdu sa grâce et sa beauté primitives ; sa démarche est ignoble, et son haleine respire l'eau-de-vie. Si les hommes étaient heureux sur cette terre, c'est alors qu'il faudrait s'étonner. La folle ne fait aucun reproche, elle est trop fière pour se plaindre, et mourra, sans avoir révélé son secret à ceux qui s'intéressent à elle, mais auxquels elle a défendu de ne jamais lui adresser la parole. Les enfants la poursuivent, à coups de pierre, comme si c'était un merle. Elle a laissé tomber de son sein un rouleau de papier. Un inconnu le ramasse, s'enferme chez lui toute la nuit, et lit le manuscrit, qui contenait ce qui suit : « Après bien des années stériles, la Providence m'envoya une fille. Pendant trois jours, je m'agenouillai dans les églises, et ne cessai de remercier le grand nom de Celui qui avait enfin exaucé mes vœux. Je nourrissais de mon propre lait celle qui était plus que ma vie, et que je voyais grandir rapidement, douée de toutes les qualités de l'âme et du corps. Elle me disait : « Je voudrais avoir une petite sœur pour m'amuser avec elle ; recommande au bon Dieu de m'en envoyer une ; et, pour le récompenser, j'entrelacerai, pour lui, une guirlande de violettes, de menthes et de géraniums. » Pour toute réponse, je l'enlevais sur mon sein et l'embrassais avec amour. Elle savait déjà s'intéresser aux animaux, et me demandait pourquoi l'hirondelle se contente de raser de l'aile les chaumières humaines, sans oser y rentrer. Mais, moi, je mettais un doigt sur ma bouche, comme pour lui dire de garder le silence sur cette grave question, dont je ne voulais pas encore lui faire comprendre les éléments, afin de ne pas frapper, par une sensation excessive, son imagination enfantine ; et, je m'empressais de détourner la conversation de ce sujet, pénible à traiter pour tout être appartenant à la race qui a étendu une domination injuste sur les autres animaux de la création. Quand elle me parlait des tombes du cimetière, en me disant qu'on respirait dans cette atmosphère les agréables parfums des cyprès et des immortelles, je me gardais de la contredire ; mais, je lui disais que c'était la ville des oiseaux, que, là, ils chantaient depuis l'aurore jusqu'au crépuscule du soir, et que les tombes étaient leurs nids, où ils couchaient la nuit avec leur famille, en soulevant le marbre. Tous les mignons vêtements qui la couvraient, c'est moi qui les avais cousus, ainsi que les dentelles, aux mille arabesques, que je réservais pour le dimanche. L'hiver, elle avait sa place légitime autour de la grande cheminée ; car elle se croyait une personne sérieuse, et, pendant l'été, la prairie reconnaissait la suave pression de ses pas, quand elle s'aventurait, avec son filet de soie, attaché au bout d'un jonc, après les colibris, pleins d'indépendance, et les papillons, aux zigzags agaçants. « Que fais-tu, petite vagabonde, quand la soupe t'attend depuis une heure, avec la cuillère qui s'impatiente ? » Mais, elle s'écriait, en me sautant au cou, qu'elle n'y reviendrait plus. Le lendemain, elle s'échappait de nouveau, à travers les marguerites et les résédas ; parmi les rayons du soleil et le vol tournoyant des insectes éphémères ; ne connaissant que la coupe prismatique de la vie, pas encore le fiel ; heureuse d'être plus grande que la mésange ; se moquant de la fauvette, qui ne chante pas si bien que le rossignol ; tirant sournoisement la langue au vilain corbeau, qui la regardait paternellement ; et gracieuse comme un jeune chat. Je ne devais pas longtemps jouir de sa présence ; le temps s'approchait, où elle devait, d'une manière inattendue, faire ses adieux aux enchantements de la vie, abandonnant pour toujours la compagnie des tourterelles, des gelinottes et des verdiers, les babillements de la tulipe et de l'anémone, les conseils des herbes du marécage, l'esprit incisif des grenouilles, et la fraîcheur des ruisseaux. On me raconta ce qui s'était passé ; car, moi, je ne fus pas présente à l'événement qui eut pour conséquence la mort de ma fille. Si je l'avais été, j'aurais défendu cet ange au prix de mon sang... Maldoror passait avec son bouledogue ; il voit une jeune fille qui dort à l'ombre d'un platane, et il la prit d'abord pour une rose. On ne peut dire qui s'éleva le plus tôt dans son esprit, ou la vue de cette enfant, ou la résolution qui en fut la suite. Il se déshabille rapidement, comme un homme qui sait ce qu'il va faire. Nu comme une pierre, il s'est jeté sur le corps de la jeune fille, et lui a levé la robe pour commettre un attentat à la pudeur... à la clarté du soleil ! Il ne se gênera pas, allez !... N'insistons pas sur cette action impure. L'esprit mécontent, il se rhabille avec précipitation, jette un regard de prudence sur la route poudreuse, où personne ne chemine, et ordonne au bouledogue d'étrangler avec le mouvement de ses mâchoires, la jeune fille ensanglantée. Il indique au chien de la montagne la place où respire et hurle la victime souffrante, et se retire à l'écart, pour ne pas être témoin de la rentrée des dents pointues dans les veines roses. L'accomplissement de cet ordre put paraître sévère au bouledogue. Il crut qu'on lui demanda ce qui avait été déjà fait, et se contenta, ce loup, au mufle monstrueux, de violer à son tour la virginité de cette enfant délicate. De son ventre déchiré, le sang coule de nouveau le long de ses jambes, à travers la prairie. Ses gémissements se joignent aux pleurs de l'animal. La jeune fille lui présente la croix d'or qui ornait son cou, afin qu'il l'épargne ; elle n'avait pas osé le présenter aux yeux farouches de celui qui, d'abord, avait eu la pensée de profiter de la faiblesse de son âge. Mais le chien n'ignorait pas que, s'il désobéissait à son maître, un couteau lancé de dessous une manche, ouvrirait brusquement ses entrailles, sans crier gare. Maldoror (comme ce nom répugne à prononcer !) entendait les agonies de la douleur, et s'étonnait que la victime eût la vie si dure, pour ne pas être encore morte. Il s'approche de l'autel sacrificatoire, et voit la conduite de son bouledogue, livré à de bas penchants, et qui élevait sa tête au-dessus de la jeune fille, comme un naufragé élève la sienne, au-dessus des vagues en courroux. Il lui donne un coup de pied et lui fend un œil. Le bouledogue, en colère, s'enfuit dans la campagne, entraînant après lui, pendant un espace de route qui est toujours trop long, pour si court qu'il fût, le corps de la jeune fille suspendue, qui n'a été dégagé que grâce aux mouvements saccadés de la fuite ; mais, il craint d'attaquer son maître, qui ne le reverra plus. Celui-ci tire de sa poche un canif américain, composé de dix à douze lames qui servent à divers usages. Il ouvre les pattes anguleuses de cet hydre d'acier ; et, muni d'un pareil scalpel, voyant que le gazon n'avait pas encore disparu sous la couleur de tant de sang versé, s'apprête, sans pâlir, à fouiller courageusement le vagin de la malheureuse enfant. De ce trou élargi, il retire successivement les organes intérieurs ; les boyaux, les poumons, le foie et enfin le cœur lui-même sont arrachés de leurs fondements et entraînés à la lumière du jour, par l'ouverture épouvantable. Le sacrificateur s'aperçoit que la jeune fille, poulet vidé, est morte depuis longtemps ; il cesse la persévérance croissante de ses ravages, et laisse le cadavre redormir à l'ombre du platane. On ramassa le canif, abandonné à quelques pas. Un berger, témoin du crime, dont on n'avait pas découvert l'auteur, ne le raconta que longtemps après, quand il se fut assuré que le criminel avait gagné en sûreté les frontières, et qu'il n'avait plus à redouter la vengeance certaine proférée contre lui, en cas de révélation. Je plaignis l'insensé qui avait commis ce forfait, que le législateur n'avait pas prévu, et qui n'avait pas eu de précédents. Je le plaignis, parce qu'il est probable qu'il n'avait pas gardé l'usage de la raison, quand il mania le poignard à la lame quatre fois triple, labourant de fond en comble, les parois des viscères. Je le plaignis, parce que, s'il n'était pas fou, sa conduite honteuse devait couver une haine bien grande contre ses semblables, pour s'acharner ainsi sur les chairs et les artères d'un enfant inoffensif, qui fut ma fille. J'assistai à l'enterrement de ces décombres humains, avec une résignation muette ; et chaque jour je viens prier sur une tombe. » À la fin de cette lecture, l'inconnu ne peut plus garder ses forces, et s'évanouit. Il reprend ses sens, et brûle le manuscrit. Il avait oublié ce souvenir de sa jeunesse (l'habitude émousse la mémoire !) ; et après vingt ans d'absence, il revenait dans ce pays fatal. Il n'achètera pas de bouledogue !... Il ne conversera pas avec les bergers !... Il n'ira pas dormir à l'ombre des platanes !... Les enfants la poursuivent à coups de pierre, comme si c'était un merle.

Tremdall a touché la main pour la dernière fois, à celui qui s'absente volontairement, toujours fuyant devant lui, toujours l'image de l'homme le poursuivant. Le juif errant se dit que, si le sceptre de la terre appartenait à la race des crocodiles, il ne fuirait pas ainsi. Tremdall, debout sur la vallée, a mis une main devant ses yeux, pour concentrer les rayons solaires, et rendre sa vue plus perçante, tandis que l'autre palpe le sein de l'espace, avec le bras horizontal et immobile. Penché en avant, statue de l'amitié, il regarde avec des yeux, mystérieux comme la mer, grimper, sur la pente de la côte, les guêtres du voyageur, aidé de son bâton ferré. La terre semble manquer à ses pieds, et quand même il le voudrait, il ne pourrait retenir ses larmes et ses sentiments :

« Il est loin ; je vois sa silhouette cheminer sur un étroit sentier. Où s'en va-t-il, de ce pas pesant ? Il ne le sait lui-même… Cependant, je suis persuadé que je ne dors pas : qu'est-ce qui s'approche, et va à la rencontre de Maldoror ? Comme il est grand, le dragon… plus qu'un chêne ! On dirait que ses ailes blanchâtres, nouées par de fortes attaches, ont des nerfs d'acier, tant elles fendent l'air avec aisance. Son corps commence par un buste de tigre, et se termine par une longue queue de serpent. Je n'étais pas habitué à voir ces choses. Qu'a-t-il donc sur le front ? J'y vois écrit, dans une langue symbolique, un mot que je ne puis déchiffrer. D'un dernier coup d'aile, il s'est transporté auprès de celui dont je connais le timbre de voix. Il lui a dit : « Je t'attendais, et toi aussi. L'heure est arrivée ; me voilà. Lis, sur mon front, mon nom écrit en signes hiéroglyphiques. » Mais lui, à peine a-t-il vu venir l'ennemi, s'est changé en aigle immense, et se prépare au combat, en faisant claquer de contentement son bec recourbé, voulant dire par là qu'il se charge, à lui seul, de manger la partie postérieure du dragon. Les voilà qui tracent des cercles dont la concentricité diminue, espionnant leurs moyens réciproques, avant de combattre ; ils font bien. Le dragon me paraît plus fort ; je voudrais qu'il remportât la victoire sur l'aigle. Je vais éprouver de grandes émotions, à ce spectacle où une partie de mon être est engagée. Puissant dragon, je t'exciterai de mes cris, s'il est nécessaire ; car, il est de l'intérêt de l'aigle qu'il soit vaincu. Qu'attendent-ils pour s'attaquer ? Je suis dans des transes mortelles. Voyons, dragon, commence, toi, le premier, l'attaque. Tu viens de lui donner un coup de griffe sec : ce n'est pas trop mal. Je t'assure que l'aigle l'aura senti ; le vent emporte la beauté de ses plumes, tâchées de sang. Ah ! l'aigle t'arrache un œil avec son bec, et, toi, tu ne lui avais arraché que la peau ; il fallait faire attention à cela. Bravo, prends ta revanche, et casse-lui une aile ; il n'y a pas à dire, tes dents de tigre sont très bonnes. Si tu pouvais approcher de l'aigle, pendant qu'il tournoie dans l'espace, lancé en bas vers la campagne ! Je le remarque, cet aigle t'inspire de la retenue, même quand il tombe. Il est par terre, il ne pourra pas se relever. L'aspect de toutes ces blessures béantes m'enivre. Vole à fleur de terre autour de lui, et, avec les coups de ta queue écaillée de serpent, achève-le, si tu peux. Courage, beau dragon ; enfonce-lui tes griffes vigoureuses, et que le sang se mêle au sang, pour former des ruisseaux où il n'y ait pas d'eau. C'est facile à dire, mais non à faire. L'aigle vient de combiner un nouveau plan stratégique de défense, occasionné par les chances malencontreuses de cette lutte mémorable ; il est prudent. Il s'est assis solidement, dans une position inébranlable, sur l'aile restante, sur ses deux cuisses, et sur sa queue, qui lui servait auparavant de gouvernail. Il défie des efforts plus extraordinaires que ceux qu'on lui a opposés jusqu'ici. Tantôt, il tourne aussi vite que le tigre, et n'a pas l'air de se fatiguer ; tantôt, il se couche sur le dos, avec ses deux fortes pattes en l'air, et, avec sang-froid, regarde ironiquement son adversaire. Il faudra, à bout de compte, que je sache qui sera le vainqueur ; le combat ne peut pas s'éterniser. Je songe aux conséquences qu'il en résultera ! L'aigle est terrible, et fait des sauts énormes qui ébranlent la terre, comme s'il allait prendre son vol ; cependant, il sait que cela lui est impossible. Le dragon ne s'y fie pas ; il croit qu'à chaque instant l'aigle va l'attaquer par le côté où il manque d'œil... Malheureux que je suis ! C'est ce qui arrive. Comment le dragon s'est laissé prendre à la poitrine ? Il a beau user de la ruse et de la force ; je m'aperçois que l'aigle, collé à lui par tous ses membres, comme une sangsue, enfonce de plus en plus son bec, malgré de nouvelles blessures qu'il reçoit, jusqu'à la racine du cou, dans le ventre du dragon. On ne lui voit que le corps. Il paraît être à l'aise ; il ne se presse pas d'en sortir. Il cherche sans doute quelque chose, tandis que le dragon, à la tête de tigre, pousse des beuglements qui réveillent les forêts. Voilà l'aigle, qui sort de cette caverne. Aigle, comme tu es horrible ! Tu es plus rouge qu'une mare de sang ! Quoique tu tiennes dans ton bec nerveux un cœur palpitant, tu es si couvert de blessures, que tu peux à peine te soutenir sur tes pattes emplumées ; et que tu chancelles, sans desserrer le bec, à côté du dragon qui meurt dans d'effroyables agonies. La victoire a été difficile ; n'importe, tu l'as remportée : il faut, au moins, dire la vérité... Tu agis d'après les règles de la raison, en te dépouillant de la forme d'aigle, pendant que tu t'éloignes du cadavre du dragon. Ainsi donc, Maldoror, tu as été vainqueur ! Ainsi donc, Maldoror, tu as vaincu l'Espérance ! Désormais, le désespoir se nourrira de ta substance la plus pure ! Désormais, tu rentres, à pas délibérés, dans la carrière du mal ! Malgré que je sois, pour ainsi dire, blasé sur la souffrance, le dernier coup que tu as porté au dragon n'a pas manqué de se faire sentir en moi. Juge toi-même si je souffre ! Mais tu me fais peur. Voyez, voyez, dans le lointain, cet homme qui s'enfuit. Sur lui, terre excellente, la malédiction a poussé son feuillage touffu ; il est maudit et il maudit. Où portes-tu tes sandales ? Où t'en vas-tu, hésitant comme un somnambule, au-dessus d'un toit ? Que ta destinée perverse s'accomplisse ! Maldoror, adieu ! Adieu, jusqu'à l'éternité, où nous ne nous retrouverons pas ensemble ! »

C'était une journée de printemps. Les oiseaux répandaient leurs cantiques en gazouillements, et les humains, rendus à leurs différents devoirs, se baignaient dans la sainteté de la fatigue. Tout travaillait à sa destinée : les arbres, les planètes, les squales. Tout, excepté le Créateur ! Il était étendu sur la route, les habits déchirés. Sa lèvre inférieure pendait comme un câble somnifère ; ses dents n'étaient pas lavées, et la poussière se mêlait aux ondes blondes de ses cheveux. Engourdi par un assoupissement pesant, broyé contre les cailloux, son corps faisait des efforts inutiles pour se relever. Ses forces l'avaient abandonné, et il gisait, là, faible comme le ver de terre, impassible comme l'écorce. Des flots de vin remplissaient les ornières, creusées par les soubresauts nerveux de ses épaules. L'abrutissement, au groin de porc, le couvrait de ses ailes protectrices, et lui jetait un regard amoureux. Ses jambes, aux muscles détendus, balayaient le sol, comme deux mâts aveugles. Le sang coulait de ses narines : dans sa chute, sa figure avait frappé contre un poteau... Il était soûl ! Horriblement soûl ! Soûl comme une punaise qui a mâché pendant la nuit trois tonneaux de sang ! Il remplissait l'écho de paroles incohérentes, que je me garderai de répéter ici ; si l'ivrogne suprême ne se respecte pas, moi, je dois respecter les hommes. Saviez-vous que le Créateur... se soûlât ! Pitié pour cette lèvre, souillée dans les coupes de l'orgie ! Le hérisson, qui passait, lui enfonça ses pointes dans le dos, et dit : « Ça, pour toi. Le soleil est à la moitié de sa course : travaille, fainéant, et ne mange pas le pain des autres. Attends un peu, et tu vas voir, si j'appelle le kakatoès, au bec crochu. » Le pivert et la chouette, qui passaient, lui enfoncèrent le bec entier dans le ventre, et dirent : « Ça, pour toi. Que viens-tu faire sur cette terre ? Est-ce pour offrir cette lugubre comédie aux animaux ? Mais, ni la taupe, ni le casoar, ni le flamant ne t'imiteront, je te le jure. » L'âne, qui passait, lui donna un coup de pied sur la tempe, et dit : « Ça, pour toi. Que t'avais-je fait pour me donner des oreilles si longues ? Il n'y a pas jusqu'au grillon qui ne me méprise. » Le crapaud, qui passait, lança un jet de bave sur son front, et dit : « Ça, pour toi. Si tu ne m'avais fait l'œil si gros, et que je t'eusse aperçu dans l'état où je te vois, j'aurais chastement caché la beauté de tes membres sous une pluie de renoncules, de myosotis et de camélias, afin que nul ne te vît. » Le lion, qui passait, inclina sa face royale, et dit : « Pour moi, je le respecte, quoique sa splendeur nous paraisse pour le moment éclipsée. Vous autres, qui faites les orgueilleux, et n'êtes que des lâches, puisque vous l'avez attaqué quand il dormait, seriez-vous contents, si, mis à sa place, vous supportiez, de la part des passants, les injures que vous ne lui avez pas épargnées. » L'homme, qui passait, s'arrêta devant le Créateur méconnu ; et, aux applaudissements du morpion et de la vipère, fienta, pendant trois jours, sur son visage auguste ! Malheur à l'homme, à cause de cette injure ; car, il n'a pas respecté l'ennemi, étendu dans le mélange de boue, de sang et de vin ; sans défense, et presque inanimé !... Alors, le Dieu souverain, réveillé, enfin, par toutes ces insultes mesquines, se releva comme il put ; en chancelant, alla s'asseoir sur une pierre, les bras pendants, comme les deux testicules du poitrinaire ; et jeta un regard vitreux, sans flamme, sur la nature entière, qui lui appartenait. Ô humains, vous êtes les enfants terribles ; mais, je vous en supplie, épargnons cette grande existence, qui n'a pas encore fini de cuver la liqueur immonde, et, n'ayant pas conservé assez de force pour se tenir droite, est retombée, lourdement, sur cette roche, où elle s'est assise, comme un voyageur. Faites attention à ce mendiant qui passe ; il a vu que le derviche tendait un bras affamé, et, sans savoir à qui il faisait l'aumône, il a jeté un morceau de pain dans cette main qui implore la miséricorde. Le Créateur lui a exprimé sa reconnaissance par un mouvement de tête. Oh ! vous ne saurez jamais comme de tenir constamment les rênes de l'univers devient une chose difficile ! Le sang monte quelquefois à la tête, quand on s'applique à tirer du néant une dernière comète, avec une nouvelle race d'esprits. L'intelligence, trop remuée de fond en comble, se retire comme un vaincu, et peut tomber, une fois dans la vie, dans les égarements dont vous avez été témoins !

Une lanterne rouge, drapeau du vice, suspendue à l'extrémité d'une tringle, balançait sa carcasse au fouet des quatre vents, au-dessus d'une porte massive et vermoulue. Un corridor sale, qui sentait la cuisse humaine, donnait sur un préau, où cherchaient leur pâture des coqs et des poules, plus maigres que leurs ailes. Sur la muraille qui servait d'enceinte au préau, et située du côté de l'ouest, étaient parcimonieusement pratiquées diverses ouvertures, fermées par un guichet grillé. La mousse recouvrait ce corps de logis, qui, sans doute, avait été un couvent et servait, à l'heure actuelle, avec le reste du bâtiment, comme demeure de toutes ces femmes qui montraient chaque jour, à ceux qui entraient, l'intérieur de leur vagin, en échange d'un peu d'or. J'étais sur un pont, dont les piles plongeaient dans l'eau fangeuse d'un fossé de ceinture. De sa surface élevée, je contemplais dans la campagne cette construction penchée sur sa vieillesse et les moindres détails de son architecture intérieure. Quelquefois, la grille d'un guichet s'élevait sur elle-même en grinçant, comme par l'impulsion ascendante d'une main qui violentait la nature du fer : un homme présentait sa tête à l'ouverture dégagée à moitié, avançait ses épaules, sur lesquelles tombait le plâtre écaillé, faisait suivre, dans cette extraction laborieuse, son corps couvert de toiles d'araignées. Mettant ses mains, ainsi qu'une couronne, sur les immondices de toutes sortes qui pressaient le sol de leur poids, tandis qu'il avait encore la jambe engagée dans les torsions de la grille, il reprenait ainsi sa posture naturelle, allait tremper ses mains dans un baquet boiteux, dont l'eau savonnée avait vu s'élever, tomber des générations entières, et s'éloignait ensuite, le plus vite possible, de ces ruelles faubouriennes, pour aller respirer l'air pur vers le centre de la ville. Lorsque le client était sorti, une femme toute nue se portait au dehors, de la même manière, et se dirigeait vers le même baquet. Alors, les coqs et les poules accouraient en foule des divers points du préau, attirés par l'odeur séminale, la renversaient par terre, malgré ses efforts vigoureux, trépignaient la surface de son corps comme un fumier et déchiquetaient, à coups de bec, jusqu'à ce qu'il sortît du sang, les lèvres flasques de son vagin gonflé. Les poules et les coqs, avec leur gosier rassasié, retournaient gratter l'herbe du préau ; la femme, devenue propre, se relevait, tremblante, couverte de blessures, comme lorsqu'on s'éveille après un cauchemar. Elle laissait tomber le torchon qu'elle avait apporté pour essuyer ses jambes ; n'ayant plus besoin du baquet commun, elle retournait dans sa tanière, comme elle en était sortie, pour attendre une autre pratique. À ce spectacle, moi, aussi, je voulus pénétrer dans cette maison ! J'allai descendre du pont, quand je vis, sur l'entablement d'un pilier, cette inscription, en caractères hébreux : « Vous, qui passez sur ce pont, n'y allez pas. Le crime y séjourne avec le vice ; un jour, ses amis attendirent en vain un jeune homme qui avait franchi la porte fatale. » La curiosité l'emporta sur la crainte ; au bout de quelques instants, j'arrivai devant un guichet, dont la grille possédait de solides barreaux, qui s'entrecroisaient étroitement. Je voulus regarder dans l'intérieur, à travers ce tamis épais. D'abord, je ne pus rien voir ; mais, je ne tardai pas à distinguer les objets qui étaient dans la chambre obscure, grâce aux rayons du soleil qui diminuait sa lumière et allait bientôt disparaître à l'horizon. La première et la seule chose qui frappa ma vue fut un bâton blond, composé de cornets, s'enfonçant les uns dans les autres. Ce bâton se mouvait ! Il marchait dans la chambre ! Ses secousses étaient si fortes, que le plancher chancelait ; avec ses deux bouts, il faisait des brèches énormes dans la muraille et paraissait un bélier qu'on ébranle contre la porte d'une ville assiégée. Ses efforts étaient inutiles ; les murs étaient construits avec de la pierre de taille et quand il choquait la paroi, je le voyais se recourber en lame d'acier et rebondir comme une balle élastique. Ce bâton n'était donc pas fait en bois ! Je remarquai, ensuite, qu'il se roulait et se déroulait avec facilité comme une anguille. Quoique haut comme un homme, il ne se tenait pas droit. Quelquefois, il l'essayait, et montrait un de ses bouts, devant le grillage du guichet. Il faisait des bonds impétueux, retombait à terre et ne pouvait défoncer l'obstacle. Je me mis à le regarder de plus en plus attentivement et je vis que c'était un cheveu ! Après une grande lutte, avec la matière qui l'entourait comme une prison, il alla s'appuyer contre le lit qui était dans cette chambre, la racine reposant sur un tapis et la pointe adossée au chevet. Après quelques instants de silence, pendant lesquels j'entendis des sanglots entrecoupés, il éleva la voix et parla ainsi : « Mon maître m'a oublié dans cette chambre ; il ne vient pas me chercher. Il s'est levé de ce lit, où je suis appuyé, il a peigné sa chevelure parfumée et n'a pas songé qu'auparavant j'étais tombé à terre. Cependant, s'il m'avait ramassé, je n'aurais pas trouvé étonnant cet acte de simple justice. Il m'abandonne, dans cette chambre claquemurée, après s'être enveloppé dans les bras d'une femme. Et quelle femme ! Les draps sont encore moites de leur contact attiédi et portent, dans leur désordre, l'empreinte d'une nuit passée dans l'amour… » Et je me demandais qui pouvait être son maître ! Et mon œil se recollait à la grille avec plus d'énergie !… « Pendant que la nature entière sommeillait dans sa chasteté, lui, il s'est accouplé avec une femme dégradée, dans des embrassements lascifs et impurs. Il s'est abaissé jusqu'à laisser approcher, de sa face auguste, des joues méprisables par leur impudence habituelle, flétries dans leur sève. Il ne rougissait pas, mais, moi, je rougissais pour lui. Il est certain qu'il se sentait heureux de dormir avec une telle épouse d'une nuit. La femme, étonnée de l'aspect majestueux de cet hôte, semblait éprouver des voluptés incomparables, lui embrassait le cou avec frénésie. » Et je me demandais qui pouvait être son maître ! Et mon œil se recollait à la grille avec plus d'énergie !… « Moi, pendant ce temps, je sentais des pustules envenimées qui croissaient plus nombreuses, en raison de son ardeur inaccoutumée pour les jouissances de la chair, entourer ma racine de leur fiel mortel, absorber, avec leurs ventouses, la substance génératrice de ma vie. Plus ils s'oubliaient, dans leurs mouvements insensés, plus je sentais mes forces décroître. Au moment où les désirs corporels atteignaient au paroxysme de la fureur, je m'aperçus que ma racine s'affaissait sur elle-même, comme un soldat blessé par une balle. Le flambeau de la vie s'étant éteint en moi, je me détachai, de sa tête illustre, comme une branche morte ; je tombai à terre, sans courage, sans force, sans vitalité ; mais, avec une profonde pitié pour celui auquel j'appartenais ; mais, avec une éternelle douleur pour son égarement volontaire !… » Et je me demandais qui pouvait être son maître ! Et mon œil se recollait à la grille avec plus d'énergie !… « S'il avait, au moins, entouré de son âme le sein innocent d'une vierge. Elle aurait été plus digne de lui et la dégradation aurait été moins grande. Il embrasse, avec ses lèvres, ce front couvert de boue, sur lequel les hommes ont marché avec le talon, plein de poussière !… Il aspire, avec des narines effrontées, les émanations de ces deux aisselles humides !… J'ai vu la membrane des dernières se contracter de honte, pendant que, de leur côté, les narines se refusaient à cette respiration infâme. Mais lui, ni elle, ne faisaient aucune attention aux avertissements solennels des aisselles, à la répulsion morne et blême des narines. Elle levait davantage ses bras, et lui, avec une poussée plus forte, enfonçait son visage dans leur creux. J'étais obligé d'être le complice de cette profanation. J'étais obligé d'être le spectateur de ce déhanchement inouï ; d'assister à l'alliage forcé de ces deux êtres, dont un abîme incommensurable séparait les natures diverses» Et je me demandais qui pouvait être son maître ! Et mon œil se recollait à la grille avec plus d'énergie !… « Quand il fut rassasié de respirer cette femme, il voulut lui arracher ses muscles un par un ; mais, comme c'était une femme, il lui pardonna et préféra faire souffrir un être de son sexe. Il appela, dans la cellule voisine, un jeune homme qui était venu dans cette maison pour passer quelques moments d'insouciance avec une de ces femmes, et lui enjoignit de venir se placer à un pas de ses yeux. Il y avait longtemps que je gisais sur le sol. N'ayant pas la force de me lever sur ma racine brûlante, je ne pus voir ce qu'ils firent. Ce que je sais, c'est qu'à peine le jeune homme fut à portée de sa main, que des lambeaux de chair tombèrent aux pieds du lit et vinrent se placer à mes côtés. Ils me racontaient tout bas que les griffes de mon maître les avaient détachés des épaules de l'adolescent. Celui-ci, au bout de quelques heures, pendant lesquelles il avait lutté contre une force plus grande, se leva du lit et se retira majestueusement. Il était littéralement écorché des pieds jusqu'à la tête ; il traînait, à travers les dalles de la chambre, sa peau retournée. Il se disait que son caractère était plein de bonté ; qu'il aimait à croire ses semblables bons aussi ; que pour cela il avait acquiescé au souhait de l'étranger distingué qui l'avait appelé auprès de lui ; mais que, jamais, au grand jamais, il ne se serait attendu à être torturé par un bourreau. Par un pareil bourreau, ajoutait-il après une pause. Enfin, il se dirigea vers le guichet, qui se fendit avec pitié jusqu'au nivellement du sol, en présence de ce corps dépourvu d'épiderme. Sans abandonner sa peau, qui pouvait encore lui servir, ne serait-ce que comme manteau, il essaya de disparaître de ce coupe-gorge ; une fois éloigné de la chambre, je ne pus voir s'il avait eu la force de regagner la porte de sortie. Oh ! comme les poules et les coqs s'éloignaient avec respect, malgré leur faim, de cette longue traînée de sang, sur la terre imbibée ! » Et je me demandais qui pouvait être son maître ! Et mes yeux se recollaient à la grille avec plus d'énergie !... « Alors, celui qui aurait dû penser davantage à sa dignité et à sa justice, se releva, péniblement, sur son coude fatigué. Seul, sombre, dégoûté et hideux !... Il s'habilla lentement. Les nonnes, ensevelies depuis des siècles dans les catacombes du couvent, après avoir été réveillées en sursaut par les bruits de cette nuit horrible, qui s'entrechoquaient entre eux dans une cellule située au-dessus des caveaux, se prirent par la main, et vinrent former une ronde funèbre autour de lui. Pendant qu'il recherchait les décombres de son ancienne splendeur ; qu'il lavait ses mains avec du crachat en les essuyant ensuite sur ses cheveux (il valait mieux les laver avec du crachat, que de ne pas les laver du tout, après le temps d'une nuit entière passée dans le vice et le crime), elles entonnèrent les prières lamentables pour les morts, quand quelqu'un est descendu dans la tombe. En effet, le jeune homme ne devait pas survivre à ce supplice, exercé sur lui par une main divine, et ses agonies se terminèrent pendant les chants des nonnes... » Je me rappelai l'inscription du pilier ; je compris ce qu'était devenu le rêveur pubère que ses amis attendaient encore chaque jour depuis le moment de sa disparition... Et je me demandais qui pouvait être son maître ! Et mes yeux se recollaient à la grille avec plus d'énergie !... « Les murailles s'écartèrent pour le laisser passer ; les nonnes, le voyant prendre son essor, dans les airs, avec des ailes qu'il avait cachées jusque-là dans sa robe d'émeraude, se replacèrent en silence dessous le couvercle de la tombe. Il est parti dans sa demeure céleste, en me laissant ici ; cela n'est pas juste. Les autres cheveux sont restés sur sa tête ; et, moi, je gis, dans cette chambre lugubre, sur le parquet couvert de sang caillé, de lambeaux de viande sèche ; cette chambre est devenue damnée, depuis qu'il s'y est introduit ; personne n'y entre ; cependant, j'y suis enfermé. C'en est donc fait ! Je ne verrai plus les légions des anges marcher en phalanges épaisses, ni les astres se promener dans les jardins de l'harmonie. Eh bien, soit… je saurai supporter mon malheur avec résignation. Mais, je ne manquerai pas de dire aux hommes ce qui s'est passé dans cette cellule. Je leur donnerai la permission de rejeter leur dignité, comme un vêtement inutile, puisqu'ils ont l'exemple de mon maître ; je leur conseillerai de sucer la verge du crime, puisqu'un autre l'a déjà fait… » Le cheveu se tut… Et je me demandais qui pouvait être son maître ! Et mes yeux se recollaient à la grille avec plus d'énergie !… Aussitôt le tonnerre éclata ; une lueur phosphorique pénétra dans la chambre. Je reculai, malgré moi, par je ne sais quel instinct d'avertissement ; quoique je fusse éloigné du guichet, j'entendis une autre voix, mais, celle-ci rampante et douce, de crainte de se faire entendre : « Ne fais pas de pareils bonds ! Tais-toi… tais-toi… si quelqu'un t'entendait ! je te replacerai parmi les autres cheveux ; mais, laisse d'abord le soleil se coucher à l'horizon, afin que la nuit couvre tes pas… je ne t'ai pas oublié ; mais, on t'aurait vu sortir, et j'aurais été compromis. Oh ! si tu savais comme j'ai souffert depuis ce moment ! Revenu au ciel, mes archanges m'ont entouré avec curiosité ; ils n'ont pas voulu me demander le motif de mon absence. Eux, qui n'avaient jamais osé élever leur vue sur moi, jetaient, s'efforçant de deviner l'énigme, des regards stupéfaits sur ma face abattue, quoiqu'ils n'aperçussent pas le fond de ce mystère, et se communiquaient tout bas des pensées qui redoutaient en moi quelque changement inaccoutumé. Ils pleuraient des larmes silencieuses ; ils sentaient vaguement que je n'étais plus le même, devenu inférieur à mon identité. Ils auraient voulu connaître quelle funeste résolution m'avait fait franchir les frontières du ciel, pour venir m'abattre sur la terre, et goûter des voluptés éphémères, qu'eux-mêmes méprisent profondément. Ils remarquèrent sur mon front une goutte de sperme, une goutte de sang. La première avait jailli des cuisses de la courtisane ! La deuxième s'était élancée des veines du martyr ! Stigmates odieux ! Rosaces inébranlables ! Mes archanges ont retrouvé, pendus aux halliers de l'espace, les débris flamboyants de ma tunique d'opale, qui flottaient sur les peuples béants. Ils n'ont pas pu la reconstruire, et mon corps reste nu devant leur innocence ; châtiment mémorable de la vertu abandonnée. Vois les sillons qui se sont tracé un lit sur mes joues décolorées : c'est la goutte de sperme et la goutte de sang, qui filtrent lentement le long de mes rides sèches. Arrivées à la lèvre supérieure, elles font un effort immense, et pénètrent dans le sanctuaire de ma bouche, attirées, comme un aimant, par le gosier irrésistible. Elles m'étouffent, ces deux gouttes implacables. Moi, jusqu'ici, je m'étais cru le

Tout-Puissant ; mais, non ; je dois abaisser le cou devant le remords qui me crie : « Tu n'es qu'un misérable ! » Ne fais pas de pareils bonds ! Tais-toi... tais-toi... si quelqu'un t'entendait ! je te replacerai parmi les autres cheveux ; mais, laisse d'abord le soleil se coucher à l'horizon, afin que la nuit couvre tes pas... J'ai vu Satan, le grand ennemi, redresser les enchevêtrements osseux de la charpente, au-dessus de son engourdissement de larve, et, debout, triomphant, sublime, haranguer ses troupes rassemblées ; comme je le mérite, me tourner en dérision. Il a dit qu'il s'étonnait beaucoup que son orgueilleux rival, pris en flagrant délit par le succès, enfin réalisé, d'un espionnage perpétuel, pût ainsi s'abaisser jusqu'à baiser la robe de la débauche humaine, par un voyage de long cours à travers les récifs de l'éther, et faire périr, dans les souffrances, un membre de l'humanité. Il a dit que ce jeune homme, broyé dans l'engrenage de mes supplices raffinés, aurait peut-être pu devenir une intelligence de génie ; consoler les hommes, sur cette terre, par des chants admirables de poésie, de courage, contre les coups de l'infortune. Il a dit que les nonnes du couvent-lupanar ne retrouvent plus leur sommeil ; rôdent dans le préau, gesticulant comme des automates, écrasant avec le pied les renoncules et les lilas ; devenues folles d'indignation, mais, non assez, pour ne pas se rappeler la cause qui engendra cette maladie, dans leur cerveau... (Les voici qui s'avancent, revêtues de leur linceul blanc ; elles ne se parlent pas ; elles se tiennent par la main. Leurs cheveux tombent en désordre sur leurs épaules nues ; un bouquet de fleurs noires est penché sur leur sein. Nonnes, retournez dans vos caveaux ; la nuit n'est pas encore complètement arrivée ; ce n'est que le crépuscule du soir... O cheveu, tu le vois toi-même ; de tous les côtés, je suis assailli par le sentiment déchaîné de ma dépravation !) Il a dit que le Créateur, qui se vante d'être la Providence de tout ce qui existe, s'est conduit avec beaucoup de légèreté, pour ne pas dire plus, en offrant un pareil spectacle aux mondes étoilés ; car, il a affirmé clairement le dessein qu'il avait d'aller rapporter dans les planètes orbiculaires comment je maintiens, par mon propre exemple, la vertu et la bonté dans la vastitude de mes royaumes. Il a dit que la grande estime, qu'il avait pour un ennemi si noble, s'était envolée de son imagination, et qu'il préférait porter la main sur le sein d'une jeune fille, quoique cela soit un acte de méchanceté exécrable, que de cracher sur ma figure, recouverte de trois couches de sang et de sperme mêlés, afin de ne pas salir son crachat baveux. Il a dit qu'il se croyait, à juste titre, supérieur à moi, non par le vice, mais par la vertu et la pudeur ; non par le crime, mais par la justice. Il a dit qu'il fallait m'attacher à une claie, à cause de mes fautes innombrables ; me faire brûler à petit feu dans un brasier ardent, pour me jeter ensuite dans la mer, si toutefois la mer voudrait me recevoir. Que puisque je me vantais d'être juste, moi, qui l'avais condamné au peines éternelles pour une révolte légère qui n'avait pas eu de suites graves, je devais donc faire justice sévère sur moi-même, et juger impartialement ma conscience, chargée d'iniquités... Ne fais pas de pareils bonds ! Tais-toi... tais-toi... si quelqu'un t'entendait ! je te replacerai parmi les autres cheveux ; mais, laisse d'abord le soleil se coucher à l'horizon, afin que la nuit couvre tes pas. » Il s'arrêta un instant ; quoique je ne le visse point, je compris, par ce temps d'arrêt nécessaire, que la houle de l'émotion soulevait sa poitrine, comme un cyclone giratoire soulève une famille de baleines. Poitrine divine, souillée, un jour, par l'amer contact des tétons d'une femme sans pudeur ! Ame royale, livrée, dans un moment d'oubli, au crabe de la débauche, au poulpe de la faiblesse de caractère, au requin de l'abjection individuelle, au boa de la morale absente, et au colimaçon monstrueux de l'idiotisme ! Le cheveu et son maître s'embrassèrent étroitement, comme deux amis qui se revoient après une longue absence. Le Créateur continua, accusé reparaissant devant son propre tribunal : Et les hommes, que penseront-ils de moi, dont ils avaient une opinion si élevée, quand ils apprendront les errements de ma conduite, la marche hésitante de ma sandale, dans les labyrinthes boueux de la matière, et la direction de ma route ténébreuse à travers les eaux stagnantes et les humides joncs de la mare où, recouvert de brouillards, bleuit et mugit le crime, à la patte sombre !... Je m'aperçois qu'il faut que je travaille beaucoup à ma réhabilitation, dans l'avenir, afin de reconquérir leur estime. Je suis le Grand-Tout ; et cependant, par un côté, je reste inférieur aux hommes, que j'ai créés avec un peu de sable ! Raconte-leur un mensonge audacieux, et dis-leur que je ne suis jamais sorti du ciel, constamment enfermé, avec les soucis du trône, entre les marbres, les statues et les mosaïques de mes palais. Je me suis présenté devant les célestes fils de l'humanité ; je leur ai dit : « Chassez le mal de vos chaumières, et laissez entrer au foyer le manteau du bien. Celui-ci qui portera la main sur un de ses semblables, en lui faisant au sein une blessure mortelle, avec le fer homicide, qu'il n'espère point les effets de ma miséricorde, et qu'il redoute les balances de la justice. Il ira cacher sa tristesse dans les bois ; mais, le bruissement des feuilles, à travers les clairières, chantera à ses oreilles la ballade du remords ; et il s'enfuira de ces parages, piqué à la hanche par le buisson, le houx et le chardon bleu, ses pas rapides entrelacés par la souplesse des lianes et les morsures des scorpions. Il se dirigera vers les galets de la plage ; mais, la marée montante, avec ses embruns et son approche dangereuse, lui raconteront qu'ils n'ignorent pas son passé ; et il précipitera sa course aveugle vers le couronnement de la falaise, tandis que les vents stridents d'équinoxe, en s'enfonçant dans les grottes naturelles du golfe et les carrières pratiquées sous la muraille des rochers retentissants, beugleront comme les troupeaux immenses des buffles des pampas. Les phares de la côte le poursuivront, jusqu'aux limites du septentrion, de leurs reflets sarcastiques, et les feux follets des maremmes, simples vapeurs en combustion, dans leurs danses fantastiques, feront frissonner les poils de ses pores, et verdir l'iris de ses yeux. Que la pudeur se plaise dans vos cabanes, et soit en sûreté à l'ombre de vos champs. C'est ainsi que vos fils deviendront beaux, et s'inclineront devant leurs parents avec reconnaissance ; sinon, malingres, et rabougris comme le parchemin des bibliothèques, ils s'avanceront à grands pas, conduits par la révolte, contre le jour de leur naissance et le clitoris de leur mère impure. » Comment les hommes voudront-ils obéir à ces lois sévères, si le législateur lui-même se refuse le premier à s'y astreindre ?... Et ma honte est immense comme l'éternité ! » J'entendis le cheveu qui lui pardonnait, avec humilité, sa séquestration, puisque son maître avait agi par prudence et non par légèreté ; et le pâle dernier rayon de soleil qui éclairait mes paupières se retira des ravins de la montagne. Tourné vers lui, je le vis se replier ainsi qu'un linceul... Ne fais pas de pareils bonds ! Tais-toi... tais-toi... si quelqu'un t'entendait ! Il te replacera parmi les autres cheveux. Et, maintenant que le soleil est couché à l'horizon, vieillard cynique et cheveu doux, rampez, tous les deux, vers l'éloignement du lupanar, pendant que la nuit, étendant son ombre sur le couvent, couvre l'allongement de vos pas furtifs dans la plaine... Alors, le pou, sortant subitement de derrière un promontoire, me dit, en hérissant ses griffes : « Que penses-tu de cela ? » Mais, moi, je ne voulus pas lui répliquer. Je me retirai, et j'arrivai sur le pont. J'effaçai l'inscription primordiale, je la remplaçai par celle-ci : « Il est douloureux de garder, comme un poignard, un tel secret dans son cœur ; mais, je jure de ne jamais révéler ce dont j'ai été témoin, quand je pénétrai, pour la première fois, dans ce donjon terrible. » Je jetai, par dessus le parapet, le canif qui m'avait servi à graver les lettres ; et, faisant quelques rapides réflexions sur le caractère du Créateur en enfance, qui devait encore, hélas ! pendant bien de temps, faire souffrir l'humanité (l'éternité est longue), soit par les cruautés exercées, soit par le spectacle ignoble des chancres qu'occasionne un grand vice, je fermai les yeux, comme un homme ivre, à la pensée d'avoir un tel être pour ennemi, et je repris, avec tristesse, mon chemin, à travers les dédales des rues.

FIN DU TROISIÈME CHANT

CHANT QUATRIÈME

C'est un homme ou une pierre ou un arbre qui va commencer le quatrième chant. Quand le pied glisse sur une grenouille, l'on sent une sensation de dégoût ; mais, quand on effleure, à peine, le corps humain, avec la main, la peau des doigts se fend, comme les écailles d'un bloc de mica qu'on brise à coups de marteau ; et, de même que le cœur d'un requin, mort depuis une heure, palpite encore, sur le pont, avec une vitalité tenace, ainsi nos entrailles se remuent de fond en comble, longtemps après l'attouchement. Tant l'homme inspire de l'horreur à son propre semblable ! Peut-être que, lorsque j'avance cela, je me trompe ; mais, peut-être qu'aussi je dis vrai. Je connais, je conçois une maladie plus terrible que les yeux gonflés par les longues méditations sur le caractère étrange de l'homme : mais, je la cherche encor... et je n'ai pas pu la trouver ! Je ne me crois pas moins intelligent qu'un autre, et, cependant, qui oserait affirmer que j'ai réussi dans mes investigations ? Quel mensonge sortirait de sa bouche ! Le temple antique de Denderah est situé à une heure et demie de la rive gauche du Nil. Aujourd'hui, des phalanges innombrables de guêpes se sont emparées des rigoles et des corniches. Elles voltigent autour des colonnes, comme les ondes épaisses d'une chevelure noire. Seuls habitants du froid portique, ils gardent l'entrée des vestibules, comme un droit héréditaire. Je compare le bourdonnement de leurs ailes métalliques, au choc incessant des glaçons, précipités les uns contre les autres, pendant la débâcle des mers polaires. Mais, si je considère la conduite de celui auquel la providence donna le trône sur cette terre, les trois ailerons de ma douleur font entendre un plus grand murmure ! Quand une comète, pendant la nuit, apparaît subitement dans une région du ciel, après quatre-vingts ans d'absence, elle montre aux habitants terrestres et aux grillons sa queue brillante et vaporeuse. Sans doute, elle n'a pas conscience de ce long voyage ; il n'en est pas ainsi de moi : accoudé sur le chevet de mon lit, pendant que les dentelures d'un horizon aride et morne s'élèvent en vigueur sur le fond de mon âme, je m'absorbe dans les rêves de la compassion et je rougis pour l'homme ! Coupé en deux par la bise, le matelot, après avoir fait son quart de nuit, s'empresse de regagner son hamac : pourquoi cette consolation ne m'est-elle pas offerte ? L'idée que je suis tombé, volontairement, aussi bas que mes semblables, et que j'ai le droit moins qu'un autre de prononcer des plaintes, sur notre sort, qui reste enchaîné à la croûte durcie d'une planète, et sur l'essence de notre âme perverse, me pénètre comme un clou de forge. On a vu des explosions de feu grisou anéantir des familles entières ; mais, elles connurent l'agonie peu de temps, parce que la mort est presque subite, au milieu des décombres et des gaz délétères : moi... j'existe toujours comme le basalte ! Au milieu, comme au commencement de la vie, les anges se ressemblent à eux-mêmes : n'y a-t-il pas longtemps que je ne me ressemble plus ! L'homme et moi, claquemurés dans les limites de notre intelligence, comme souvent un lac dans une ceinture d'îles de corail, au lieu d'unir nos forces respectives pour nous défendre contre le hasard et l'infortune, nous nous écartons, avec le tremblement de la haine, en prenant deux routes opposées, comme si nous nous étions réciproquement blessés avec la pointe d'une dague ! On dirait que l'un comprend le mépris qu'il inspire à l'autre ; poussés par le mobile d'une dignité relative, nous nous empressons de ne pas induire en erreur notre adversaire ; chacun reste de son côté et n'ignore pas que la paix proclamée serait impossible à conserver. Eh bien, soit ! que ma guerre contre l'homme s'éternise, puisque chacun reconnaît dans l'autre sa propre dégradation… puisque les deux sont ennemis mortels. Que je doive remporter une victoire désastreuse ou succomber, le combat sera beau : moi, seul, contre l'humanité. Je ne me servirai pas d'armes construites avec le bois ou le fer ; je repousserai du pied les couches de minéraux extraites de la terre : la sonorité puissante et séraphique de la harpe deviendra, sous mes doigts, un talisman redoutable. Dans plus d'une embuscade, l'homme, ce singe sublime, a déjà percé ma poitrine de sa lance de porphyre : un soldat ne montre pas ses blessures, pour si glorieuses qu'elles soient. Cette guerre terrible jettera la douleur dans les deux partis : deux amis qui cherchent obstinément à se détruire, quel drame !

Deux piliers, qu'il n'était pas difficile et encore moins impossible de prendre pour des baobabs, s'apercevaient dans la vallée, plus grands que deux épingles. En effet, c'étaient deux tours énormes. Et, quoique deux baobabs, au premier coup d'œil, ne ressemblent pas à deux épingles, ni même à deux tours, cependant, en employant habilement les ficelles de la prudence, on peut affirmer, sans crainte d'avoir tort (car, si cette affirmation était accompagnée d'une seule parcelle de crainte, ce ne serait plus une affirmation ; quoiqu'un même nom exprime ces deux phénomènes de l'âme qui présentent des caractères assez tranchés pour ne pas être confondus légèrement) qu'un baobab ne diffère pas tellement d'un pilier, que la comparaison soit défendue entre ces formes architecturales… ou géométriques… ou l'une et l'autre… ou ni l'une ni l'autre… ou plutôt formes élevées et massives. Je viens de trouver, je n'ai pas la prétention de dire le contraire, les épithètes propres aux substantifs pilier et baobab : que l'on sache bien que ce n'est pas, sans une joie mêlée d'orgueil, que j'en fais la remarque à ceux qui, après avoir relevé leurs paupières, ont pris la très-louable résolution de parcourir ces pages, pendant que la bougie brûle, si c'est la nuit, pendant que le soleil éclaire, si c'est le jour. Et encore, quand même une puissance supérieure nous ordonnerait, dans les termes le plus clairement précis, de rejeter, dans les abîmes du chaos, la comparaison judicieuse que chacun a certainement pu savourer avec impunité, même alors, et surtout alors, que l'on ne perde pas de vue cet axiome principal, les habitudes contractées par les ans, les livres, le contact de ses semblables, et le caractère inhérent à chacun, qui se développe dans une efflorescence rapide, imposeraient, à l'esprit humain, l'irréparable stigmate de la récidive, dans l'emploi criminel (criminel, en se plaçant momentanément et spontanément au point de vue de la puissance supérieure) d'une figure de rhétorique que plusieurs méprisent, mais que beaucoup encensent. Si le lecteur trouve cette phrase trop longue, qu'il accepte mes excuses ; mais, qu'il ne s'attende pas de ma part à des bassesses. Je puis avouer mes fautes ; mais, non, les rendre plus graves par ma lâcheté. Mes raisonnements se choqueront quelquefois contre les grelots de la folie et l'apparence sérieuse de ce qui n'est en somme que grotesque (quoique, d'après certains philosophes, il soit assez difficile de distinguer le bouffon du mélancolique, la vie elle-même étant un drame comique ou une comédie dramatique) ; cependant, il est permis à chacun de tuer des mouches et même des rhinocéros, afin de se reposer de temps en temps d'un travail trop escarpé. Pour tuer des mouches, voici la manière la plus expéditive, quoique ce ne soit pas la meilleure : on les écrase entre les deux premiers doigts de la main. La plupart des écrivains qui ont traité ce sujet à fond ont calculé, avec beaucoup de vraisemblance, qu'il est préférable, dans plusieurs cas, de leur couper la tête. Si quelqu'un me reproche de parler d'épingles, comme d'un sujet radicalement frivole, qu'il remarque, sans parti pris, que les plus grands effets ont été souvent produits par les plus petites causes. Et, pour ne pas m'éloigner davantage du cadre de cette feuille de papier, ne voit-on pas que le laborieux morceau de littérature que je suis à composer, depuis le commencement de cette strophe, serait peut-être moins goûté, s'il prenait son point d'appui dans une question épineuse de chimie ou de pathologie interne ? Au reste, tous les goûts sont dans la nature ; et, quand au commencement j'ai comparé les piliers aux épingles avec tant de justesse (certes, je ne croyais pas qu'on viendrait, un jour, me le reprocher), je me suis basé sur les lois de l'optique, qui ont établi que, plus le rayon visuel est éloigné d'un objet, plus l'image se reflète à diminution dans la rétine.

C'est ainsi que ce que l'inclination de notre esprit à la farce prend pour un misérable coup d'esprit, n'est, la plupart du temps, dans la pensée de l'auteur, qu'une vérité importante, proclamée avec majesté ! Oh ! ce philosophe insensé qui éclata de rire, en voyant un âne manger une figue ! Je n'invente rien : les livres antiques ont raconté, avec les plus amples détails, ce volontaire et honteux dépouillement de la noblesse humaine. Moi, je ne sais pas rire. Je n'ai jamais pu rire, quoique plusieurs fois j'aie essayé de le faire. C'est très difficile d'apprendre à rire. Ou, plutôt, je crois qu'un sentiment de répugnance à cette monstruosité forme une marque essentielle de mon caractère. Eh bien, j'ai été témoin de quelque chose de plus fort : j'ai vu une figue manger un âne ! Et, cependant, je n'ai pas ri ; franchement, aucune partie buccale n'a remué. Le besoin de pleurer s'empara de moi si fortement, que mes yeux laissèrent tomber une larme. « Nature ! nature ! m'écriai-je en sanglotant, l'épervier déchire le moineau, la figue mange l'âne et le ténia dévore l'homme ! » Sans prendre la résolution d'aller plus loin, je me demande en moi-même si j'ai parlé de la manière dont on tue les mouches. Oui, n'est-ce pas ? Il n'en est pas moins vrai que je n'avais pas parlé de la destruction des rhinocéros ! Si certains amis me prétendaient le contraire, je ne les écouterais pas, et je me rappellerais que la louange et la flatterie sont deux grandes pierres d'achoppement. Cependant, afin de contenter ma conscience autant que possible, je ne puis m'empêcher de faire remarquer que cette dissertation sur le rhinocéros m'entraînerait hors des frontières de la patience et du sang-froid, et, de son côté, découragerait probablement (ayons, même, la hardiesse de dire certainement) les générations présentes. N'avoir pas parlé du rhinocéros après la mouche ! Au moins, pour excuse passable, aurai-je dû mentionner avec promptitude (et je ne l'ai pas fait !) cette omission non préméditée, qui n'étonnera pas ceux qui ont étudié à fond les contradictions réelles et inexplicables qui habitent les lobes du cerveau humain. Rien n'est indigne pour une intelligence grande et simple : le moindre phénomène de la nature, s'il y a mystère en lui, deviendra, pour le sage, inépuisable matière à réflexion. Si quelqu'un voit un âne manger une figue ou une figue manger un âne (ces deux circonstances ne se présentent pas souvent, à moins que ce ne soit en poésie), soyez certain qu'après avoir réfléchi deux ou trois minutes, pour savoir quelle conduite prendre, il abandonnera le sentier de la vertu et se mettra à rire comme un coq ! Encore, n'est-il pas exactement prouvé que les coqs ouvrent exprès leur bec pour imiter l'homme et faire une grimace tourmentée. J'appelle grimace dans les oiseaux ce qui porte le même nom dans l'humanité ! Le coq ne sort pas de sa nature, moins par incapacité, que par orgueil. Apprenez-leur à lire, ils se révoltent. Ce n'est pas un perroquet, qui s'extasierait ainsi devant sa faiblesse, ignorante et impardonnable ! Oh ! avilissement exécrable ! comme on ressemble à une chèvre quand on rit ! Le calme du front a disparu pour faire place à deux énormes yeux de poissons qui (n'est-ce pas déplorable ?)... qui... qui se mettent à briller comme des phares ! Souvent, il m'arrivera d'énoncer, avec solennité, les propositions les plus bouffonnes... je ne trouve pas que cela devienne un motif péremptoirement suffisant pour élargir la bouche ! Je ne puis m'empêcher de rire, me répondrez-vous ; j'accepte cette explication absurde, mais, alors, que ce soit un rire mélancolique. Riez, mais pleurez en même temps. Si vous ne pouvez pleurer par les yeux, pleurez par la bouche. Est-ce encore impossible, urinez ; mais, j'avertis qu'un liquide quelconque est ici nécessaire, pour atténuer la sécheresse que porte, dans ses flancs, le rire, aux traits fendus en arrière. Quant à moi, je ne me laisserai pas décontenancer par les gloussements cocasses et les beuglements originaux de ceux qui trouvent toujours quelque chose à redire dans un caractère qui ne ressemble pas au leur, parce qu'il est une des innombrables modifications intellectuelles que Dieu, sans sortir d'un type primordial, créa pour gouverner les charpentes osseuses. Jusqu'à nos temps, la poésie fit une route fausse ; s'élevant jusqu'au ciel ou rampant jusqu'à terre, elle a méconnu les principes de son existence, et a été, non sans raison, constamment bafouée par les honnêtes gens. Elle n'a pas été modeste… qualité la plus belle qui doive exister dans un être imparfait ! Moi, je veux montrer mes qualités ; mais, je ne suis pas assez hypocrite pour cacher mes vices ! Le rire, le mal, l'orgueil, la folie, paraîtront, tour à tour, entre la sensibilité et l'amour de la justice, et serviront d'exemple à la stupéfaction humaine : chacun s'y reconnaîtra, non pas tel qu'il devrait être, mais tel qu'il est. Et, peut-être que ce simple idéal, conçu par mon imagination, surpassera, cependant, tout ce que la poésie a trouvé jusqu'ici de plus grandiose et de plus sacré. Car, si je laisse mes vices transpirer dans ces pages, on ne croira que mieux aux vertus que j'y fais resplendir, et, dont je placerai l'auréole si haut, que les plus grands génies de l'avenir témoigneront, pour moi, une sincère reconnaissance. Ainsi, donc, l'hypocrisie sera chassée carrément de ma demeure. Il y aura, dans mes chants, une preuve imposante de puissance, pour mépriser ainsi les opinions reçues. Il chante pour lui seul, et non pas pour ses semblables. Il ne place pas la mesure de son inspiration dans la balance humaine. Libre comme la tempête, il est venu échouer, un jour, sur les plages indomptables de sa terrible volonté ! Il ne craint rien, si ce n'est lui-même ! Dans ses combats surnaturels, il attaquera l'homme et le Créateur, avec avantage, comme quand l'espadon enfonce son épée dans le ventre de la baleine : qu'il soit maudit, par ses enfants et par ma main décharnée, celui qui persiste à ne pas comprendre les kangourous implacables du rire et les poux audacieux de la caricature !… Deux tours énormes s'apercevaient dans la vallée ; je l'ai dit au commencement. En les multipliant par deux, le produit était quatre… mais je ne distinguai pas très bien la nécessité de cette opération d'arithmétique. Je continuai ma route, avec la fièvre au visage, et je m'écriai sans cesse : « Non… non… je ne distingue pas très bien la nécessité de cette opération d'arithmétique ! » J'avais entendu des craquements de chaînes, et des gémissements douloureux. Que personne ne trouve possible, quand il passera dans cet endroit, de multiplier les tours par deux, afin que le produit soit quatre ! Quelques-uns soupçonnent que j'aime l'humanité comme si j'étais sa propre mère, et que je l'eusse portée, neuf mois, dans mes flancs parfumés ; c'est pourquoi, je ne repasse plus dans la vallée où s'élèvent les deux unités du multiplicande !

Une potence s'élevait sur le sol ; à un mètre de celui-ci, était suspendu par les cheveux un homme, dont les bras étaient attachés par derrière. Ses jambes avaient été laissées libres, pour accroître ses tortures, et lui faire désirer davantage n'importe quoi de contraire à l'enlacement de ses bras. La peau du front était tellement tendue par le poids de la pendaison, que son visage, condamné par la circonstance à l'absence de l'expression naturelle, ressemblait à la concrétion pierreuse d'un stalactite. Depuis trois jours, il subissait ce supplice. Il s'écriait : « Qui me dénouera les bras ? qui me dénouera les cheveux ? Je me disloque dans des mouvements qui ne font que séparer davantage de ma tête la racine des cheveux ; la soif et la faim ne sont pas les causes principales qui m'empêchent de dormir. Il est impossible que mon existence enfonce son prolongement au delà des bornes d'une heure. Quelqu'un pour m'ouvrir la gorge, avec un caillou acéré ! » Chaque mot était précédé, suivi de hurlements intenses. Je m'élançai du buisson derrière lequel j'étais abrité, et je me dirigeai vers le pantin ou morceau de lard attaché au plafond. Mais, voici que, du côté opposé, arrivèrent en dansant deux femmes ivres. L'une tenait un sac, et deux fouets, aux cordes de plomb, l'autre, un baril plein de goudron et deux pinceaux. Les cheveux grisonnants de la plus vieille flottaient au vent, comme les lambeaux d'une voile déchirée, et les chevilles de l'autre claquaient entre elles, comme les coups de queue d'un thon sur la dunette d'un vaisseau. Leurs yeux brillaient d'une flamme si noire et si forte, que je ne crus pas d'abord que ces deux femmes appartinssent à mon espèce. Elles riaient avec un aplomb tellement égoïste, et leurs traits inspiraient tant de répugnance, que je ne doutai pas un seul instant que je n'eusse devant les yeux les deux spécimens les plus hideux de la race humaine. Je me recachai derrière le buisson, et je me tins tout coi, comme l'acantophorus serraticornis, qui ne montre que la tête en dehors de son nid. Elles approchaient avec la vitesse de la marée ; appliquant l'oreille sur le sol, le son, distinctement perçu, m'apportait l'ébranlement lyrique de leur marche. Lorsque les deux femelles d'orang-outang furent arrivées sous la potence, elles reniflèrent l'air pendant quelques secondes ; elles montrèrent, par leurs gestes saugrenus, la quantité vraiment remarquable de stupéfaction qui résulta de leur expérience, quand elles s'aperçurent que rien n'était changé dans ces lieux : le dénouement de la mort, conforme à leurs vœux, n'était pas survenu. Elles n'avaient pas daigné lever la tête, pour savoir si la mortadelle était encore à la même place. L'une dit : « Est-ce possible que tu sois encore respirant ? Tu as la vie dure, mon mari bien-aimé. » Comme quand deux chantres, dans une cathédrale, entonnent alternativement les versets d'un psaume, la deuxième répondit : « Tu ne veux donc pas mourir, ô mon gracieux fils ? Dis-moi donc comment tu as fait (sûrement c'est par quelque maléfice) pour épouvanter les vautours ? En effet, ta carcasse est devenue si maigre ! Le zéphyr la balance comme une lanterne. » Chacune prit un pinceau et goudronna le corps du pendu… chacune prit un fouet et leva les bras… J'admirais (il était absolument impossible de ne pas faire comme moi) avec quelle exactitude énergique les lames de métal, au lieu de glisser à la surface, comme quand on se bat contre un nègre et qu'on fait des efforts inutiles, propres au cauchemar, pour l'empoigner aux cheveux, s'appliquaient, grâce au goudron, jusqu'à l'intérieur des chairs, marquées par des sillons aussi creux que l'empêchement des os pouvait raisonnablement le permettre. Je me suis préservé de la tentation de trouver de la volupté dans ce spectacle excessivement curieux, mais moins profondément comique qu'on n'était en droit de l'attendre. Et, cependant, malgré les bonnes résolutions prises d'avance, comment ne pas reconnaître la force de ces femmes, les muscles de leur bras ? Leur adresse, qui consistait à frapper sur les parties les plus sensibles, comme le visage et le bas-ventre, ne sera mentionnée par moi, que si j'aspire à l'ambition de raconter la totale vérité ! À moins que, appliquant mes lèvres, l'une contre l'autre, surtout dans la direction horizontale (mais, chacun n'ignore pas que c'est la manière la plus ordinaire d'engendrer cette pression), je ne préfère garder un silence gonflé de larmes et de mystères, dont la manifestation pénible sera impuissante à cacher, non seulement aussi bien mais encore mieux que mes paroles (car, je ne crois pas me tromper, quoiqu'il ne faille pas certainement nier en principe, sous peine de manquer aux règles les plus élémentaires de l'habileté, les possibilités hypothétiques d'erreur) les résultats funestes occasionnés par la fureur qui met en œuvre les métacarpes secs et les articulations robustes : quand même on ne se mettrait pas au point de vue de l'observateur impartial et du moraliste expérimenté (il est presque assez important que j'apprenne que je n'admets pas, au moins entièrement, cette restriction plus ou moins fallacieuse), le doute, à cet égard, n'aurait pas la faculté d'étendre ses racines ; car, je ne le suppose pas, pour l'instant, entre les mains d'une puissance surnaturelle, et périrait immanquablement, pas subitement peut-être, faute d'une sève remplissant les conditions simultanées de nutrition et d'absence de matières vénéneuses. Il est entendu, sinon ne me lisez pas, que je ne mets en scène que la timide personnalité de mon opinion : loin de moi, cependant, la pensée de renoncer à des droits qui sont incontestables ! Certes, mon intention n'est pas de combattre cette affirmation, où brille le criterium de la certitude, qu'il est un moyen plus simple de s'entendre ; il consisterait, je le traduis avec quelques mots seulement, mais, qui en valent plus de mille, à ne pas discuter : il est plus difficile à mettre en pratique que ne le veut bien penser généralement le commun des mortels. Discuter est le mot grammatical, et beaucoup de personnes trouveront qu'il ne faudrait pas contredire, sans un volumineux dossier de preuves, ce que je viens de coucher sur le papier ; mais, la chose diffère notablement, s'il est permis d'accorder à son propre instinct qu'il emploie une rare sagacité au service de sa circonspection, quand il formule des jugements qui paraîtraient autrement, soyez-en persuadé, d'une hardiesse qui longe les rivages de la fanfaronnade. Pour clore ce petit incident, qui s'est lui-même dépouillé de sa gangue par une légèreté aussi irrémédiablement déplorable que fatalement pleine d'intérêt (ce que chacun n'aura pas manqué de vérifier, à la condition qu'il ait ausculté ses souvenirs les plus récents), il est bon, si l'on possède des facultés en équilibre parfait, ou mieux, si la balance de l'idiotisme ne l'emporte pas de beaucoup sur le plateau dans lequel reposent les nobles et magnifiques attributs de la raison, c'est-à-dire, afin d'être plus clair (car, jusqu'ici je n'ai été que concis, ce que même plusieurs n'admettront pas, à cause de mes longueurs, qui ne sont qu'imaginaires, puisqu'elles remplissent leur but, de traquer, avec le scalpel de l'analyse, les fugitives apparitions de la vérité, jusqu'en leurs derniers retranchements), si l'intelligence prédomine suffisamment sur les défauts sous le poids desquels l'ont étouffée en partie l'habitude, la nature et l'éducation, il est bon répété-je pour la deuxième et la dernière fois, car, à force de répéter, on finirait, le plus souvent ce n'est pas faux, par ne plus s'entendre, de revenir la queue basse, (si, même, il est vrai que j'aie une queue) au sujet dramatique cimenté dans cette strophe. Il est utile de boire un verre d'eau, avant d'entreprendre la suite de mon travail. Je préfère en boire deux, plutôt que de m'en passer. Ainsi, dans une chasse contre un nègre marron, à travers la forêt, à un moment convenu, chaque membre de la troupe suspend son fusil aux lianes, et l'on se réunit en commun, à l'ombre d'un massif, pour étancher la soif et apaiser la faim. Mais, la halte ne dure que quelques secondes, la poursuite est reprise avec acharnement et l'hallali ne tarde pas à résonner. Et, de même que l'oxygène est reconnaissable à la propriété qu'il possède, sans orgueil, de rallumer une allumette présentant quelques points en ignition, ainsi, l'on reconnaîtra l'accomplissement de mon devoir à l'empressement que je montre à revenir à la question. Lorsque les femelles se virent dans l'impossibilité de retenir le fouet, que la fatigue laissa tomber de leurs mains, elles mirent judicieusement fin au travail gymnastique qu'elles avaient entrepris pendant près de deux heures, et se retirèrent, avec une joie qui n'était pas dépourvue de menaces pour l'avenir. Je me dirigeai vers celui qui m'appelait au secours, avec un œil glacial (car, la perte de son sang était si grande, que la faiblesse l'empêchait de parler, et que mon opinion était, quoique je ne fusse pas médecin, que l'hémorragie s'était déclarée au visage et au bas-ventre), et je coupai ses cheveux avec une paire de ciseaux, après avoir dégagé ses bras. Il me raconta que sa mère l'avait, un soir, appelé dans sa chambre, et lui avait ordonné de se déshabiller, pour passer la nuit avec elle dans un lit, et que, sans attendre aucune réponse, la maternité s'était dépouillée de tous ses vêtements, en entrecroisant, devant lui, les gestes les plus impudiques. Qu'alors il s'était retiré. En outre, par ses refus perpétuels, il s'était attiré la colère de sa femme, qui s'était bercée de l'espoir d'une récompense, si elle eût pu réussir à engager son mari à ce qu'il prêtât son corps aux passions de la vieille. Elles résolurent, par un complot, de le suspendre à une potence, préparée d'avance, dans quelque parage non fréquenté, et de le laisser périr insensiblement, exposé à toutes les misères et à tous les dangers. Ce n'était pas sans de très-mûres et de nombreuses réflexions, pleines de difficultés presque insurmontables, qu'elles étaient enfin parvenues à guider leur choix sur le supplice raffiné qui n'avait trouvé la disparition de son terme que dans le secours inespéré de mon intervention. Les marques les plus vives de la reconnaissance soulignaient chaque expression, et ne donnaient pas à ses confidences leur moindre valeur. Je le portai dans la chaumière la plus voisine ; car, il venait de s'évanouir, et je ne quittai les laboureurs que lorsque je leur eus laissé ma bourse, pour donner des soins au blessé, et que je leur eusse fait promettre qu'ils prodigueraient au malheureux, comme à leur propre fils, les marques d'une sympathie persévérante. À mon tour, je leur racontai l'événement, et je m'approchai de la porte, pour remettre le pied sur le sentier ; mais, voilà qu'après avoir fait une centaine de mètres, je revins machinalement sur mes pas, j'entrai de nouveau dans la chaumière, et, m'adressant à leurs propriétaires naïfs, je m'écriai : « Non, non… ne croyez pas que cela m'étonne ! » Cette fois-ci, je m'éloignai définitivement ; mais, la plante des pieds ne pouvait pas se poser d'une manière sûre : un autre aurait pu ne pas s'en apercevoir ! Le loup ne passe plus sous la potence qu'élevèrent, un jour de printemps, les mains entrelacées d'une épouse et d'une mère, comme quand il faisait prendre, à son imagination charmée, le chemin d'un repas illusoire. Quand il voit, à l'horizon, cette chevelure noire, balancée par le vent, il n'encourage pas sa force d'inertie, et prend la fuite avec une vitesse incomparable ! Faut-il voir, dans ce phénomène psychologique, une intelligence supérieure à l'ordinaire instinct des mammifères ? Sans rien certifier et même sans rien prévoir, il me semble que l'animal a compris ce que c'est que le crime ! Comment ne le comprendrait-il pas, quand des êtres humains, eux-mêmes, ont rejeté, jusqu'à ce point indescriptible, l'empire de la raison, pour ne laisser subsister, à la place de cette reine détrônée, qu'une vengeance farouche !

Je suis sale. Les poux me rongent. Les pourceaux, quand ils me regardent, vomissent. Les croûtes et les escarres de la lèpre ont écaillé ma peau, couverte de pus jaunâtre. Je ne connais pas l'eau des fleuves, ni la rosée des nuages. Sur ma nuque, comme sur un fumier, pousse un énorme champignon, aux pédoncules ombellifères. Assis sur un meuble informe, je n'ai pas bougé mes membres depuis quatre siècles. Mes pieds ont pris racine dans le sol et composent, jusqu'à mon ventre, une sorte de végétation vivace, remplie d'ignobles parasites, qui ne dérive pas encore de la plante, et qui n'est plus de la chair. Cependant mon cœur bat. Mais comment battrait-il, si la pourriture et les exhalaisons de mon cadavre (je n'ose pas dire corps) ne le nourrissaient abondamment ? Sous mon aisselle gauche, une famille de crapauds a pris résidence, et, quand l'un d'eux remue, il me fait des chatouilles. Prenez garde qu'il ne s'en échappe un, et ne vienne gratter, avec sa bouche, le dedans de votre oreille : il serait ensuite capable d'entrer dans votre cerveau. Sous mon aisselle droite, il y a un caméléon qui leur fait une chasse perpétuelle, afin de ne pas mourir de faim : il faut que chacun vive. Mais, quand un parti déjoue complètement les ruses de l'autre, ils ne trouvent rien de mieux que de ne pas se gêner, et sucent la graisse délicate qui couvre mes côtes : j'y suis habitué. Une vipère méchante a dévoré ma verge et a pris sa place : elle m'a rendu eunuque, cette infâme. Oh ! si j'avais pu me défendre avec mes bras paralysés ; mais, je crois plutôt qu'ils se sont changés en bûches. Quoi qu'il en soit, il importe de constater que le sang ne vient plus y promener sa rougeur. Deux petits hérissons, qui ne croissent plus, ont jeté à un chien, qui n'a pas refusé, l'intérieur de mes testicules : l'épiderme, soigneusement lavé, ils ont logé dedans. L'anus a été intercepté par un crabe ; encouragé par mon inertie, il garde l'entrée avec ses pinces, et me fait beaucoup de mal ! Deux méduses ont franchi les mers, immédiatement alléchées par un espoir qui ne fut pas trompé. Elles ont regardé avec attention les deux parties charnues qui forment le derrière humain, et, se cramponnant à leur galbe convexe, elles les ont tellement écrasées par une pression constante, que les deux morceaux de chair ont disparu, tandis qu'il est resté deux monstres, sortis du royaume de la viscosité, égaux par la couleur, la forme et la férocité. Ne parlez pas de ma colonne vertébrale, puisque c'est un glaive. Oui, oui... je n'y faisais pas attention... votre demande est juste. Vous désirez savoir, n'est-ce pas, comment il se trouve implanté verticalement dans mes reins ? Moi-même, je ne me le rappelle pas très clairement ; cependant, si je me décide à prendre pour un souvenir ce qui n'est peut-être qu'un rêve, sachez que l'homme, quand il a su que j'avais fait vœu de vivre avec la maladie et l'immobilité jusqu'à ce que j'eusse vaincu le Créateur, marcha, derrière moi, sur la pointe des pieds, mais, non pas si doucement, que je ne l'entendisse. Je ne perçus plus rien, pendant un instant qui ne fut pas long. Ce poignard aigu s'enfonça, jusqu'au manche, entre les deux épaules du taureau des fêtes, et son ossature frissonna, comme un tremblement de terre. La lame adhère si fortement au corps, que personne, jusqu'ici, n'a pu l'extraire. Les athlètes, les mécaniciens, les philosophes, les médecins ont essayé, tour à tour, les moyens les plus divers. Ils ne savaient pas que le mal qu'a fait l'homme ne peut plus se défaire ! J'ai pardonné à la profondeur de leur ignorance native, et je les ai salués des paupières de mes yeux. Voyageur, quand tu passeras près de moi, ne m'adresse pas, je t'en supplie, le moindre mot de consolation : tu affaiblirais mon courage. Laisse-moi réchauffer ma ténacité à la flamme du martyre volontaire. Va-t'en... que je ne t'inspire aucune piété. La haine est plus bizarre que tu ne le penses ; sa conduite est inexplicable, comme l'apparence brisée d'un bâton enfoncé dans l'eau. Tel que tu me vois, je puis encore faire des excursions jusqu'aux murailles du ciel, à la tête d'une légion d'assassins, et revenir prendre cette posture, pour méditer, de nouveau, sur les nobles projets de la vengeance. Adieu, je ne te retarderai pas davantage ; et, pour t'instruire et te préserver, réfléchis au sort fatal qui m'a conduit à la révolte, quand peut-être j'étais né bon ! Tu raconteras à ton fils ce que tu as vu ; et, le prenant par la main, fais-lui admirer la beauté des étoiles et les merveilles de l'univers, le nid du rouge-gorge et les temples du Seigneur. Tu seras étonné de le voir si docile aux conseils de la paternité, et tu le récompenseras par un sourire. Mais, quand il apprendra qu'il n'est pas observé, jette les yeux sur lui, et tu le verras cracher sa bave sur la vertu ; il t'a trompé, celui qui est descendu de la race humaine, mais, il ne te trompera plus : tu sauras désormais ce qu'il deviendra. Ô père infortuné, prépare, pour accompagner les pas de ta vieillesse, l'échafaud ineffaçable qui tranchera la tête d'un criminel précoce, et la douleur qui te montrera le chemin qui conduit à la tombe.

Sur le mur de ma chambre, quelle ombre dessine, avec une puissance incomparable, la fantasmagorique projection de sa silhouette racornie ? Quand je place sur mon cœur cette interrogation délirante et muette, c'est moins pour la majesté de la forme, que pour le tableau de la réalité, que la sobriété du style se conduit de la sorte. Qui que tu sois, défends-toi ; car, je vais diriger vers toi la fronde d'une terrible accusation : ces yeux ne t'appartiennent pas… où les as-tu pris ? Un jour, je vis passer devant moi une femme blonde ; elle les avait pareils aux tiens : tu les lui as arrachés. Je vois que tu veux faire croire à ta beauté ; mais, personne ne s'y trompe ; et moi, moins qu'un autre. Je te le dis, afin que tu ne me prennes pas pour un sot. Toute une série d'oiseaux rapaces, amateurs de la viande d'autrui et défenseurs de l'utilité de la poursuite, beaux comme des squelettes qui effeuillent des panoccos de l'Arkansas, voltigent autour de ton front, comme des serviteurs soumis et agréés. Mais, est-ce un front ? Il n'est pas difficile de mettre beaucoup d'hésitation à le croire. Il est si bas, qu'il est impossible de vérifier les preuves, numériquement exiguës, de son existence équivoque. Ce n'est pas pour m'amuser que je te dis cela. Peut-être que tu n'as pas de front, toi, qui promènes, sur la muraille, comme le symbole mal réfléchi d'une danse fantastique, le fiévreux ballottement de tes vertèbres lombaires. Qui donc alors t'a scalpé ? si c'est un être humain, parce que tu l'as enfermé, pendant vingt ans, dans une prison, et qui s'est échappé pour préparer une vengeance digne de ses représailles, il a fait comme il devait, et je l'applaudis ; seulement, il y a un seulement, il ne fut pas assez sévère. Maintenant, tu ressembles à un Peau-Rouge prisonnier, du moins (notons-le préalablement) par le manque expressif de chevelure. Non pas qu'elle ne puisse repousser, puisque les physiologistes ont découvert que même les cerveaux enlevés reparaissent à la longue, chez les animaux ; mais, ma pensée, s'arrêtant à une simple constatation, qui n'est pas dépourvue, d'après le peu que j'en aperçois, d'une volupté énorme, ne va pas, même dans ses conséquences les plus hardies, jusqu'aux frontières d'un vœu pour ta guérison, et reste, au contraire, fondée, par la mise en œuvre de sa neutralité plus que suspect, à regarder (ou du moins à souhaiter), comme le présage de malheurs plus grands, ce qui ne peut être pour toi qu'une privation momentanée de la peau qui recouvre le dessus de ta tête. J'espère que tu m'as compris. Et même, si le hasard te permettait, par un miracle absurde, mais non pas, quelquefois, raisonnable, de retrouver cette peau précieuse qu'a gardée la religieuse vigilance de ton ennemi, comme le souvenir enivrant de sa victoire, il est presque extrêmement possible que, quand même on n'aurait étudié la loi des probabilités que sous le rapport des mathématiques (or, on sait que l'analogie transporte facilement l'application de cette loi dans les autres domaines de l'intelligence), ta crainte légitime, mais, un peu exagérée, d'un refroidissement partiel ou total, ne refuserait pas l'occasion importante, et même unique, qui se présenterait d'une manière si opportune, quoique brusque, de préserver les diverses parties de ta cervelle du contact de l'atmosphère, surtout pendant l'hiver, par une coiffure qui, à bon droit, t'appartient, puisqu'elle est naturelle, et qu'il te serait permis, en outre (il serait incompréhensible que tu le niasses), de garder constamment sur la tête, sans courir les risques, toujours désagréables, d'enfreindre les règles les plus simples d'une convenance élémentaire. N'est-il pas vrai que tu m'écoutes avec attention ? Si tu m'écoutes davantage, ta tristesse sera loin de se détacher de l'intérieur de tes narines rouges. Mais, comme je suis très-impartial, et que je ne te déteste pas autant que je le devrais (si je me trompe, dis-le moi), tu prêtes, malgré toi, l'oreille à mes discours, comme poussé par une force supérieure. Je ne suis pas si méchant que toi : voilà pourquoi ton génie s'incline de lui-même devant le mien... En effet, je ne suis pas si méchant que toi ! Tu viens de jeter un regard sur la cité bâtie sur le flanc de cette montagne. Et maintenant, que vois-je ?... Tous les habitants sont morts ! J'ai de l'orgueil comme un autre, et c'est un vice de plus, que d'en avoir peut-être davantage. Eh bien, écoute... écoute, si l'aveu d'un homme, qui se rappelle avoir vécu un demi-siècle sous la forme de requin dans les courants sous-marins qui longent les côtes de l'Afrique, t'intéresse assez vivement pour lui prêter ton attention, sinon avec amertume, du moins sans la faute irréparable de montrer le dégoût que je t'inspire. Je ne jetterai pas à tes pieds le masque de la vertu, pour paraître à tes yeux tel que je suis ; car, je ne l'ai jamais porté (si, toutefois, c'est là une excuse) ; et, dès les premiers instants, si tu remarques mes traits avec attention, tu me reconnaîtras comme ton disciple respectueux dans la perversité, mais, non pas, comme ton rival redoutable. Puisque je ne te dispute pas la palme du mal, je ne crois pas qu'un autre le fasse : il devrait s'égaler auparavant à moi, ce qui n'est pas facile... Écoute, à moins que tu ne sois la faible condensation d'un brouillard (tu caches ton corps quelque part, et je ne puis le rencontrer) : un matin, que je vis une petite fille qui se penchait sur un lac, pour cueillir un lotus rose, elle affermit ses pas, avec une expérience précoce ; elle se penchait vers les eaux, quand ses yeux rencontrèrent mon regard (il est vrai que, de mon côté, ce n'était pas sans préméditation). Aussitôt, elle chancela comme le tourbillon qu'engendre la marée autour d'un roc, ses jambes fléchirent, et, chose merveilleuse à voir, phénomène qui s'accomplit avec autant de véracité que je cause avec toi, elle tomba jusqu'au fond du lac : conséquence étrange, elle ne cueillit plus aucune nymphéacée. Que fait-elle au dessous ?... je ne m'en suis pas informé. Sans doute, sa volonté, qui s'est rangée sous le drapeau de la délivrance, livre des combats acharnés contre la pourriture ! Mais toi, ô mon maître, sous ton regard, les habitants des cités sont subitement détruits, comme un tertre de fourmis qu'écrase le talon de l'éléphant. Ne viens-je pas d'être témoin d'un exemple démonstrateur ? Vois... la montagne n'est plus joyeuse... elle reste isolée comme un vieillard. C'est vrai, les maisons existent ; mais ce n'est pas un paradoxe d'affirmer, à voix basse, que tu ne pourrais en dire autant de ceux qui n'y existent plus. Déjà, les émanations des cadavres viennent jusqu'à moi. Ne les sens-tu pas ? Regarde ces oiseaux de proie, qui attendent que nous nous éloignions, pour commencer ce repas géant ; il en vient un nuage perpétuel des quatre coins de l'horizon. Hélas ! ils étaient déjà venus, puisque je vis leurs ailes rapaces tracer, au-dessus de toi, le monument des spirales, comme pour t'exciter de hâter le crime. Ton odorat ne reçoit-il donc pas la moindre effluve ? L'imposteur n'est pas autre chose... Tes nerfs olfactifs sont enfin ébranlés par la perception d'atomes aromatiques : ceux-ci s'élèvent de la cité anéantie, quoique je n'aie pas besoin de te l'apprendre... Je voudrais embrasser tes pieds, mais mes bras n'entrelacent qu'une transparente vapeur. Cherchons ce corps introuvable, que cependant mes yeux aperçoivent : il mérite, de ma part, les marques les plus nombreuses d'une admiration sincère. Le fantôme se moque de moi : il m'aide à chercher son propre corps. Si je lui fais signe de rester à sa place, voilà qu'il me renvoie le même signe... Le secret est découvert ; mais, ce n'est pas, je le dis avec franchise, à ma plus grande satisfaction. Tout est expliqué, les grands comme les plus petits détails ; ceux-ci sont indifférents à remettre devant l'esprit, comme, par exemple, l'arrachement des yeux à la femme blonde : cela n'est presque rien !... Ne me rappelais-je donc pas que, moi, aussi, j'avais été scalpé, quoique ce ne fût que pendant cinq ans (le nombre exact du temps m'avait failli) que j'avais enfermé un être humain dans une prison, pour être témoin du spectacle de ses souffrances, parce qu'il m'avait refusé, à juste titre, une amitié qui ne s'accorde pas à des êtres comme moi ? Puisque je fais semblant d'ignorer que mon regard peut donner la mort, même aux planètes qui tournent dans l'espace, il n'aura pas tort, celui qui prétendra que je ne possède pas la faculté des souvenirs. Ce qui me reste à faire, c'est de briser cette glace, en éclats, à l'aide d'une pierre... Ce n'est pas la première fois que le cauchemar de la perte momentanée de la mémoire établit sa demeure dans mon imagination, quand, par les inflexibles lois de l'optique, il m'arrive d'être placé devant la méconnaissance de ma propre image !

Je m'étais endormi sur la falaise. Celui qui, pendant un jour, a poursuivi l'autruche à travers le désert, sans pouvoir l'atteindre, n'a pas eu le temps de prendre de la nourriture et de fermer les yeux. Si c'est lui qui me lit, il est capable de deviner, à la rigueur, quel sommeil s'appesantit sur moi. Mais, quand la tempête a poussé verticalement un vaisseau, avec la paume de sa main, jusqu'au fond de la mer ; si, sur le radeau, il ne reste plus de tout l'équipage qu'un seul homme, rompu par les fatigues et les privations de toute espèce ; si la lame le ballotte, comme une épave, pendant des heures plus prolongées que la vie d'homme ; et, si une frégate, qui sillonne plus tard ces parages de désolation d'une carène fendue, aperçoit le malheureux qui promène sur l'océan sa carcasse décharnée, et lui porte un secours qui a failli être tardif, je crois que ce naufragé devinera mieux encore à quel degré fut porté l'assoupissement de mes sens. Le magnétisme et le chloroforme, quand ils s'en donnent la peine, savent quelquefois engendrer pareillement de ces catalepsies léthargiques. Elles n'ont aucune ressemblance avec la mort : ce serait un grand mensonge de le dire. Mais arrivons tout de suite au rêve, afin que les impatients, affamés de ces sortes de lectures, ne se mettent pas à rugir, comme un banc de cachalots macrocéphales qui se battent entre eux pour une femelle enceinte. Je rêvais que j'étais entré dans le corps d'un pourceau, qu'il ne m'était pas facile d'en sortir, et que je vautrais mes poils dans les marécages les plus fangeux. Était-ce comme une récompense ? Objet de mes vœux, je n'appartenais plus à l'humanité ! Pour moi, j'entendis l'interprétation ainsi, et j'en éprouvai une joie plus que profonde. Cependant, je recherchais activement quel acte de vertu j'avais accompli pour mériter, de la part de la Providence, cette insigne faveur. Maintenant que j'ai repassé dans ma mémoire les diverses phases de cet aplatissement épouvantable contre le ventre du granit, pendant lequel la marée, sans que je m'en aperçusse, passa, deux fois, sur ce mélange irréductible de matière morte et de chair vivante, il n'est peut-être pas sans utilité de proclamer que cette dégradation n'était probablement qu'une punition, réalisée sur moi par la justice divine. Mais, qui connaît ses besoins intimes ou la cause de ses joies pestilentielles ? La métamorphose ne parut jamais à mes yeux que comme le haut et magnanime retentissement d'un bonheur parfait, que j'attendais depuis longtemps. Il était enfin venu, le jour où je fus un pourceau ! J'essayais mes dents sur l'écorce des arbres ; mon groin, je le contemplais avec délice. Il ne restait plus la moindre parcelle de divinité : je sus élever mon âme jusqu'à l'excessive hauteur de cette volupté ineffable. Écoutez-moi donc, et ne rougissez pas, inépuisables caricatures du beau, qui prenez au sérieux le braiement risible de votre âme, souverainement méprisable ; et qui ne comprenez pas pourquoi le Tout-Puissant, dans un rare moment de bouffonnerie excellente, qui, certainement, ne dépasse pas les grandes lois générales du grotesque, prit, un jour, le mirifique plaisir de faire habiter une planète par des êtres singuliers et microscopiques, qu'on appelle humains, et dont la matière ressemble à celle du corail vermeil. Certes, vous avez raison de rougir, os et graisse, mais écoutez-moi. Je n'invoque pas votre intelligence ; vous la feriez rejeter du sang par l'horreur qu'elle vous témoigne : oubliez-la, et soyez conséquents avec vous-mêmes… Là, plus de contrainte. Quand je voulais tuer, je tuais ; cela, même, m'arrivait souvent, et personne ne m'en empêchait. Les lois humaines me poursuivaient encore de leur vengeance, quoique je n'attaquasse pas la race que j'avais abandonnée si tranquillement ; mais ma conscience ne me faisait aucun reproche. Pendant la journée, je me battais avec mes nouveaux semblables, et le sol était parsemé de nombreuses couches de sang caillé. J'étais le plus fort, et je remportais toutes les victoires. Des blessures cuisantes couvraient mon corps ; je faisais semblant de ne pas m'en apercevoir. Les animaux terrestres s'éloignaient de moi, et je restais seul dans ma resplendissante grandeur. Quel ne fut pas mon étonnement, quand, après avoir traversé un fleuve à la nage, pour m'éloigner des contrées que ma rage avait dépeuplées, et gagner d'autres campagnes pour y planter mes coutumes de meurtre et de carnage, j'essayai de marcher sur cette rive fleurie. Mes pieds étaient paralysés ; aucun mouvement ne venait trahir la vérité de cette immobilité forcée. Au milieu d'efforts surnaturels, pour continuer mon chemin, ce fut alors que je me réveillai, et que je sentis que je redevenais homme. La Providence me faisait ainsi comprendre, d'une manière qui n'est pas inexplicable, qu'elle ne voulait pas que, même en rêve, mes projets sublimes s'accomplissent. Revenir à ma forme primitive fut pour moi une douleur si grande, que, pendant les nuits, j'en pleure encore. Mes draps sont constamment mouillés, comme s'ils avaient été passés dans l'eau, et, chaque jour, je les fais changer. Si vous ne le croyez pas, venez me voir ; vous contrôlerez, par votre propre expérience, non pas la vraisemblance, mais, en outre, la vérité même de mon assertion. Combien de fois, depuis cette nuit passée à la belle étoile, sur une falaise, ne me suis-je pas mêlé à des troupeaux de pourceaux, pour reprendre, comme un droit, ma métamorphose détruite ! Il est temps de quitter ces souvenirs glorieux, qui ne laissent, après leur suite, que la pâle voie lactée des regrets éternels.

Il n'est pas impossible d'être témoin d'une déviation anormale dans le fonctionnement latent ou visible des lois de la nature. Effectivement, si chacun se donne la peine ingénieuse d'interroger les diverses phases de son existence (sans en oublier une seule, car c'était peut-être celle-là qui était destinée à fournir la preuve de ce que j'avance), il ne se souviendra pas, sans un certain étonnement, qui serait comique en d'autres circonstances, que, tel jour, pour parler premièrement de choses objectives, il fut témoin de quelque phénomène qui semblait dépasser et dépassait positivement les notions connues fournies par l'observation et l'expérience, comme, par exemple, les pluies de crapauds, dont le magique spectacle dut ne pas être d'abord compris par les savants. Et que, tel autre jour, pour parler en deuxième et dernier lieu de choses subjectives, son âme présenta au regard investigateur de la psychologie, je ne vais pas jusqu'à dire une aberration de la raison (qui, cependant, n'en serait pas moins curieuse ; au contraire, elle le serait davantage), mais, du moins, pour ne pas faire le difficile auprès de certaines personnes froides, qui ne me pardonneraient jamais les élucubrations flagrantes de mon exagération, un état inaccoutumé, assez souvent très-grave, qui marque que la limite accordée par le bon sens à l'imagination est quelquefois, malgré le pacte éphémère conclu entre ces deux puissances, malheureusement dépassée par la pression énergique de la volonté, mais, la plupart du temps aussi, par l'absence de sa collaboration effective : donnons à l'appui quelques exemples, dont il n'est pas difficile d'apprécier l'opportunité ; si, toutefois, l'on prend pour compagne une attentive modération. J'en présente deux : les emportements de la colère et les maladies de l'orgueil. J'avertis celui qui me lit qu'il prenne garde à ce qu'il ne se fasse pas une idée vague, et, à plus forte raison fausse, des beautés de littérature que j'effeuille, dans le développement excessivement rapide de mes phrases. Hélas ! je voudrais dérouler mes raisonnements et mes comparaisons lentement et avec beaucoup de magnificence (mais qui dispose de son temps ?), pour que chacun comprenne davantage, sinon mon épouvante, du moins ma stupéfaction, quand, un soir d'été, comme le soleil semblait s'abaisser à l'horizon, je vis nager, sur la mer, avec de larges pattes de canard à la place des extrémités des jambes et des bras, porteur d'une nageoire dorsale, proportionnellement aussi longue et aussi effilée que celle des dauphins, un être humain, aux muscles vigoureux, et que des bancs nombreux de poissons (je vis, dans ce cortège, entre autres habitants des eaux, la torpille, l'anarnak groenlandais et le scorpène-horrible) suivaient avec les marques très-ostensibles de la plus grande admiration. Quelquefois il plongeait, et son corps visqueux reparaissait presque aussitôt, à deux cents mètres de distance. Les marsouins, qui n'ont pas volé, d'après mon opinion, la réputation de bons nageurs, pouvaient à peine suivre de loin cet amphibie de nouvelle espèce. Je ne crois pas que le lecteur ait lieu de se repentir, s'il prête à ma narration, moins le nuisible obstacle d'une crédulité stupide, que le suprême service d'une confiance profonde, qui discute légalement, avec une secrète sympathie, les mystères poétiques, trop peu nombreux, à son propre avis, que je me charge de lui révéler, quand, chaque fois, l'occasion s'en présente, comme elle s'est inopinément aujourd'hui présentée, intimement pénétrée des toniques senteurs des plantes aquatiques, que la bise fraîchissante transporte dans cette strophe, qui contient un monstre, qui s'est approprié les marques distinctives de la famille des palmipèdes. Qui parle ici d'appropriation ? Que l'on sache bien que l'homme, par sa nature multiple et complexe, n'ignore pas les moyens d'en élargir encore les frontières ; il vit dans l'eau, comme l'hippocampe ; à travers les couches supérieures de l'air, comme l'orfraie ; et sous la terre, comme la taupe, le cloporte et la sublimité du vermisseau. Tel est dans sa forme, plus ou moins concise (mais plus, que moins), l'exact critérium de la consolation extrêmement fortifiante que je m'efforçais de faire naître dans mon esprit, quand je songeais que l'être humain que j'apercevais à une grande distance nager des quatre membres, à la surface des vagues, comme jamais cormoran le plus superbe ne le fit, n'avait, peut-être, acquis le nouveau changement des extrémités de ses bras et de ses jambes, que comme l'expiatoire châtiment de quelque crime inconnu. Il n'était pas nécessaire que je me tourmentasse la tête, pour fabriquer d'avance les mélancoliques pilules de la pitié ; car, je ne savais pas que cet homme, dont les bras frappaient alternativement l'onde amère, tandis que ses jambes, avec une force pareille à celle que possèdent les défenses en spirale du narval, engendraient le recul des couches aquatiques, ne s'était pas plus volontairement approprié ces extraordinaires formes, qu'elles ne lui avaient été imposées comme supplice. D'après ce que j'appris plus tard, voici la simple vérité : la prolongation de l'existence, dans cet élément fluide, avait insensiblement amené, dans l'être humain qui s'était lui-même exilé des continents rocailleux, les changements importants, mais, non pas essentiels, que j'avais remarqués, dans l'objet qu'un regard passablement confus m'avait fait prendre, dès les moments primordiaux de son apparition (par une inqualifiable légèreté, dont les écarts engendrent le sentiment si pénible que comprendront facilement les psychologistes et les amants de la prudence) pour un poisson, à forme étrange, non encore décrit dans les classifications des naturalistes ; mais, peut-être, dans leurs ouvrages posthumes, quoique je n'eusse pas l'excusable prétention de pencher vers cette dernière supposition, imaginée dans de trop hypothétiques conditions. En effet, cet amphibie (puisque amphibie il y a, sans qu'on puisse affirmer le contraire) n'était visible que pour moi seul, abstraction faite des poissons et des cétacés ; car, je m'aperçus que quelques paysans, qui s'étaient arrêtés à contempler mon visage, troublé par ce phénomène surnaturel, et qui cherchaient inutilement à s'expliquer pourquoi mes yeux étaient constamment fixés, avec une persévérance qui paraissait invincible, et qui ne l'était pas en réalité, sur un endroit de la mer où ils ne distinguaient, eux, qu'une quantité appréciable et limitée de bancs de poissons de toutes les espèces, distendaient l'ouverture de leur bouche grandiose, peut-être autant qu'une baleine. « Cela les faisait sourire, mais non, comme à moi, pâlir, disaient-ils dans leur pittoresque langage ; et ils n'étaient pas assez bêtes pour ne pas remarquer que, précisément, je ne regardais pas les évolutions champêtres des poissons, mais que ma vue se portait, de beaucoup plus, en avant » De telle manière que, quant à ce qui me concerne, tournant machinalement les yeux du côté de l'envergure remarquable de ces puissantes bouches, je me disais, en moi-même, qu'à moins qu'on ne trouvât dans la totalité de l'univers un pélican, grand comme une montagne ou du moins comme un promontoire (admirez, je vous prie, la finesse de la restriction qui ne perd aucun pouce de terrain), aucun bec d'oiseau de proie ou mâchoire d'animal sauvage ne serait jamais capable de surpasser, ni même d'égaler, chacun de ces cratères béants, mais trop lugubres. Et, cependant, quoique je réserve une bonne part au sympathique emploi de la métaphore (cette figure de rhétorique rend beaucoup plus de services aux aspirations humaines vers l'infini que ne s'efforcent de se le figurer ordinairement ceux qui sont imbus de préjugés ou d'idées fausses, ce qui est la même chose), il n'en est pas moins vrai que la bouche risible de ces paysans reste encore assez large pour avaler trois cachalots. Raccourcissons davantage notre pensée, soyons sérieux, et contentons-nous de trois petits éléphants qui viennent à peine de naître. D'une seule brassée, l'amphibie laissait après lui un kilomètre de sillon écumeux. Pendant le très-court moment où, le bras tendu en avant reste suspendu dans l'air, avant qu'il s'enfonce de nouveau, ses doigts écartés, réunis à l'aide d'un repli de la peau, à forme de membrane, semblaient s'élancer vers les hauteurs de l'espace, et prendre les étoiles. Debout sur le roc, je me servis de mes mains, comme d'un porte-voix, et je m'écriai, pendant que les crabes et les écrevisses s'enfuyaient vers l'obscurité des plus secrètes crevasses : « O toi, dont la natation l'emporte sur le vol des longues ailes de la frégate, si tu comprends encore la signification des grands éclats de voix que, comme fidèle interprétation de sa pensée intime, lance avec force l'humanité, daigne t'arrêter, un instant, dans ta marche rapide, et, raconte-moi sommairement les phases de ta véridique histoire. Mais, je t'avertis que tu n'as pas besoin de m'adresser la parole, si ton dessein audacieux est de faire naître en moi l'amitié et la vénération que je sentis pour toi, dès que je te vis, pour la première fois, accomplissant, avec la grâce et la force du requin, ton pèlerinage indomptable et rectiligne. » Un soupir, qui me glaça les os, et qui fit chanceler le roc sur lequel je reposai la plante de mes pieds (à moins que ce ne fût moi-même qui chancelai, par la rude pénétration des ondes sonores, qui portaient à mon oreille un tel cri de désespoir) s'entendit jusqu'aux entrailles de la terre : les poissons plongèrent sous les vagues, avec le bruit de l'avalanche. L'amphibie n'osa pas trop s'avancer jusqu'au rivage ; mais, dès qu'il se fut assuré que sa voix parvenait assez distinctement jusqu'à mon tympan, il réduisit le mouvement de ses membres palmés, de manière à soutenir son buste, couvert de goémons, au-dessus des flots mugissants. Je le vis incliner son front, comme pour invoquer, par un ordre solennel, la meute errante des souvenirs. Je n'osais pas l'interrompre dans cette occupation, saintement archéologique : plongé dans le passé, il ressemblait à un écueil. Il prit enfin la parole en ces termes : « Le scolopendre ne manque pas d'ennemis ; la beauté fantastique de ses pattes innombrables, au lieu de lui attirer la sympathie des animaux, n'est, peut-être, pour eux, que le puissant stimulant d'une jalouse irritation. Et, je ne serais pas étonné d'apprendre que cet insecte est en butte aux haines les plus intenses. Je te cacherai le lieu de ma naissance, qui n'importe pas à mon récit : mais, la honte qui rejaillirait sur ma famille importe à mon devoir. Mon père et ma mère (que Dieu leur pardonne !), après un an d'attente, virent le ciel exaucer leurs vœux : deux jumeaux, mon frère et moi, parurent à la lumière. Raison de plus pour s'aimer. Il n'en fut pas ainsi que je parle. Parce que j'étais le plus beau des deux, et le plus intelligent, mon frère me prit en haine, et ne se donna pas la peine de cacher ses sentiments : c'est pourquoi, mon père et ma mère firent rejaillir sur moi la plus grande partie de leur amour, tandis que, par mon amitié sincère et constante, j'efforçai d'apaiser une âme, qui n'avait pas le droit de se révolter, contre celui qui avait été tiré de la même chair. Alors, mon frère ne connut plus de bornes à sa fureur, et me perdit, dans le cœur de nos parents communs, par les calomnies les plus invraisemblables. J'ai vécu, pendant quinze ans, dans un cachot, avec des larves et de l'eau fangeuse pour toute nourriture. Je ne te raconterai pas en détail les tourments inouïs que j'ai éprouvés, dans cette longue séquestration injuste. Quelquefois, dans un moment de la journée, un des trois bourreaux, à tour de rôle, entrait brusquement, chargé de pinces, de tenailles et de divers instruments de supplice. Les cris que m'arrachaient les tortures les laissaient inébranlables ; la perte abondante de mon sang les faisait sourire. O mon frère, je t'ai pardonné, toi la cause première de tous mes maux ! Se peut-il qu'une rage aveugle ne puisse enfin dessiller ses propres yeux l J'ai fait beaucoup de réflexions, dans ma prison éternelle. Quelle devint ma haine générale contre l'humanité, tu le devines. L'étiolement progressif, la solitude du corps et de l'âme ne m'avaient pas fait perdre encore toute ma raison, au point de garder du ressentiment contre ceux que je n'avais cessé d'aimer : triple carcan dont j'étais l'esclave. Je parvins, par la ruse, à recouvrer ma liberté ! Dégoûté des habitants du continent, qui, quoiqu'ils s'intitulassent mes semblables, ne paraissaient pas jusqu'ici me ressembler en rien (s'ils trouvaient que je leur ressemblasse, pourquoi me faisaient-ils du mal ?), je dirigeai ma course vers les galets de la plage, fermement résolu à me donner la mort, si la mer devait m'offrir les réminiscences antérieures d'une existence fatalement vécue. En croiras-tu tes propres yeux ? Depuis le jour que je m'enfuis de la maison paternelle, je ne me plains pas autant que tu le penses d'habiter la mer et ses grottes de cristal. La Providence, comme tu le vois, m'a donné en partie l'organisation du cygne. Je vis en paix avec les poissons, et ils me procurent la nourriture dont j'ai besoin, comme si j'étais leur monarque. Je vais pousser un sifflement particulier, pourvu que cela ne te contrarie pas, et tu vas voir comme ils vont reparaître. » Il arriva comme il le prédit. Il reprit sa royale natation, entouré de son cortège de sujets. Et, quoiqu'au bout de quelques secondes, il eût complètement disparu à mes yeux, avec une longue vue, je pus encore le distinguer, aux dernières limites de l'horizon. Il nageait, d'une main, et, de l'autre, essuyait ses yeux, qu'avait injectés de sang la contrainte terrible de s'être approché de la terre ferme. Il avait agi ainsi pour me faire plaisir. Je rejetai l'instrument révélateur contre l'escarpement à pic ; il bondit de roche en roche, et ses fragments épars, ce sont les vagues qui le reçurent : tels furent la dernière démonstration et le suprême adieu, par lesquels, je m'inclinai, comme dans un rêve, devant une noble et infortunée intelligence ! Cependant, tout était réel dans ce qui s'était passé, pendant ce soir d'été.

Chaque nuit, plongeant l'envergure de mes ailes dans ma mémoire agonisante, j'évoquais le souvenir de Falmer… chaque nuit. Ses cheveux blonds, sa figure ovale, ses traits majestueux étaient encore empreints dans mon imagination… destructiblement… surtout ses cheveux blonds. Éloignez, éloignez donc cette tête sans chevelure, polie comme la carapace de la tortue. Il avait quatorze ans, et je n'avais qu'un an de plus. Que cette lugubre voix se taise. Pourquoi vient-elle me dénoncer ? Mais c'est moi-même qui parle. Me servant de ma propre langue pour émettre ma pensée, je m'aperçois que mes lèvres remuent, et que c'est moi-même qui parle. Et, c'est moi-même qui, racontant une histoire de ma jeunesse, et sentant le remords pénétrer dans mon cœur… c'est moi-même, à moins que je ne me trompe… c'est moi-même qui parle. Je n'avais qu'un an de plus. Quel est donc celui auquel je fais allusion ? C'est un ami que je possédais dans les temps passés, je crois. Oui, oui, j'ai déjà dit comment il s'appelle… je ne veux pas épeler de nouveau ces six lettres, non, non. Il n'est pas utile non plus de répéter que j'avais un an de plus. Qui le sait ? Répétons-le, cependant, mais, avec un pénible murmure : je n'avais qu'un an de plus. Même alors, la prééminence de ma force physique était plutôt un motif de soutenir, à travers le rude sentier de la vie, celui qui s'était donné à moi, que de maltraiter un être visiblement plus faible. Or, je crois en effet qu'il était plus faible… Même alors. C'est un ami que je possédais dans les temps passés, je crois. La prééminence de ma force physique… chaque nuit… Surtout ses cheveux blonds. Il existe plus d'un être humain qui a vu des têtes chauves : la vieillesse, la maladie, la douleur (les trois ensemble ou prises séparément) expliquent ce phénomène négatif d'une manière satisfaisante. Telle est, du moins, la réponse que me ferait un savant, si je l'interrogeais là-dessus. La vieillesse, la maladie, la douleur. Mais je n'ignore pas (moi, aussi, je suis savant) qu'un jour, parce qu'il m'avait arrêté la main, au moment où je levais mon poignard pour percer le sein d'une femme, je le saisis par les cheveux avec un bras de fer, et le fis tournoyer dans l'air avec une telle vitesse, que la chevelure me resta dans la main, et que son corps, lancé par la force centrifuge, alla cogner contre le tronc d'un chêne… Je n'ignore pas qu'un jour sa chevelure me resta dans la main. Moi, aussi, je suis savant. Oui, oui, j'ai déjà dit comment il s'appelle. Je n'ignore pas qu'un jour j'accomplis un acte infâme, tandis que son corps était lancé par la force centrifuge. Il avait quatorze ans. Quand, dans un accès d'aliénation mentale, je cours à travers les champs, en tenant, pressée sur mon cœur, une chose sanglante que je conserve depuis longtemps, comme une relique vénérée, les petits enfants qui me poursuivent... les petits enfants et les vieilles femmes qui me poursuivent à coups de pierre, poussent ces gémissements lamentables : « Voilà la chevelure de Falmer. » Éloignez, éloignez donc cette tête chauve, polie comme la carapace de la tortue... Une chose sanglante. Mais c'est moi-même qui parle. Sa figure ovale, ses traits majestueux. Or, je crois en effet qu'il était plus faible. Les vieilles femmes et les petits enfants. Or, je crois en effet... qu'est-ce que je voulais dire ?... or, je crois en effet qu'il était plus faible. Avec un bras de fer. Ce choc, ce choc l'a-t-il tué ? Ses os ont-ils été brisés contre l'arbre... irréparablement ? L'a-t-il tué, ce choc engendré par la vigueur d'un athlète ? A-t-il conservé la vie, quoique ses os se soient irréparablement brisés... irréparablement ? Ce choc l'a-t-il tué ? Je crains de savoir ce dont mes yeux fermés ne furent pas témoins. En effet... Surtout ses cheveux blonds. En effet, je m'enfuis au loin avec une conscience désormais implacable. Il avait quatorze ans. Avec une conscience désormais implacable. Chaque nuit. Lorsqu'un jeune homme, qui aspire à la gloire, dans un cinquième étage, penché sur sa table de travail, à l'heure silencieuse de minuit, perçoit un bruissement qu'il ne sait à quoi attribuer, il tourne, de tous les côtés, sa tête, alourdie par la méditation et les manuscrits poudreux ; mais, rien, aucun indice surpris ne lui révèle la cause de ce qu'il entend si faiblement, quoique cependant il l'entende. Il s'aperçoit, enfin, que la fumée de sa bougie, prenant son essor vers le plafond, occasionne, à travers l'air ambiant, les vibrations presque imperceptibles d'une feuille de papier accrochée à un clou figé contre la muraille. Dans un cinquième étage. De même qu'un jeune homme, qui aspire à la gloire, entend un bruissement qu'il ne sait à quoi attribuer, ainsi j'entends une voix mélodieuse qui prononce à mon oreille : « Maldoror ! » Mais, avant de mettre fin à sa méprise, il croyait entendre les ailes d'un moustique... penché sur sa table de travail. Cependant, je ne rêve pas ; qu'importe que je sois étendu sur mon lit de satin ? Je fais avec sang-froid la perspicace remarque que j'ai les yeux ouverts, quoiqu'il soit l'heure des dominos roses et des bals masqués. Jamais... oh ! non, jamais !... une voix mortelle ne fit entendre ces accents séraphiques, en prononçant, avec tant de douloureuse élégance, les syllabes de mon nom ! Les ailes d'un moustique... Comme sa voix est bienveillante. M'a-t-il donc pardonné ? Son corps alla cogner contre le tronc d'un chêne... « Maldoror ! »

FIN DU QUATRIÈME CHANT

CHANT CINQUIÈME

Que le lecteur ne se fâche pas contre moi, si ma prose n'a pas le bonheur de lui plaire. Tu soutiens que mes idées sont au moins singulières. Ce que tu dis là, homme respectable, est la vérité ; mais, une vérité partiale. Or, quelle source abondante d'erreurs et de méprises n'est pas toute vérité partiale ! Les bandes d'étourneaux ont une manière de voler qui leur est propre, et semble soumise à une tactique uniforme et régulière, telle que serait celle d'une troupe disciplinée, obéissant avec précision à la voix d'un seul chef. C'est à la voix de l'instinct que les étourneaux obéissent, et leur instinct les porte à se rapprocher toujours du centre du peloton, tandis que la rapidité de leur vol les emporte sans cesse au delà ; en sorte que cette multitude d'oiseaux, ainsi réunis par une tendance commune vers le même point aimanté, allant et venant sans cesse, circulant et se croisant en tous sens, forme une espèce de tourbillon fort agité, dont la masse entière, sans suivre de direction bien certaine, paraît avoir un mouvement général d'évolution sur elle-même, résultant des mouvements particuliers de circulation propres à chacune de ses parties, et dans lequel le centre, tendant perpétuellement à se développer, mais sans cesse pressé, repoussé par l'effort contraire des lignes environnantes qui pèsent sur lui, est constamment plus serré qu'aucune de ces lignes, lesquelles le sont elles-mêmes d'autant plus, qu'elles sont plus voisines du centre. Malgré cette singulière manière de tourbillonner, les étourneaux n'en fendent pas moins, avec une vitesse rare, l'air ambiant, et gagnent sensiblement, à chaque seconde, un terrain précieux pour le terme de leurs fatigues et le but de leur pèlerinage. Toi, de même, ne fais pas attention à la manière bizarre dont je chante chacune de ces strophes. Mais, sois persuadé que les accents fondamentaux de la poésie n'en conservent pas moins leur intrinsèque droit sur mon intelligence. Ne généralisons pas des faits exceptionnels, je ne demande pas mieux : cependant mon caractère est dans l'ordre des choses possibles. Sans doute, entre les deux termes extrêmes de ta littérature, telle que tu l'entends, et de la mienne, il en est une infinité d'intermédiaires et il serait facile de multiplier les divisions ; mais, il n'y aurait nulle utilité, et il y aurait le danger de donner quelque chose d'étroit et de faux à une conception éminemment philosophique, qui cesse d'être rationnelle, dès qu'elle n'est plus comprise comme elle a été imaginée, c'est-à-dire avec ampleur. Tu sais allier l'enthousiasme et le froid intérieur, observateur d'une humeur concentrée ; enfin, pour moi, je te trouve parfait... Et tu ne veux pas me comprendre ! Si tu n'es pas en bonne santé, suis mon conseil (c'est le meilleur que je possède à ta disposition), et va faire une promenade dans la campagne. Triste compensation, qu'en dis-tu ? Lorsque tu auras pris l'air, reviens me trouver : tes sens seront plus reposés. Ne pleure plus ; je ne voulais pas te faire de la peine. N'est-il pas vrai, mon ami, que, jusqu'à un certain point, ta sympathie est acquise à mes chants ? Or, qui t'empêche de franchir les autres degrés ? La frontière entre ton goût et le mien est invisible ; tu ne pourras jamais la saisir : preuve que cette frontière elle-même n'existe pas. Réfléchis donc qu'alors (je ne fais ici qu'effleurer la question) il ne serait pas impossible que tu eusses signé un traité d'alliance avec l'obstination, cette agréable fille du mulet, source si riche d'intolérance. Si je ne savais pas que tu n'étais pas un sot, je ne te ferais pas un semblable reproche. Il n'est pas utile pour toi que tu t'encroûtes dans la cartilagineuse carapace d'un axiome que tu crois inébranlable. Il y a d'autres axiomes aussi qui sont inébranlables, et qui marchent parallèlement avec le tien. Si tu as un penchant marqué pour le caramel (admirable farce de la nature), personne ne le concevra comme un crime ; mais, ceux dont l'intelligence, plus énergique et capable de plus grandes choses, préfère le poivre et l'arsenic, ont de bonnes raisons pour agir de la sorte, sans avoir l'intention d'imposer leur pacifique domination à ceux qui tremblent de peur devant une musaraigne ou l'expression parlante des surfaces d'un cube. Je parle par expérience, sans venir jouer ici le rôle de provocateur. Et, de même que les rotifères et les tardigrades peuvent être chauffés à une température voisine de l'ébullition, sans perdre nécessairement leur vitalité, il en sera de même pour toi, si tu sais t'assimiler, avec précaution, l'âcre sérosité suppurative qui se dégage avec lenteur de l'agacement que causent mes intéressantes élucubrations. Eh quoi, n'est-on pas parvenu à greffer sur le dos d'un rat vivant la queue détachée du corps d'un autre rat ? Essaie donc pareillement de transporter dans ton imagination les diverses modifications de ma raison cadavérique. Mais, sois prudent. À l'heure que j'écris, de nouveaux frissons parcourent l'atmosphère intellectuelle : il ne s'agit que d'avoir le courage de les regarder en face. Pourquoi fais-tu cette grimace ? Et même tu l'accompagnes d'un geste que l'on ne pourrait imiter qu'après un long apprentissage. Sois persuadé que l'habitude est nécessaire en tout ; et, puisque la répulsion instinctive, qui s'était déclarée dès les premières pages, a notablement diminué de profondeur, en raison inverse de l'application à la lecture, comme un furoncle qu'on incise, il faut espérer, quoique ta tête soit encore malade, que ta guérison ne tardera certainement pas à rentrer dans sa dernière période. Pour moi, il est indubitable que tu vogues déjà en pleine convalescence ; cependant, ta figure est restée bien maigre, hélas ! Mais... courage ! il y a en toi un esprit peu commun, je t'aime, et je ne désespère pas de ta complète délivrance, pourvu que tu absorbes quelques substances médicamenteuses ; qui ne feront que hâter la disparition des derniers symptômes du mal. Comme nourriture astringente et tonique, tu arracheras d'abord les bras de ta mère (si elle existe encore), tu les dépéceras en petits morceaux, et tu les mangeras ensuite, en un seul jour, sans qu'aucun trait de ta figure ne trahisse ton émotion. Si ta mère était trop vieille, choisis un autre sujet chirurgical, plus jeune et plus frais, sur lequel la rugine aura prise, et dont les os tarsiens, quand il marche, prennent aisément un point d'appui pour faire la bascule : ta sœur, par exemple. Je ne puis m'empêcher de plaindre son sort, et je ne suis pas de ceux dans lesquels un enthousiasme très froid ne fait qu'affecter la bonté. Toi et moi, nous verserons pour elle, pour cette vierge aimée (mais, je n'ai pas de preuves pour établir qu'elle soit vierge), deux larmes incoercibles, deux larmes de plomb. Ce sera tout. La potion la plus lénitive, que je te conseille, est un bassin, plein d'un pus blennorragique à noyaux, dans lequel on aura préalablement dissous un kyste pileux de l'ovaire, un chancre folliculaire, un prépuce enflammé, renversé en arrière du gland par une paraphimosis, et trois limaces rouges. Si tu suis mes ordonnances, ma poésie te recevra à bras ouverts, comme quand un pou resèque, avec ses baisers, la racine d'un cheveu.

Je voyais, devant moi, un objet debout sur un tertre. Je ne distinguais pas clairement sa tête ; mais, déjà, je devinais qu'elle n'était pas d'une forme ordinaire, sans, néanmoins, préciser la proportion exacte de ses contours. Je n'osais m'approcher de cette colonne immobile ; et, quand même j'aurais eu à ma disposition les pattes ambulatoires de plus de trois mille crabes (je ne parle même pas de celles qui servent à la préhension et à la mastication des aliments), je serais encore resté à la même place, si un événement, très futile par lui-même, n'eût prélevé un lourd tribut sur ma curiosité, qui faisait craquer ses digues. Un scarabée, roulant, sur le sol, avec ses mandibules et ses antennes, une boule, dont les principaux éléments étaient composés de matières excrémentielles, s'avançait, d'un pas rapide, vers le tertre désigné, s'appliquant à mettre bien en évidence la volonté qu'il avait de prendre cette direction. Cet animal articulé n'était pas de beaucoup plus grand qu'une vache ! Si l'on doute de ce que je dis, que l'on vienne à moi, et je satisferai les plus incrédules par le témoignage de bons témoins. Je le suivis de loin, ostensiblement intrigué. Que voulait-il faire de cette grosse boule noire ? Ô lecteur, toi qui te vantes sans cesse de ta perspicacité (et non à tort), serais-tu capable de me le dire ? Mais, je ne veux pas soumettre à une rude épreuve ta passion connue pour les énigmes. Qu'il te suffise de savoir que, la plus douce punition que je puisse t'infliger, est encore de te faire observer que ce mystère ne te sera révélé (il te sera révélé) que plus tard, à la fin de ta vie, quand tu entameras des discussions philosophiques avec l'agonie sur le bord de ton chevet... et peut-être même à la fin de cette strophe. Le scarabée était arrivé au bas du tertre. J'avais emboîté mon pas sur ses traces, et j'étais encore à une grande distance du lieu de la scène ; car, de même que les stercoraires, oiseaux inquiets comme s'ils étaient toujours affamés, se plaisent dans les mers qui baignent les deux pôles, et n'avancent qu'accidentellement dans les zones tempérées, ainsi je n'étais pas tranquille, et je portais mes jambes en avant avec beaucoup de lenteur. Mais qu'était-ce donc que la substance corporelle vers laquelle j'avançais ? Je savais que la famille des pélécaninés comprend quatre genres distincts : le fou, le pélican, le cormoran, la frégate. La forme grisâtre qui m'apparaissait n'était pas un fou. Le bloc plastique que j'apercevais n'était pas une frégate. La chair cristallisée que j'observais n'était pas un cormoran. Je le voyais maintenant, l'homme à l'encéphale dépourvu de protubérance annulaire ! Je recherchais vaguement, dans les replis de ma mémoire, dans quelle contrée torride ou glacée, j'avais déjà remarqué ce bec très-long, large, convexe, en voûte, à arête marquée, onguiculée, renflée et très crochue à son extrémité ; ces bords dentelés, droits ; cette mandibule inférieure, à branches séparées jusqu'auprès de la pointe ; cet intervalle rempli par une peau membraneuse ; cette large poche, jaune et sacciforme, occupant toute la gorge et pouvant se distendre considérablement ; et ces narines très étroites, longitudinales, presque imperceptibles, creusées dans un sillon basal ! Si cet être vivant, à respiration pulmonaire et simple, à corps garni de poils, avait été un oiseau entier jusqu'à la plante des pieds, et non plus seulement jusqu'aux épaules, il ne m'aurait pas alors été si difficile de le reconnaître : chose très facile à faire, comme vous allez le voir vous-même. Seulement, cette fois, je m'en dispense ; pour la clarté de ma démonstration, j'aurais besoin qu'un de ces oiseaux fût placée sur ma table de travail, quand même il ne serait qu'empaillé. Or, je ne suis pas assez riche pour m'en procurer. Suivant pas à pas une hypothèse antérieure, j'aurais de suite assigné sa véritable nature et trouvé une place, dans les cadres d'histoire naturelle, à celui dont j'admirais la noblesse dans sa pose maladive. Avec quelle satisfaction de n'être pas tout à fait ignorant sur les secrets de son double organisme, et quelle avidité d'en savoir davantage, je le contemplais dans sa métamorphose durable ! Quoiqu'il ne possédât pas un visage humain, il me paraissait beau comme les deux longs filaments tentaculiformes d'un insecte ; ou plutôt, comme une inhumation précipitée ; ou encore, comme la loi de la reconstitution des organes mutilés ; et surtout, comme un liquide éminemment putrescible ! Mais, ne prêtant aucune attention à ce qui se passait aux alentours, l'étranger regardait toujours devant lui, avec sa tête de pélican ! Un autre jour, je reprendrai la fin de cette histoire. Cependant, je continuerai ma narration avec un morne empressement ; car, si, de votre côté, il vous tarde de savoir où mon imagination veut en venir (plût au ciel qu'en effet, ce ne fût là que de l'imagination !), du mien, j'ai pris la résolution de terminer en une seule fois (et non en deux !) ce que j'avais à vous dire. Quoique cependant personne n'ait le droit de m'accuser de manquer de courage. Mais, quand on se trouve en présence de pareilles circonstances, plus d'un sent battre contre la paume de sa main les pulsations de son cœur. Il vient de mourir, presque inconnu, dans un petit port de Bretagne, un maître caboteur, vieux marin, qui fut le héros d'une terrible histoire. Il était alors capitaine au long cours, et voyageait pour un armateur de Saint-Malo. Or, après une absence de treize mois, il arriva au foyer conjugal, au moment où sa femme, encore alitée, venait de lui donner un héritier, à la reconnaissance duquel il ne se reconnaissait aucun droit. Le capitaine ne fit rien paraître de sa surprise et de sa colère ; il pria froidement sa femme de s'habiller, et de l'accompagner à une promenade, sur les remparts de la ville. On était en janvier. Les remparts de Saint-Malo sont élevés, et, lorsque souffle le vent du nord, les plus intrépides reculent. La malheureuse obéit, calme et résignée ; en entrant, elle délira. Elle expira dans la nuit. Mais, ce n'était qu'une femme. Tandis que moi, qui suis un homme, en présence d'un drame non moins grand, je ne sais si je conservai assez d'empire sur moi-même, pour que les muscles de ma figure restassent immobiles ! Dès que le scarabée fut arrivé au bas du tertre, l'homme leva son bras vers l'ouest (précisément, dans cette direction, un vautour des agneaux et un grand-duc de Virginie avaient engagé un combat dans les airs), essuya sur son bec une longue larme qui présentait un système de coloration diamantée, et dit au scarabée : « Malheureuse boule ! ne l'as-tu pas fait rouler assez longtemps ? Ta vengeance n'est pas encore assouvie ; et, déjà, cette femme, dont tu avais attaché, avec des colliers de perles, les jambes et les bras, de manière à réaliser un polyèdre amorphe, afin de la traîner, avec tes tarses, à travers les vallées et les chemins, sur les ronces et les pierres (laisse-moi m'approcher pour voir si c'est encore elle !), a vu ses os se creuser de blessures, ses membres se polir par la loi mécanique du frottement rotatoire, se confondre dans l'unité de la coagulation, et son corps présenter, au lieu des linéaments primordiaux et des courbes naturelles, l'apparence monotone d'un seul tout homogène qui ne ressemble que trop, par la confusion de ses divers éléments broyés, à la masse d'une sphère ! Il y a longtemps qu'elle est morte ; laisse ces dépouilles à la terre, et prends garde d'augmenter, dans d'irréparables proportions, la rage qui te consume : ce n'est plus de la justice ; car, l'égoïsme, caché dans les téguments de ton front, soulève lentement, comme un fantôme, la draperie qui le recouvre. » Le vautour des agneaux et le grand-duc de Virginie, portés insensiblement, par les péripéties de leur lutte, s'étaient rapprochés de nous. Le scarabée trembla devant ces paroles inattendues, et, ce qui, dans une autre occasion, aurait été un mouvement insignifiant, devint, cette fois, la marque distinctive d'une fureur qui ne connaissait plus de bornes ; car, il frotta redoutablement ses cuisses postérieures contre le bord des élytres, en faisant entendre un bruit aigu : « Qui es-tu, donc, toi ; être pusillanime ? Il paraît que tu as oublié certains développements étranges des temps passés ; tu ne les retiens pas dans ta mémoire, mon frère. Cette femme nous a trahis, l'un après l'autre. Toi le premier, moi le second. Il me semble que cette injure ne doit pas (ne doit pas !) disparaître du souvenir si facilement. Si facilement ! Toi, ta nature magnanime te permet de pardonner. Mais, sais-tu si, malgré la situation anormale des atomes de cette femme, réduite à pâte de pétrin (il n'est pas maintenant question de savoir si l'on ne croirait pas, à la première investigation, que ce corps ait été augmenté d'une quantité notable de densité plutôt par l'engrenage de deux fortes roues que par les effets de ma passion fougueuse), elle n'existe pas encore ? Tais-toi, et permets que je me venge. » Il reprit son manège, et s'éloigna, la boule poussée devant lui. Quand il se fut éloigné, le pélican s'écria : « Cette femme, par son pouvoir magique, m'a donné une tête de palmipède, et a changé mon frère en scarabée : peut-être qu'elle mérite même de pires traitements que ceux que je viens d'énumérer. » Et moi, qui n'étais pas certain de ne pas rêver, devinant, par ce que j'avais entendu, la nature des relations hostiles qui unissaient, au-dessus de moi, dans un combat sanglant, le vautour des agneaux et le grand-duc de Virginie, je rejetai, comme un capuchon, ma tête en arrière, afin de donner, au jeu de mes poumons, l'aisance et l'élasticité susceptibles, et je leur criai, en dirigeant mes yeux vers le haut : « Vous autres, cessez votre discorde. Vous avez raison tous les deux ; car, à chacun elle avait promis son amour ; par conséquent, elle vous a trompés ensemble. Mais, vous n'êtes pas les seuls. En outre, elle vous dépouilla de votre forme humaine, se faisant un jeu cruel de vos plus saintes douleurs. Et, vous hésiteriez à me croire ! D'ailleurs elle est morte ; et le scarabée lui a fait subir un châtiment d'ineffaçable empreinte, malgré la pitié du premier trahi. » À ces mots, ils mirent fin à leur querelle, et ne s'arrachèrent plus les plumes, ni les lambeaux de chair : ils avaient raison d'agir ainsi. Le grand-duc de Virginie, beau comme un mémoire sur la courbe que décrit un chien en courant après son maître, s'enfonça dans les crevasses d'un couvent en ruines. Le vautour des agneaux, beau comme la loi de l'arrêt de développement de la poitrine chez les adultes dont la propension à la croissance n'est pas en rapport avec la quantité de molécules que leur organisme s'assimile, se perdit dans les hautes couches de l'atmosphère. Le pélican, dont le généreux pardon m'avait causé beaucoup d'impression, parce que je ne le trouvais pas naturel, reprenant sur son tertre l'impassibilité majestueuse d'un phare, comme pour avertir les navigateurs humains de faire attention à son exemple, et de préserver leur sort de l'amour des magiciennes sombres, regardait toujours devant lui. Le scarabée, beau comme le tremblement des mains dans l'alcoolisme, disparaissait à l'horizon. Quatre existences de plus que l'on pouvait rayer du livre de vie. Je m'arrachai un muscle entier dans le bras gauche, car je ne savais plus ce que je faisais, tant je me trouvais ému devant cette quadruple infortune. Et, moi, qui croyais que c'étaient des matières excrémentielles. Grande bête que je suis, va.

L'anéantissement intermittent des facultés humaines : quoi que votre pensée penchât à supposer, ce ne sont pas là des mots. Du moins, ce ne sont pas des mots comme les autres. Qu'il lève la main, celui qui croirait accomplir un acte juste, en priant quelque bourreau de l'écorcher vivant. Qu'il redresse la tête, avec la volupté du sourire, celui qui, volontairement, offrirait sa poitrine aux balles de la mort. Mes yeux chercheront la marque des cicatrices ; mes dix doigts concentreront la totalité de leur attention à palper soigneusement la chair de cet excentrique ; je vérifierai que les éclaboussures de la cervelle ont rejailli sur le satin de mon front. N'est-ce pas qu'un homme, amant d'un pareil martyre, ne se trouverait pas dans l'univers entier ? Je ne connais pas ce que c'est que le rire, c'est vrai, ne l'ayant jamais éprouvé par moi-même. Cependant, quelle imprudence n'y aurait-il pas à soutenir que mes lèvres ne s'élargiraient pas, s'il m'était donné de voir celui qui prétendrait que, quelque part, cet homme-là existe ? Ce qu'aucun ne souhaiterait pour sa propre existence, m'a été échu par un lot inégal. Ce n'est pas que mon corps nage dans le lac de la douleur ; passe alors. Mais, l'esprit se dessèche par une réflexion condensée et continuellement tendue ; il hurle comme les grenouilles d'un marécage, quand une troupe de flamants voraces et de hérons affamés vient s'abattre sur les joncs de ses bords. Heureux celui qui dort paisiblement dans un lit de plumes, arrachées à la poitrine de l'eider, sans remarquer qu'il se trahit lui-même. Voilà plus de trente ans que je n'ai pas encore dormi. Depuis l'imprononçable jour de ma naissance, j'ai voué aux planches somnifères une haine irréconciliable. C'est moi qui l'ai voulu ; que nul ne soit accusé. Vite, que l'on se dépouille du soupçon avorté. Distinguez-vous, sur mon front, cette pâle couronne ? Celle qui la tressa de ses doigts maigres fut la ténacité. Tant qu'un reste de sève brûlante coulera dans mes os, comme un torrent de métal fondu, je ne dormirai point. Chaque nuit, je force mon œil livide à fixer les étoiles, à travers les carreaux de ma fenêtre. Pour être plus sûr de moi-même, un éclat de bois sépare mes paupières gonflées. Lorsque l'aurore apparaît, elle me retrouve dans la même position, le corps appuyé verticalement, et debout contre le plâtre de la muraille froide. Cependant, il m'arrive quelquefois de rêver, mais sans perdre un seul instant le vivace sentiment de ma personnalité et la libre faculté de me mouvoir : sachez que le cauchemar qui se cache dans les angles phosphoriques de l'ombre, la fièvre qui palpe mon visage avec son moignon, chaque animal impur qui dresse sa griffe sanglante, eh bien, c'est ma volonté qui, pour donner un aliment stable à son activité perpétuelle, les fait tourner en rond. En effet, atome qui se venge en son extrême faiblesse, le libre arbitre ne craint pas d'affirmer, avec une autorité puissante, qu'il ne compte pas l'abrutissement parmi le nombre de ses fils : celui qui dort est moins qu'un animal châtré la veille. Quoique l'insomnie entraîne, vers les profondeurs de la fosse, ces muscles qui déjà répandent une odeur de cyprès, jamais la blanche catacombe de mon intelligence n'ouvrira ses sanctuaires aux yeux du Créateur. Une secrète et noble justice, vers les bras tendus de laquelle je me lance par instinct, m'ordonne de traquer sans trêve cet ignoble châtiment. Ennemi redoutable de mon âme imprudente, à l'heure où l'on allume un falot sur la côte, je défends à mes reins infortunés de se coucher sur la rosée de gazon. Vainqueur, je repousse les embûches de l'hypocrite pavot. Il est en conséquence certain que, par cette lutte étrange, mon cœur a muré ses desseins, affamé qui se mange lui-même. Impénétrable comme les géants, moi, j'ai vécu sans cesse avec l'envergure des yeux béante. Au moins, il est avéré que, pendant le jour, chacun peut opposer une résistance utile contre le Grand Objet Extérieur (qui ne sait pas son nom ?) ; car, alors, la volonté veille à sa propre défense avec un remarquable acharnement. Mais aussitôt que le voile des vapeurs nocturnes s'étend, même sur les condamnés que l'on va pendre, oh ! voir son intellect entre les sacrilèges mains d'un étranger. Un implacable scalpel en scrute les broussailles épaisses. La conscience exhale un long râle de malédiction ; car, le voile de sa pudeur reçoit de cruelles déchirures. Humiliation ! notre porte est ouverte à la curiosité farouche du Céleste Bandit. Je n'ai pas mérité ce supplice infâme, toi, le hideux espion de ma causalité ! Si j'existe, je ne suis pas un autre. Je n'admets pas en moi cette équivoque pluralité. Je veux résider seul dans mon intime raisonnement. L'autonomie... ou bien qu'on me change en hippopotame. Abîme-toi sous terre, ô anonyme stigmate, et ne reparais plus devant mon indignation hagarde. Ma subjectivité et le Créateur, c'est trop pour un cerveau. Quand la nuit obscurcit le cours des heures, quel est celui qui n'a pas combattu contre l'influence du sommeil, dans sa couche mouillée d'une glaciale sueur ? Ce lit, attirant contre son sein les facultés mourantes, n'est qu'un tombeau composé de planches de sapin équarri. La volonté se retire insensiblement, comme en présence d'une force invisible. Une poix visqueuse épaissit le cristallin des yeux. Les paupières se recherchent comme deux amis. Le corps n'est plus qu'un cadavre qui respire. Enfin, quatre énormes pieux clouent sur le matelas la totalité des membres. Et remarquez, je vous prie, qu'en somme les draps ne sont que des linceuls. Voici la cassolette où brûle l'encens des religions. L'éternité mugit, ainsi qu'une mer lointaine, et s'approche à grands pas. L'appartement a disparu : prosternez-vous, humains, dans la chapelle ardente ! Quelquefois, s'efforçant inutilement de vaincre les imperfections de l'organisme, au milieu du sommeil le plus lourd, le sens magnétisé s'aperçoit avec étonnement qu'il n'est plus qu'un bloc de sépulture, et raisonne admirablement, appuyé sur une subtilité incomparable : « Sortir de cette couche est un problème plus difficile qu'on ne le pense. Assis sur la charrette, l'on m'entraîne vers la binarité des poteaux de la guillotine. Chose curieuse, mon bras inerte s'est assimilé savamment la raideur de la souche. C'est très mauvais de rêver qu'on marche à l'échafaud. » Le sang coule à larges flots à travers la figure. La poitrine effectue des soubresauts répétés, et se gonfle avec des sifflements. Le poids d'un obélisque étouffe l'expansion de la rage. Le réel a détruit les rêves de la somnolence ! Qui ne sait pas que, lorsque la lutte se prolonge entre le moi, plein de fierté, et l'accroissement terrible de la catalepsie, l'esprit halluciné perd le jugement ? Rongé par le désespoir, il se complaît dans son mal, jusqu'à ce qu'il ait vaincu la nature, et que le sommeil, voyant sa proie lui échapper, s'enfuie sans retour loin de son cœur, d'une aile irritée et honteuse. Jetez un peu de cendre sur mon orbite en feu. Ne fixez pas mon œil qui ne se ferme jamais. Comprenez-vous les souffrances que j'endure (cependant, l'orgueil est satisfait) ? Dès que la nuit exhorte les humains au repos, un homme, que je connais, marche à grands pas dans la campagne. Je crains que ma résolution ne succombe aux atteintes de la vieillesse. Qu'il arrive, ce jour fatal où je m'endormirai ! Au réveil mon rasoir, se frayant un passage à travers le cou, prouvera que rien n'était, en effet, plus réel.

— Mais qui donc !... mais qui donc ose, ici, comme un conspirateur, traîner les anneaux de son corps vers ma poitrine noire ? Qui que tu sois, excentrique python, par quel prétexte excuses-tu ta présence ridicule ? Est-ce un vaste remords qui te tourmente ? Car, vois-tu, boa, ta sauvage majesté n'a pas, je le suppose, l'exorbitante prétention de se soustraire à la comparaison que j'en fais avec les traits du criminel. Cette bave écumeuse et blanchâtre est, pour moi, le signe de la. Écoute-moi : sais-tu que ton œil est loin de boire un rayon céleste ? N'oublie pas que si ta présomptueuse cervelle m'a cru capable de t'offrir quelques paroles de consolation, ce ne peut être que par le motif d'une ignorance totalement dépourvue de connaissances physiognomoniques. Pendant un temps, bien entendu, suffisant, dirige la lueur de tes yeux vers ce que j'ai le droit, comme un autre, d'appeler mon visage ! Ne vois-tu pas comme il pleure ? Tu t'es trompé, basilic. Il est nécessaire que tu cherches ailleurs la triste ration de soulagement, que mon impuissance radicale te retranche, malgré les nombreuses protestations de ma bonne volonté. Oh ! quelle force, en phrases exprimable, fatalement t'entraîna vers ta perte ? Il est presque impossible que je m'habitue à ce raisonnement que tu ne comprennes pas que, plaquant sur le gazon rougi, d'un coup de mon talon, les courbes fuyantes de ta tête triangulaire, je pourrais pétrir un innommable mastic avec l'herbe de la savane et la chair de l'écrasé.

— Disparais le plus tôt possible loin de moi, coupable à la face blême ! Le mirage fallacieux de l'épouvantement t'a montré ton propre spectre ! Dissipe tes injurieux soupçons, si tu ne veux pas que je t'accuse à mon tour, et que je ne porte contre toi une récrimination qui serait certainement approuvée par le jugement du serpentaire reptilivore. Quelle monstrueuse aberration de l'imagination t'empêche de me reconnaître ! Tu ne te rappelles donc pas les services importants que je t'ai rendus, par la gratification d'une existence que je fis émerger du chaos, et, de ton côté, le vœu, à jamais inoubliable, de ne pas déserter mon drapeau, afin de me rester fidèle jusqu'à la mort ? Quand tu étais enfant (ton intelligence était alors dans sa plus belle phase), le premier, tu grimpais sur la colline, avec la vitesse de l'izard, pour saluer, par un geste de ta petite main, les multicolores rayons de l'aurore naissante. Les notes de ta voix jaillissaient, de son larynx sonore, comme des perles diamantines, et résolvaient leurs collectives personnalités, dans l'agrégation vibrante d'un long hymne d'adoration. Maintenant, tu rejettes à tes pieds, comme un haillon souillé de boue, la longanimité dont j'ai fait trop longtemps preuve. La reconnaissance a vu ses racines se dessécher, comme le lit d'une mare ; mais, à sa place, l'ambition a crû dans des proportions qu'il me serait pénible de qualifier. Quel est-il, celui qui m'écoute, pour avoir une telle confiance dans l'abus de sa propre faiblesse ?

— Et qui es-tu, toi-même, substance audacieuse ? Non !... non !... je ne me trompe pas ; et, malgré les métamorphoses multiples auxquelles tu as recours, toujours ta tête de serpent reluira devant mes yeux comme un phare d'éternelle injustice, et de cruelle domination ! Il a voulu prendre les rênes du commandement, mais il ne sait pas régner ! Il a voulu devenir un objet d'horreur pour tous les êtres de la création, et il a réussi. Il a voulu prouver que lui seul est le monarque de l'univers, et c'est en cela qu'il s'est trompé. O misérable ! as-tu attendu jusqu'à cette heure pour entendre les murmures et les complots qui, s'élevant simultanément de la surface des sphères, viennent raser d'une aile farouche les rebords papillacés de ton destructible tympan ? Il n'est pas loin, le jour, où mon bras te renversera dans la poussière, empoisonnée par ta respiration, et, arrachant de tes entrailles une nuisible vie, laissera sur le chemin ton cadavre, criblé de contorsions, pour apprendre au voyageur consterné, que cette chair palpitante, qui frappe sa vue d'étonnement, et cloue dans son palais sa langue muette, ne doit plus être comparée, si l'on garde son sang-froid, qu'au tronc pourri d'un chêne, qui tomba de vétusté ! Quelle pensée de pitié me retient devant ta présence ? Toi-même, recule plutôt devant moi, te dis-je, et va laver ton incommensurable honte dans le sang d'un enfant qui vient de naître : voilà quelles sont tes habitudes. Elles sont dignes de toi. Va... marche toujours devant toi. Je te condamne à devenir errant. Je te condamne à rester seul et sans famille. Chemine constamment, afin que tes jambes te refusent leur soutien. Traverse les sables des déserts jusqu'à ce que la fin du monde engloutisse les étoiles dans le néant. Lorsque tu passeras près de la tanière du tigre, il s'empressera de fuir, pour ne pas regarder, comme dans un miroir, son caractère exhaussé sur le socle de la perversité idéale. Mais, quand la fatigue impérieuse t'ordonnera d'arrêter ta marche devant les dalles de mon palais, recouvertes de ronces et de chardons, fais attention à tes sandales en lambeaux, et franchis, sur la pointe des pieds, l'élégance des vestibules. Ce n'est pas une recommandation inutile. Tu pourrais éveiller ma jeune épouse et mon fils en bas âge, couchés dans les caveaux de plomb qui longent les fondements de l'antique château. Si tu ne prenais tes précautions d'avance, ils pourraient te faire pâlir par leurs hurlements souterrains. Quand ton impénétrable volonté leur ôta l'existence, ils n'ignoraient pas que ta puissance est redoutable, et n'avaient aucun doute à cet égard ; mais, ils ne s'attendaient point (et leurs adieux suprêmes me confirmèrent leur croyance) que ta Providence se serait montrée à ce point impitoyable ! Quoi qu'il en soit, traverse rapidement ces salles abandonnées et silencieuses, aux lambris d'émeraude, mais aux armoiries fanées, où reposent les glorieuses statues de mes ancêtres. Ces corps de marbre sont irrités contre toi ; évite leurs regards vitreux. C'est un conseil que te donne la langue de leur unique et dernier descendant. Regarde comme leur bras est levé dans l'attitude de la défense provocatrice, la tête fièrement renversée en arrière. Sûrement ils ont deviné le mal que tu m'as fait ; et, si tu passes à portée des piédestaux glacés qui soutiennent ces blocs sculptés, la vengeance t'y attend. Si ta défense a besoin de m'objecter quelque chose, parle. Il est trop tard pour pleurer maintenant. Il fallait pleurer dans des moments plus convenables, quand l'occasion était propice. Si tes yeux sont enfin dessillés, juge toi-même quelles ont été les conséquences de ta conduite. Adieu ! je m'en vais respirer la brise des falaises ; car, mes poumons, à moitié étouffés, demandent à grands cris un spectacle plus tranquille et plus vertueux que le tien !

Ô pédérastes incompréhensibles, ce n'est pas moi qui lancerai des injures à votre grande dégradation ; ce n'est pas moi qui viendrai jeter le mépris sur votre anus infundibuliforme. Il suffit que les maladies honteuses, et presque incurables, qui vous assiègent, portent avec elles leur immanquable châtiment. Législateurs d'institutions stupides, inventeurs d'une morale étroite, éloignez-vous de moi, car je suis une âme impartiale. Et vous, jeunes adolescents ou plutôt jeunes filles, expliquez-moi comment et pourquoi (mais, tenez-vous à une convenable distance, car, moi non plus, je ne sais pas résister à mes passions) la vengeance a germé dans vos cœurs, pour avoir attaché au flanc de l'humanité une pareille couronne de blessures. Vous la faites rougir de ses fils par votre conduite (que, moi, je vénère !) ; votre prostitution, s'offrant au premier venu, exerce la logique des penseurs les plus profonds, tandis que votre sensibilité exagérée comble la mesure de la stupéfaction de la femme elle-même. Êtes-vous d'une nature moins ou plus terrestre que celle de vos semblables ? Possédez-vous un sixième sens qui nous manque ? Ne mentez pas, et dites ce que vous pensez. Ce n'est pas une interrogation que je vous pose ; car, depuis que je fréquente en observateur la sublimité de vos intelligences grandioses, je sais à quoi m'en tenir. Soyez bénis par ma main gauche, soyez sanctifiés par ma main droite, anges protégés par mon amour universel. Je baise votre visage, je baise votre poitrine, je baise, avec mes lèvres suaves, les diverses parties de votre corps harmonieux et parfumé. Que ne m'aviez-vous dit tout de suite ce que vous étiez, cristallisations d'une beauté morale supérieure ? Il a fallu que je devinasse par moi-même les innombrables trésors de tendresse et de chasteté que recélaient les battements de votre cœur oppressé. Poitrine ornée de guirlandes de roses et de vétiver. Il a fallu que j'entrouvrisse vos jambes pour vous connaître et que ma bouche se suspendît aux insignes de votre pudeur. Mais (chose importante à représenter) n'oubliez pas chaque jour de laver la peau de vos parties, avec de l'eau chaude, car, sinon, des chancres vénériens pousseraient infailliblement sur les commissures fendues de mes lèvres inassouvies. Oh ! si au lieu d'être un enfer, l'univers n'avait été qu'un céleste anus immense, regardez le geste que je fais du côté de mon bas-ventre : oui, j'aurais enfoncé ma verge, à travers son sphincter sanglant, fracassant, par mes mouvements impétueux, les propres parois de son bassin ! Le malheur n'aurait pas alors soufflé, sur mes yeux aveuglés, des dunes entières de sable mouvant ; j'aurais découvert l'endroit souterrain où gît la vérité endormie, et les fleuves de mon sperme visqueux auraient trouvé de la sorte un océan où se précipiter ! Mais, pourquoi me surprends-je à regretter un état de choses imaginaire et qui ne recevra jamais le cachet de son accomplissement ultérieur ? Ne nous donnons pas la peine de construire de fugitives hypothèses. En attendant, que celui qui brûle de l'ardeur de partager mon lit vienne me trouver ; mais, je mets une condition rigoureuse à mon hospitalité : il faut qu'il n'ait pas plus de quinze ans. Qu'il ne croie pas de son côté que j'en ai trente ; qu'est-ce que cela y fait ? L'âge ne diminue pas l'intensité des sentiments, loin de là ; et, quoique mes cheveux soient devenus blancs comme la neige, ce n'est pas à cause de la vieillesse : c'est, au contraire, pour le motif que vous savez. Moi, je n'aime pas les femmes ! Ni même les hermaphrodites ! Il me faut des êtres qui me ressemblent, sur le front desquels la noblesse humaine soit marquée en caractères plus tranchés et ineffaçables ! Êtes-vous certain que celles qui portent de longs cheveux, soient de la même nature que la mienne ? Je ne le crois pas, et je ne déserterai pas mon opinion. Une salive saumâtre coule de ma bouche, je ne sais pas pourquoi. Qui veut me la sucer, afin que j'en sois débarrassée. Elle monte... elle monte toujours ! Je sais ce que c'est. J'ai remarqué que, lorsque je bois à la gorge le sang de ceux qui se couchent à côté de moi (c'est à tort que l'on me suppose vampire, puisqu'on appelle ainsi des morts qui sortent de leur tombeau ; or, moi, je suis un vivant), j'en rejette le lendemain une partie par la bouche : voilà l'explication de la salive infecte. Que voulez-vous que j'y fasse, si les organes, affaiblis par le vice, se refusent à l'accomplissement des fonctions de la nutrition ? Mais, ne révélez mes confidences à personne. Ce n'est pas pour moi que je vous dis cela ; c'est pour vous-même et les autres, afin que le prestige du secret retienne dans les limites du devoir et de la vertu ceux qui, aimantés par l'électricité de l'inconnu, seraient tentés de m'imiter. Ayez la bonté de regarder ma bouche (pour le moment, je n'ai pas le temps d'employer une formule plus longue de politesse) ; elle vous frappe au premier abord par l'apparence de sa structure, sans mettre le serpent dans vos comparaisons ; c'est que j'en contracte le tissu jusqu'à la dernière réduction, afin de faire croire que je possède un caractère froid. Vous n'ignorez pas qu'il est diamétralement opposé. Que ne puis-je regarder à travers ces pages séraphiques le visage de celui qui me lit. S'il n'a pas dépassé la puberté, qu'il s'approche. Serre-moi contre toi, et ne crains pas de me faire du mal ; rétrécissons progressivement les liens de nos muscles. Davantage. Je sens qu'il est inutile d'insister ; l'opacité, remarquable à plus d'un titre, de cette feuille de papier, est un empêchement des plus considérables à l'opération de notre complète jonction. Moi, j'ai toujours éprouvé un caprice infâme pour la pâle jeunesse des collèges, et les enfants étiolés des manufactures ! Mes paroles ne sont pas les réminiscences d'un rêve, et j'aurai trop de souvenirs à débrouiller, si l'obligation m'était imposée de faire passer devant vos yeux les événements qui pourraient affermir de leur témoignage la véracité de ma douloureuse affirmation. La justice humaine ne m'a pas encore surpris en flagrant délit, malgré l'incontestable habileté de ses agents. J'ai même assassiné (il n'y a pas longtemps !) un pédéraste qui ne se prêtait pas suffisamment à ma passion ; j'ai jeté son cadavre dans un puits abandonné, et l'on n'a pas de preuves décisives contre moi. Pourquoi frémissez-vous de peur, adolescent qui me lisez ? Croyez-vous que je veuille en faire autant envers vous ? Vous vous montrez souverainement injuste… Vous avez raison : méfiez-vous de moi, surtout si vous êtes beau. Mes parties offrent éternellement le spectacle lugubre de la turgescence ; nul ne peut soutenir (et combien ne s'en ont-ils pas approchés !) qu'il les a vues à l'état de tranquillité normale, pas même le décrotteur qui m'y porta un coup de couteau dans un moment de délire. L'ingrat ! Je change de vêtements deux fois par semaine, la propreté n'étant pas le principal motif de ma détermination. Si je n'agissais pas ainsi, les membres de l'humanité disparaîtraient au bout de quelques jours, dans des combats prolongés. En effet, dans quelque contrée que je me trouve, ils me harcèlent continuellement de leur présence et viennent lécher la surface de mes pieds. Mais, quelle puissance possèdent-elles donc, mes gouttes séminales, pour attirer vers elles tout ce qui respire par des nerfs olfactifs ! Ils viennent des bords des Amazones, ils traversent les vallées qu'arrose le Gange, ils abandonnent le lichen polaire, pour accomplir de longs voyages à ma recherche, et demander aux cités immobiles, si elles n'ont pas vu passer, un instant, le long de leurs remparts, celui dont le sperme sacré embaume les montagnes, les lacs, les bruyères, les forêts, les promontoires et la vastitude des mers ! Le désespoir de ne pas pouvoir me rencontrer (je me cache secrètement dans les endroits les plus inaccessibles, afin d'alimenter leur ardeur) les porte aux actes les plus regrettables. Ils se mettent trois cent mille de chaque côté, et les mugissements des canons servent de prélude à la bataille. Toutes les ailes s'ébranlent à la fois, comme un seul guerrier. Les carrés se forment et tombent aussitôt pour ne plus se relever. Les chevaux effarés s'enfuient dans toutes les directions. Les boulets labourent le sol, comme des météores implacables. Le théâtre du combat n'est plus qu'un vaste champ de carnage, quand la nuit révèle sa présence et que la lune silencieuse apparaît entre les déchirures d'un nuage. Me montrant du doigt un espace de plusieurs lieues recouvert de cadavres, le croissant vaporeux de cet astre m'ordonne de prendre un instant, comme le sujet de méditatives réflexions, les conséquences funestes qu'entraîne, après lui, l'inexplicable talisman enchanteur que la Providence m'accorda. Malheureusement que de siècles ne faudra-t-il pas encore, avant que la race humaine périsse entièrement par mon piège perfide ! C'est ainsi qu'un esprit habile, et qui ne se vante pas, emploie, pour atteindre à ses fins, les moyens mêmes qui paraîtraient d'abord y porter un invincible obstacle. Toujours mon intelligence s'élève vers cette imposante question, et vous êtes témoin vous-même qu'il ne m'est plus possible de rester dans le sujet modeste qu'au commencement j'avais le dessein de traiter. Un dernier mot... c'était une nuit d'hiver. Pendant que la bise sifflait dans les sapins, le Créateur ouvrit sa porte au milieu des ténèbres et fit entrer un pédéraste.

Silence ! il passe un cortège funéraire à côté de vous. Inclinez la binarité de vos rotules vers la terre et entonnez un chant d'outre-tombe. (Si vous considérez mes paroles plutôt comme une simple forme impérative, que comme un ordre formel qui n'est pas à sa place, vous montrerez de l'esprit et du meilleur.) Il est possible que vous parveniez de la sorte à réjouir extrêmement l'âme du mort, qui va se reposer de la vie dans une fosse. Même le fait est, pour moi, certain. Remarquez que je ne dis pas que votre opinion ne puisse jusqu'à un certain point être contraire à la mienne ; mais, ce qu'il importe avant tout, c'est de posséder des notions justes sur les bases de la morale, de telle manière que chacun doive se pénétrer du principe qui commande de faire à autrui ce que l'on voudrait peut-être qui fût fait à soi-même. Le prêtre des religions ouvre le premier la marche, en tenant à la main un drapeau blanc, signe de la paix, et de l'autre un emblème d'or qui représente les parties de l'homme et de la femme, comme pour indiquer que ces membres charnels sont la plupart du temps, abstraction faite de toute métaphore, des instruments très dangereux entre les mains de ceux qui s'en servent, quand ils les manipulent aveuglément pour des buts divers qui se querellent entre eux, au lieu d'engendrer une opportune réaction contre la passion connue qui cause presque tous nos maux. Au bas de son dos est attachée (artificiellement, bien entendu) une queue de cheval, aux crins épais, qui balaie la poussière du sol. Elle signifie de prendre garde de ne pas nous ravaler par notre conduite au rang des animaux. Le cercueil connaît sa route et marche après la tunique flottante du consolateur. Les parents et les amis du défunt, par la manifestation de leur position, ont résolu de fermer la marche du cortège. Celui-ci s'avance avec majesté, comme un vaisseau qui fend la pleine mer, et ne craint pas le phénomène de l'enfoncement ; car, au moment actuel, les tempêtes et les écueils ne se font pas remarquer par quelque chose de moins que leur explicable absence. Les grillons et les crapauds suivent à quelques pas la fête mortuaire ; eux, aussi, n'ignorent pas que leur modeste présence aux funérailles de quiconque leur sera un jour comptée. Ils s'entretiennent à voix basse dans leur pittoresque langage (ne soyez pas assez présomptueux, permettez-moi de vous donner ce conseil non intéressé, pour croire que vous seul possédez la précieuse faculté de traduire les sentiments de votre pensée) de celui qu'ils regardèrent plus d'une fois courir à travers les prairies verdoyantes, et plonger la sueur de ses membres dans les bleuâtres vagues des golfes arénacés. D'abord, la vie parut lui sourire sans arrière-pensée ; et, magnifiquement, le couronna de fleurs ; mais, puisque votre intelligence elle-même s'aperçoit ou plutôt devine qu'il s'est arrêté aux limites de l'enfance, je n'ai pas besoin, jusqu'à l'apparition d'une rétractation véritablement nécessaire, de continuer les prolégomènes de ma rigoureuse démonstration. Dix ans. Nombre exactement calqué, à s'y méprendre, sur celui des doigts de la main. C'est peu et c'est beaucoup. Dans le cas qui nous préoccupe, cependant, je m'appuierai sur votre amour envers la vérité, pour que vous prononciez, avec moi, sans tarder une seconde de plus, que c'est peu. Et, quand je réfléchis sommairement à ces ténébreux mystères, par lesquels, un être humain disparaît de la terre, aussi facilement qu'une mouche ou une libellule, sans conserver l'espérance d'y revenir, je me surprends à couver le vif regret de ne pas probablement pouvoir vivre assez longtemps, pour vous bien expliquer ce que je n'ai pas la prétention de comprendre moi-même. Mais, puisqu'il est prouvé que, par un hasard extraordinaire, je n'ai pas encore perdu la vie depuis ce temps lointain où je commençai, plein de terreur, la phrase précédente, je calcule mentalement qu'il ne sera pas inutile ici, de construire l'aveu complet de mon impuissance radicale, quand il s'agit surtout, comme à présent, de cette imposante et inabordable question. C'est, généralement parlant, une chose singulière que la tendance attractive qui nous porte à rechercher (pour ensuite les exprimer) les ressemblances et les différences que recèlent, dans leurs naturelles propriétés, les objets les plus opposés entre eux, et quelquefois les moins aptes, en apparence, à se prêter à ce genre de combinaisons sympathiquement curieuses, et qui, ma parole d'honneur, donnent gracieusement au style de l'écrivain, qui se paie cette personnelle satisfaction, l'impossible et inoubliable aspect d'un hibou sérieux jusqu'à l'éternité. Suivons en conséquence le courant qui nous entraîne. Le milan royal a les ailes proportionnellement plus longues que les buses, et le vol bien plus aisé : aussi passe-t-il sa vie dans l'air. Il ne se repose presque jamais et parcourt chaque jour des espaces immenses ; et ce grand mouvement n'est point un exercice de chasse, ni poursuite de proie, ni même de découverte ; car, il ne chasse pas ; mais, il semble que le vol soit son état naturel, sa favorite situation. L'on ne peut s'empêcher d'admirer la manière dont il l'exécute. Ses ailes longues et étroites paraissent immobiles ; c'est la queue qui croit diriger toutes les évolutions, et la queue ne se trompe pas : elle agit sans cesse. Il s'élève sans effort ; il s'abaisse comme s'il glissait sur un plan incliné ; il semble plutôt nager que voler ; il précipite sa course, il la ralentit, s'arrête, et reste comme suspendu ou fixé à la même place, pendant des heures entières. L'on ne peut s'apercevoir d'aucun mouvement dans ses ailes : vous ouvririez les yeux comme la porte d'un four, que ce serait d'autant inutile. Chacun a le bon sens de confesser sans difficulté (quoique avec un peu de mauvaise grâce) qu'il ne s'aperçoit pas, au premier abord, du rapport, si lointain qu'il soit, que je signale entre la beauté du vol du milan royal, et celle de la figure de l'enfant, s'élevant doucement, au-dessus du cercueil découvert, comme un nénuphar qui perce la surface des eaux ; et voilà précisément en quoi consiste l'impardonnable faute qu'entraîne l'inamovible situation d'un manque de repentir, touchant l'ignorance volontaire dans laquelle on croupit. Ce rapport de calme majesté entre les deux termes de ma narquoise comparaison n'est déjà que trop commun, et d'un symbole assez compréhensible, pour que je m'étonne davantage de ce qui ne peut avoir, comme seule excuse, que ce même caractère de vulgarité qui fait appeler, sur tout objet ou spectacle qui en est atteint, un profond sentiment d'indifférence injuste. Comme si ce qui se voit quotidiennement n'en devrait pas moins réveiller l'attention de notre admiration ! Arrivé à l'entrée du cimetière, le cortège s'empresse de s'arrêter ; son intention n'est pas d'aller plus loin. Le fossoyeur achève le creusement de la fosse ; l'on y dépose le cercueil avec toutes les précautions prises en pareil cas ; quelques pelletées de terre inattendues viennent recouvrir le corps de l'enfant. Le prêtre des religions, au milieu de l'assistance émue, prononce quelques paroles pour bien enterrer le mort, davantage, dans l'imagination des assistants. « Il dit qu'il s'étonne beaucoup de ce que l'on verse ainsi tant de pleurs, pour un acte d'une telle insignifiance. Textuel. Mais il craint de ne pas qualifier suffisamment ce qu'il prétend, lui, être un incontestable bonheur. S'il avait cru que la mort est aussi peu sympathique dans sa naïveté, il aurait renoncé à son mandat, pour ne pas augmenter la légitime douleur des nombreux parents et amis du défunt ; mais, une secrète voix l'avertit de leur donner quelques consolations, qui ne seront pas inutiles, ne fût-ce que celle qui ferait entrevoir l'espoir d'une prochaine rencontre dans les cieux entre celui qui mourut et ceux qui survécurent. » Maldoror s'enfuyait au grand galop, en paraissant diriger sa course vers les murailles du cimetière. Les sabots de son coursier élevaient autour de son maître une fausse couronne de poussière épaisse. Vous autres, vous ne pouvez savoir le nom de ce cavalier ; mais, moi, je le sais. Il s'approchait de plus en plus ; sa figure de platine commençait à devenir perceptible, quoique le bas en fût entièrement enveloppé d'un manteau que le lecteur s'est gardé d'ôter de sa mémoire et qui ne laissait apercevoir que les yeux. Au milieu de son discours, le prêtre des religions devient subitement pâle, car son oreille reconnaît le galop irrégulier de ce célèbre cheval blanc qui n'abandonna jamais son maître. « Oui, ajouta-t-il de nouveau, ma confiance est grande dans cette prochaine rencontre ; alors, on comprendra, mieux qu'auparavant, quel sens il fallait attacher à la séparation temporaire de l'âme et du corps. Tel qui croit vivre sur cette terre se berce d'une illusion dont il importerait d'accélérer l'évaporation. » Le bruit du galop s'accroissait de plus en plus ; et, comme le cavalier, étreignant la ligne d'horizon, paraissait en vue, dans le champ d'optique qu'embrassait le portail du cimetière, rapide comme un cyclone giratoire, le prêtre des religions plus gravement reprit : « Vous ne semblez pas vous douter que celui-ci, que la maladie força de ne connaître que les premières phases de la vie, et que la fosse vient de recevoir dans son sein, est l'indubitable vivant ; mais, sachez, au moins, que celui-là, dont vous apercevez la silhouette équivoque emportée par un cheval nerveux, et sur lequel je vous conseille de fixer le plus tôt possible les yeux, car il n'est plus qu'un point, et va bientôt disparaître dans la bruyère, quoiqu'il ait beaucoup vécu, est le seul véritable mort. »

« Chaque nuit, à l'heure où le sommeil est parvenu à son plus grand degré d'intensité, une vieille araignée de la grande espèce sort lentement sa tête d'un trou placé sur le sol, à l'une des intersections des angles de la chambre. Elle écoute attentivement si quelque bruissement remue encore ses mandibules dans l'atmosphère. Vu sa conformation d'insecte, elle ne peut pas faire moins, si elle prétend augmenter de brillantes personnifications les trésors de la littérature, que d'attribuer des mandibules au bruissement. Quand elle s'est assurée que le silence règne aux alentours, elle retire successivement, des profondeurs de son nid, sans le secours de la méditation, les diverses parties de son corps, et s'avance à pas comptés vers ma couche. Chose remarquable ! moi qui fais reculer le sommeil et les cauchemars, je me sens paralysé dans la totalité de mon corps, quand elle grimpe le long des pieds d'ébène de mon lit de satin. Elle m'étreint la gorge avec les pattes, et me suce le sang avec son ventre. Tout simplement ! Combien de litres d'une liqueur pourprée, dont vous n'ignorez pas le nom, n'a-t-elle pas bus, depuis qu'elle accomplit le même manège avec une persistance digne d'une meilleure cause ! Je ne sais pas ce que je lui ai fait, pour qu'elle se conduise de la sorte à mon égard. Lui ai-je broyé une patte par inattention ? Lui ai-je enlevé ses petits ? Ces deux hypothèses, sujettes à caution, ne sont pas capables de soutenir un sérieux examen ; elles n'ont même pas de la peine à provoquer un haussement dans mes épaules et un sourire sur mes lèvres, quoique l'on ne doive se moquer de personne. Prends garde à toi, tarentule noire ; si ta conduite n'a pas pour excuse un irréfutable syllogisme, une nuit je me réveillerai en sursaut, par un dernier effort de ma volonté agonisante, je romprai le charme avec lequel tu retiens mes membres dans l'immobilité, et je t'écraserai entre les os de mes doigts, comme un morceau de matière mollasse. Cependant, je me rappelle vaguement que je t'ai donné la permission de laisser tes pattes grimper sur l'éclosion de la poitrine, et de là jusqu'à la peau qui recouvre mon visage ; que par conséquent, je n'ai pas le droit de te contraindre. Oh ! qui démêlera mes souvenirs confus ! Je lui donne pour récompense ce qui reste de mon sang : en comptant la dernière goutte inclusivement, il y en a pour remplir au moins la moitié d'une coupe d'orgie. » Il parle, et il ne cesse de se déshabiller. Il appuie une jambe sur le matelas, et de l'autre, pressant le parquet de saphir afin de s'enlever, il se trouve étendu dans une position horizontale. Il a résolu de ne pas fermer les yeux, afin d'attendre son ennemi de pied ferme. Mais, chaque fois ne prend-il pas la même résolution, et n'est-elle pas toujours détruite par l'inexplicable image de sa promesse fatale ? Il ne dit plus rien, et se résigne avec douleur ; car, pour lui le serment est sacré. Il s'enveloppe majestueusement dans le replis de la soie, dédaigne d'entrelacer les glands d'or de ses rideaux, et, appuyant les boucles ondulées de ses longs cheveux noirs sur les franges du coussin de velours, il tâte, avec la main, la large blessure de son cou, dans laquelle la tarentule a pris l'habitude de se loger, comme dans un deuxième nid, tandis que son visage respire la satisfaction. Il espère que cette nuit actuelle (espérez avec lui !) verra la dernière représentation de la succion immense ; car, son unique vœu serait que le bourreau en finît avec son existence : la mort, et il sera content. Regardez cette vieille araignée de la grande espèce, qui sort lentement sa tête d'un trou placé sur le sol, à l'une des intersections des angles de la chambre. Nous ne sommes plus dans la narration. Elle écoute attentivement si quelque bruissement remue encore ses mandibules dans l'atmosphère. Hélas ! nous sommes maintenant arrivés dans le réel, quant à ce qui regarde la tarentule, et, quoique l'on pourrait mettre un point d'exclamation à la fin de chaque phrase, ce n'est peut-être pas une raison pour s'en dispenser ! Elle s'est assurée que le silence règne aux alentours ; la voilà qui retire successivement des profondeurs de son nid, sans le secours de la méditation, les diverses parties de son corps, et s'avance à pas comptés vers la couche de l'homme solitaire. Un instant elle s'arrête ; mais il est court, ce moment d'hésitation. Elle se dit qu'il n'est pas temps encore de cesser de torturer, et qu'il faut auparavant donner au condamné les plausibles raisons qui déterminèrent la perpétualité du supplice. Elle a grimpé à côté de l'oreille de l'endormi. Si vous voulez ne pas perdre une seule parole de ce qu'elle va dire, faites abstraction des occupations étrangères qui obstruent le portique de votre esprit, et soyez, au moins, reconnaissant de l'intérêt que je vous porte, en faisant assister votre présence aux scènes théâtrales qui me paraissent dignes d'exciter une véritable attention de votre part ; car, qui m'empêcherait de garder, pour moi seul, les événements que je raconte ? « Réveille-toi, flamme amoureuse des anciens jours, squelette décharné. Le temps est venu d'arrêter la main de la justice. Nous ne te ferons pas attendre longtemps l'explication que tu souhaites. Tu nous écoutes, n'est-ce pas ? Mais ne remue pas tes membres ; tu es encore aujourd'hui sous notre magnétique pouvoir, et l'atonie encéphalique persiste : c'est pour la dernière fois. Quelle impression la figure d'Elsseneur fait-elle dans ton imagination ? Tu l'as oublié ! Et ce Réginald, à la démarche fière, as tu gravé ses traits dans ton cerveau fidèle ? Regarde-le caché dans les replis des rideaux ; sa bouche est penchée vers ton front ; mais il n'ose te parler, car il est plus timide que moi. Je vais te raconter un épisode de ta jeunesse, et te remettre dans le chemin de la mémoire… » Il y avait longtemps que l'araignée avait ouvert son ventre, d'où s'étaient élancés deux adolescents, à la robe bleue, chacun un glaive flamboyant à la main, et qui avaient pris place aux côtés du lit, comme pour garder désormais le sanctuaire du sommeil. « Celui-ci, qui n'a pas encore cessé de te regarder, car il t'aima beaucoup, fut le premier de nous deux auquel tu donnas ton amour. Mais tu le fis souvent souffrir par les brusqueries de ton caractère. Lui, il ne cessait d'employer ses efforts à n'engendrer de ta part aucun sujet de plainte contre lui : un ange n'aurait pas réussi. Tu lui demandas, un jour, s'il voulait aller se baigner avec toi, sur le rivage de la mer. Tous les deux, comme deux cygnes, vous vous élançâtes en même temps d'une roche à pic. Plongeurs éminents, vous glissâtes dans la masse aqueuse, les bras étendus entre la tête, et se réunissant aux mains. Pendant quelques minutes, vous nageâtes entre deux courants. Vous reparûtes à une grande distance, vos cheveux entremêlés entre eux, et ruisselants du liquide salé. Mais quel mystère s'était donc passé sous l'eau, pour qu'une longue trace de sang s'aperçût à travers les vagues ? Revenus à la surface, toi, tu continuais de nager, et tu faisais semblant de ne pas remarquer la faiblesse croissante de ton compagnon. Il perdait rapidement ses forces, et tu n'en poussais pas moins tes larges brassées vers l'horizon brumeux, qui s'estompait devant toi. Le blessé poussa des cris de détresse, et tu fis le sourd. Réginald frappa trois fois l'écho des syllabes de ton nom, et trois fois tu répondis par un cri de volupté. Il se trouvait trop loin du rivage pour y revenir, et s'efforçait en vain de suivre les sillons de ton passage, afin de t'atteindre, et reposer un instant sa main sur ton épaule. La chasse négative se prolongea pendant une heure, lui, perdant ses forces, et, toi, sentant croître les tiennes. Désespérant d'égaler ta vitesse, il fit une courte prière au Seigneur pour lui recommander son âme, se plaça sur le dos comme quand on fait la planche, de telle manière qu'on apercevait le cœur battre violemment sous sa poitrine, et attendit que la mort arrivât, afin de ne plus attendre. En cet instant, tes membres vigoureux étaient à perte de vue, et s'éloignaient encore, rapides comme une sonde qu'on laisse filer. Une barque, qui revenait de placer ses filets au large, passa dans ces parages. Les pêcheurs prirent Réginald pour un naufragé, et le halèrent, évanoui, dans leur embarcation. On constata la présence d'une blessure au flanc droit ; chacun de ces matelots expérimentés émit l'opinion qu'aucune pointe d'écueil ou fragment de rocher n'était susceptible de percer un trou si microscopique et en même temps si profond. Une arme tranchante, comme le serait un stylet des plus aigus, pouvait seule s'arroger des droits à la paternité d'une si fine blessure. Lui, ne voulut jamais raconter les diverses phases du plongeon, à travers les entrailles des flots, et ce secret, il l'a gardé jusqu'à présent. Des larmes coulent maintenant sur ses joues un peu décolorées, et tombent sur tes draps : le souvenir est quelquefois plus amer que la chose. Mais moi, je ne ressentirai pas de la pitié : ce serait te montrer trop d'estime. Ne roule pas dans leur orbite ces yeux furibonds. Reste calme plutôt. Tu sais que tu ne peux pas bouger. D'ailleurs, je n'ai pas terminé mon récit. -- Relève ton glaive, Réginald, et n'oublie pas si facilement la vengeance. Qui sait ? peut-être un jour elle viendrait te faire des reproches. -- Plus tard, tu conçus des remords dont l'existence devait être éphémère ; tu résolus de racheter ta faute par le choix d'un autre ami, afin de le bénir et de l'honorer. Par ce moyen expiatoire, tu effaçais les tâches du passé, et tu faisais retomber sur celui qui devint la deuxième victime, la sympathie que tu n'avais pas su montrer à l'autre. Vain espoir ; le caractère ne se modifie pas d'un jour à l'autre, et ta volonté resta pareille à elle-même. Moi, Elsseneur, je te vis pour la première fois, et, dès ce moment, je ne pus t'oublier. Nous nous regardâmes pendant quelques instants, et tu te mis à sourire. Je baissais les yeux, parce que je vis dans les tiens une flamme surnaturelle. Je me demandais si, à l'aide d'une nuit obscure, tu t'étais laissé choir secrètement jusqu'à nous de la surface de quelque étoile ; car, je le confesse, aujourd'hui qu'il n'est pas nécessaire de feindre, tu ne ressemblais pas aux marcassins de l'humanité ; mais une auréole de rayons étincelants enveloppait la périphérie de ton front. J'aurais désiré lier des relations intimes avec toi ; ma présence n'osait approcher devant la frappante nouveauté de cette étrange noblesse, et une tenace terreur rôdait autour de moi. Pourquoi n'ai-je pas écouté ces avertissements de la conscience ? Pressentiments fondés. Remarquant mon hésitation, tu rougis à ton tour, et tu avanças le bras. Je mis courageusement ma main dans la tienne, et, après cette action, je me sentis plus fort ; désormais un souffle de ton intelligence était passé dans moi. Les cheveux au vent et respirant les haleines des brises, nous marchâmes quelques instants devant nous, à travers des bosquets touffus de lentisques, de jasmins, de grenadiers et d'orangers, dont les senteurs nous enivraient. Un sanglier frôla nos habits à toute course, et une larme tomba de son œil, quand il me vit avec toi : je ne m'expliquais pas sa conduite. Nous arrivâmes à la tombée de la nuit devant les portes d'une cité populeuse. Les profils des dômes, les flèches des minarets et les boules de marbre des belvédères découpaient vigoureusement leurs dentelures, à travers les ténèbres, sur le bleu intense du ciel. Mais tu ne voulus pas te reposer en cet endroit, quoique nous fussions accablés de fatigue. Nous longeâmes le bas des fortifications externes, comme des chacals nocturnes ; nous évitâmes la rencontre des sentinelles aux aguets ; et nous parvînmes à nous éloigner, par la porte opposée, de cette réunion solennelle d'animaux raisonnables, civilisés comme les castors. Le vol de la fulgore porte-lanterne, le craquement des herbes sèches, les hurlements intermittents de quelque loup lointain accompagnaient l'obscurité de notre marche incertaine, à travers la campagne. Quels étaient donc tes valables motifs pour fuir les ruches humaines ? Je me posais cette question avec un certain trouble ; mes jambes d'ailleurs commençaient à me refuser un service trop longtemps prolongé. Nous atteignîmes enfin la lisière d'un bois épais, dont les arbres étaient entrelacés entre eux par un fouillis de hautes lianes inextricables, de plantes parasites, et de cactus à épines monstrueuses. Tu t'arrêtas devant un bouleau. Tu me dis de m'agenouiller pour me préparer à mourir ; tu m'accordais un quart d'heure pour sortir de cette terre. Quelques regards furtifs, pendant notre longue course, jetés à la dérobée sur moi, quand je ne t'observais pas, certains gestes dont j'avais remarqué l'irrégularité de mesure et de mouvement se présentèrent aussitôt à ma mémoire, comme les pages ouvertes d'un livre. Mes soupçons étaient confirmés. Trop faible pour lutter contre toi, tu me renversas à terre, comme l'ouragan abat la feuille du tremble. Un de tes genoux sur ma poitrine, et l'autre appuyé sur l'herbe humide, tandis qu'une de tes mains arrêtait la binarité de mes bras dans son étau, je vis l'autre sortir un couteau, de la gaine appendue à ta ceinture. Ma résistance était presque nulle, et je fermai les yeux : les trépignements d'un troupeau de bœufs s'entendirent à quelque distance, apportés par le vent. Il s'avançait comme une locomotive, harcelé par le bâton d'un pâtre et les mâchoires d'un chien. Il n'y avait pas de temps à perdre, et c'est ce que tu compris ; craignant de ne pas parvenir à tes fins, car l'approche d'un secours inespéré avait doublé ma puissance musculaire, et t'apercevant que tu ne pouvais rendre immobile qu'un de mes bras à la fois, tu te contentas, par un rapide mouvement imprimé à la lame d'acier, de me couper le poignet droit. Le morceau, exactement détaché, tomba par terre. Tu pris la fuite, pendant que j'étais étourdi par la douleur. Je ne te raconterai pas comment le pâtre vint à mon secours, ni combien de temps devint nécessaire à ma guérison. Qu'il te suffise de savoir que cette trahison, à laquelle je ne m'attendais pas, me donna l'envie de rechercher la mort. Je portai ma présence dans les combats, afin d'offrir ma poitrine aux coups. J'acquis de la gloire dans les champs de bataille ; mon nom était devenu redoutable même aux plus intrépides, tant mon artificielle main de fer répandait le carnage et la destruction dans les rangs ennemis. Cependant, un jour que les obus tonnaient beaucoup plus fort qu'à l'ordinaire, et que les escadrons, enlevés de leur base, tourbillonnaient, comme des pailles, sous l'influence du cyclone de la mort, un cavalier, à la démarche hardie, s'avança devant moi, pour me disputer la palme de la victoire. Les deux armées s'arrêtèrent, immobiles, pour nous contempler en silence. Nous combattîmes longtemps, criblés de blessures, et les casques brisés. D'un commun accord, nous cessâmes la lutte, afin de nous reposer, et la reprendre ensuite avec plus d'énergie. Plein d'admiration pour son adversaire, chacun lève sa propre visière : « Elsseneur !... », « Réginald !... », telles furent les simples paroles que nos gorges haletantes prononcèrent en même temps. Ce dernier, tombé dans le désespoir d'une tristesse inconsolable, avait pris, comme moi, la carrière des armes, et les balles l'avaient épargné. Dans quelles circonstances nous nous retrouvions ! Mais ton nom ne fut pas prononcé ! Lui et moi, nous nous jurâmes une amitié éternelle ; mais, certes, différente des deux premières dans lesquelles tu avais été le principal acteur ! Un archange, descendu du ciel et messager du Seigneur, nous ordonna de nous changer en une araignée unique, et de venir chaque nuit te sucer la gorge, jusqu'à ce qu'un commandement venu d'en haut arrêtât le cours du châtiment. Pendant près de dix ans, nous avons hanté ta couche. Dès aujourd'hui, tu es délivré de notre persécution. La promesse vague dont tu parlais, ce n'est pas à nous que tu la fis, mais bien à l'Être qui est plus fort que toi : tu comprenais toi-même qu'il valait mieux se soumettre à ce décret irrévocable. Réveille-toi, Maldoror ! Le charme magnétique qui a pesé sur ton système cérébro-spinal, pendant les nuits de deux lustres, s'évapore. » Il se réveille comme il lui a été ordonné, et voit deux formes célestes disparaître dans les airs, les bras entrelacés. Il n'essaie pas de se rendormir. Il sort lentement, l'un après l'autre, ses membres hors de sa couche. Il va réchauffer sa peau glacée aux tisons rallumés de la cheminée gothique. Sa chemise seule recouvre son corps. Il cherche des yeux la carafe de cristal afin d'humecter son palais desséché. Il ouvre les contrevents de la fenêtre. Il s'appuie sur le rebord. Il contemple la lune qui verse, sur sa poitrine, un cône de rayons extatiques, où palpitent, comme des phalènes, des atomes d'argent d'une douceur ineffable. Il attend que le crépuscule du matin vienne apporter, par le changement de décors, un dérisoire soulagement à son cœur bouleversé.

FIN DU CINQUIÈME CHANT

CHANT SIXIÈME

Vous, dont le calme enviable ne peut pas faire plus que d'embellir le faciès, ne croyez pas qu'il s'agisse encore de pousser, dans des strophes de quatorze ou quinze lignes, ainsi qu'un élève de quatrième, des exclamations qui passeront pour inopportunes, et des gloussements sonores de poule cochinchinoise, aussi grotesques qu'on serait capable de l'imaginer, pour peu qu'on s'en donnât la peine ; mais il est préférable de prouver par des faits les propositions que l'on avance. Prétendriez-vous donc que, parce que j'aurais insulté, comme en me jouant, l'homme, le Créateur et moi-même, dans mes explicables hyperboles, ma mission fût complète ? Non : la partie la plus importante de mon travail n'en subsiste pas moins, comme tâche qui reste à faire. Désormais, les ficelles du roman remueront les trois personnages nommés plus haut : il leur sera ainsi communiqué une puissance moins abstraite. La vitalité se répandra magnifiquement dans le torrent de leur appareil circulatoire, et vous verrez comme vous serez étonné vous-même de rencontrer, là où d'abord vous n'aviez cru voir que des entités vagues appartenant au domaine de la spéculation pure, d'une part, l'organisme corporel avec ses ramifications de nerfs et ses membranes muqueuses, de l'autre, le principe spirituel qui préside aux fonctions physiologiques de la chair. Ce sont des êtres doués d'une énergique vie qui, les bras croisés et la poitrine en arrêt, poseront prosaïquement (mais, je suis certain que l'effet sera très-poétique) devant votre visage, placés seulement à quelques pas de vous, de manière que les rayons solaires, frappant d'abord les tuiles des toits et le couvercle des cheminées, viendront ensuite se refléter visiblement sur leurs cheveux terrestres et matériels. Mais, ce ne seront plus des anathèmes, possesseurs de la spécialité de provoquer le rire ; des personnalités fictives qui auraient bien fait de rester dans la cervelle de l'auteur ; ou des cauchemars placés trop au-dessus de l'existence ordinaire. Remarquez que, par cela même, ma poésie n'en sera que plus belle. Vous toucherez avec vos mains des branches ascendantes d'aorte et des capsules surrénales ; et puis des sentiments ! Les cinq premiers récits n'ont pas été inutiles ; ils étaient le frontispice de mon ouvrage, le fondement de la construction, l'explication préalable de ma poétique future : et je devais à moi-même, avant de boucler ma valise et me mettre en marche pour les contrées de l'imagination, d'avertir les sincères amateurs de la littérature, par l'ébauche rapide d'une généralisation claire et précise, du but que j'avais résolu de poursuivre. En conséquence, mon opinion est que, maintenant, la partie synthétique de manœuvre est complète et suffisamment paraphrasée. C'est par elle que vous avez appris que je me suis proposé d'attaquer l'homme et Celui qui le créa. Pour le moment et pour plus tard, vous n'avez pas besoin d'en savoir davantage ! Des considérations nouvelles me paraissent superflues, car elles ne feraient que répéter, sous une autre forme, plus ample, il est vrai, mais identique, l'énoncé de la thèse dont la fin de ce jour verra le premier développement. Il résulte, des observations qui précèdent, que mon intention est d'entreprendre, désormais, la partie analytique ; cela est si vrai qu'il n'y a que quelques minutes seulement, que j'exprimai le vœu ardent que vous fussiez emprisonné dans les glandes sudoripares de ma peau, pour vérifier la loyauté de ce que j'affirme, en connaissance de cause. Il faut, je le sais, étayer d'un grand nombre de preuves l'argumentation qui se trouve comprise dans mon théorème ; eh bien, ces preuves existent, et vous savez que je n'attaque personne, sans avoir des motifs sérieux ! Je ris à gorge déployée, quand je songe que vous me reprochez de répandre d'amères accusations contre l'humanité, dont je suis un des membres (cette seule remarque me donnerait raison !) et contre la Providence : je ne rétracterai pas mes paroles ; mais, racontant ce que j'aurai vu, il ne me sera pas difficile, sans autre ambition que la vérité, de les justifier. Aujourd'hui, je vais fabriquer un petit roman de trente pages ; cette mesure restera dans la suite à peu près stationnaire. Espérant voir promptement, un jour ou l'autre, la consécration de mes théories acceptée par telle ou telle forme littéraire, je crois avoir enfin trouvé, après quelques tâtonnements, ma formule définitive. C'est la meilleure : puisque c'est le roman ! Cette préface hybride a été exposée d'une manière qui ne paraîtra peut-être pas assez naturelle, en ce sens qu'elle surprend, pour ainsi dire, le lecteur, qui ne voit pas très-bien où l'on veut d'abord le conduire ; mais, ce sentiment de remarquable stupéfaction, auquel on doit généralement chercher à soustraire ceux qui passent leur temps à lire des livres ou des brochures, j'ai fait tous mes efforts pour le produire. En effet, il m'était impossible de faire moins, malgré ma bonne volonté : ce n'est que plus tard, lorsque quelques romans auront paru, que vous comprendrez mieux la préface du renégat, à la figure fuligineuse.

I.

Avant d'entrer en matière, je trouve stupide qu'il soit nécessaire (je pense que chacun ne sera pas de mon avis, si je me trompe) que je place à côté de moi un encrier ouvert, et quelques feuillets de papier non mâché. De cette manière, il me sera possible de commencer, avec amour, par ce sixième chant, la série des poèmes instructifs qu'il me tarde de produire. Dramatiques épisodes d'une implacable utilité ! Notre héros s'aperçut qu'en fréquentant les cavernes, et prenant pour refuge les endroits inaccessibles, il transgressait les règles de la logique, et commettait un cercle vicieux. Car, si d'un côté, il favorisait ainsi sa répugnance pour les hommes, par le dédommagement de la solitude et de l'éloignement, et circonscrivait passivement son horizon borné, parmi des arbustes rabougris, des ronces et des lambrusques, de l'autre, son activité ne trouvait plus aucun aliment pour nourrir le minotaure de ses instincts pervers. En conséquence, il résolut de se rapprocher des agglomérations humaines, persuadé que parmi tant de victimes toutes préparées, ses passions diverses trouveraient amplement de quoi se satisfaire. Il savait que la police, ce bouclier de la civilisation, le recherchait avec persévérance, depuis nombre d'années, et qu'une véritable armée d'agents et d'espions était continuellement à ses trousses. Sans, cependant, parvenir à le rencontrer. Tant son habileté renversante déroutait, avec un suprême chic, les ruses les plus indiscutables au point de vue de leur succès, et l'ordonnance de la plus savante méditation. Il avait une faculté spéciale pour prendre des formes méconnaissables aux yeux exercés. Déguisements supérieurs, si je parle en artiste ! Accoutrements d'un effet réellement médiocre, quand je songe à la morale. Par ce point, il touchait presqu'au génie. N'avez-vous pas remarqué la gracilité d'un joli grillon, aux mouvements alertes, dans les égouts de Paris ? Il n'y a que celui-là : c'était Maldoror ! Magnétisant les florissantes capitales, avec un fluide pernicieux, il les amène dans un état léthargique où elles sont incapables de se surveiller comme il le faudrait. État d'autant plus dangereux qu'il n'est pas soupçonné. Aujourd'hui il est à Madrid ; demain il sera à Saint-Pétersbourg ; hier il se trouvait à Pékin. Mais, affirmer exactement l'endroit actuel que remplissent de terreur les exploits de ce poétique Rocambole, est un travail au dessus des forces possibles de mon épaisse ratiocination. Ce bandit est, peut-être, à sept cents lieues de ce pays ; peut-être, il est à quelques pas de vous. Il n'est pas facile de faire périr entièrement les hommes, et les lois sont là ; mais, on peut, avec de la patience, exterminer, une par une, les fourmis humanitaires. Or, depuis les jours de ma naissance, où je vivais avec les premiers aïeuls de notre race, encore inexpérimenté dans la tension de mes embûches ; depuis les temps reculés, placés, au delà de l'histoire, où, dans de subtiles métamorphoses, je ravageais, à diverses époques, les contrées du globe par les conquêtes et le carnage, et répandais la guerre civile au milieu des citoyens, n'ai-je pas déjà écrasé sous mes talons, membre par membre ou collectivement, des générations entières, dont il ne serait pas difficile de concevoir le chiffre innombrable ? Le passé radieux a fait de brillantes promesses à l'avenir : il les tiendra. Pour le ratissage de mes phrases, j'emploierai forcément la méthode naturelle, en rétrogradant jusque chez les sauvages, afin qu'ils me donnent des leçons. Gentlemen simples et majestueux, leur bouche gracieuse ennoblit tout ce qui découle de leurs lèvres tatouées. Je viens de prouver que rien n'est risible dans cette planète. Planète cocasse, mais superbe. M'emparant d'un style que quelques-uns trouveront naïf (quand il est si profond), je le ferai servir à interpréter des idées qui, malheureusement, ne paraîtront peut-être pas grandioses ! Par cela même, me dépouillant des allures légères et sceptiques de l'ordinaire conversation, et, assez prudent pour ne pas poser… je ne sais plus ce que j'avais l'intention de dire, car, je ne me rappelle pas le commencement de la phrase. Mais, sachez que la poésie se trouve partout où n'est pas le sourire, stupidement railleur, de l'homme, à la figure de canard. Je vais d'abord me moucher, parce que j'en ai besoin ; et ensuite, puissamment aidé par ma main, je reprendrai le porte-plume que mes doigts avaient laissé tomber. Comment le pont du Carrousel put-il garder la constance de sa neutralité, lorsqu'il entendit les cris déchirants que semblait pousser le sac !

Les magasins de la rue Vivienne étalent leurs richesses aux yeux émerveillés. Éclairés par de nombreux becs de gaz, les coffrets d'acajou et les montres en or répandent à travers les vitrines des gerbes de lumière éblouissante. Huit heures ont sonné à l'horloge de la Bourse : ce n'est pas tard ! À peine le dernier coup de marteau s'est-il fait entendre, que la rue, dont le nom a été cité, se met à trembler, et secoue ses fondements depuis la place Royale jusqu'au boulevard Montmartre. Les promeneurs hâtent le pas, et se retirent pensifs dans leurs maisons. Une femme s'évanouit et tombe sur l'asphalte. Personne ne la relève : il tarde à chacun de s'éloigner de ce parage. Les volets se referment avec impétuosité, et les habitants s'enfoncent dans leurs couvertures. On dirait que la peste asiatique a révélé sa présence. Ainsi, pendant que la plus grande partie de la ville se prépare à nager dans les réjouissances des fêtes nocturnes, la rue Vivienne se trouve subitement glacée par une sorte de pétrification. Comme un cœur qui cesse d'aimer, elle a vu sa vie éteinte. Mais, bientôt, la nouvelle du phénomène se répand dans les autres couches de la population, et un silence morne plane sur l'auguste capitale. Où sont-ils passés, les becs de gaz ? Que sont-elles devenues, les vendeuses d'amour ? Rien... la solitude et l'obscurité ! Une chouette, volant dans une direction rectiligne, et dont la patte est cassée, passe au-dessus de la Madeleine, et prend son essor vers la barrière du Trône, en s'écriant : « Un malheur se prépare. » Or, dans cet endroit que ma plume (ce véritable ami qui me sert de compère) vient de rendre mystérieux, si vous regardez du côté par où la rue Colbert s'engage dans la rue Vivienne, vous verrez, à l'angle formé par le croisement de ces deux voies, un personnage montrer sa silhouette, et diriger sa marche légère vers les boulevards. Mais, si l'on s'approche davantage, de manière à ne pas amener sur soi-même l'attention de ce passant, on s'aperçoit, avec un agréable étonnement, qu'il est jeune ! De loin on l'aurait pris en effet pour un homme mûr. La somme des jours ne compte plus, quand il s'agit d'apprécier la capacité intellectuelle d'une figure sérieuse. Je me connais à lire l'âge dans les lignes physiognomoniques du front : il a seize ans et quatre mois ! Il est beau comme la rétractilité des serres des oiseaux rapaces ; ou encore, comme l'incertitude des mouvements musculaires dans les plaies des parties molles de la région cervicale postérieure ; ou plutôt, comme ce piège à rats perpétuel, toujours retendu par l'animal pris, qui peut prendre seul des rongeurs indéfiniment, et fonctionner même caché sous la paille ; et surtout, comme la rencontre fortuite sur une table de dissection d'une machine à coudre et d'un parapluie ! Mervyn, ce fils de la blonde Angleterre, vient de prendre chez son professeur une leçon d'escrime, et, enveloppé dans son tartan écossais, il retourne chez ses parents. C'est huit heures et demie, et il espère arriver chez lui à neuf heures : de sa part, c'est une grande présomption que de feindre d'être certain de connaître l'avenir. Quelque obstacle imprévu ne peut-il l'embarrasser dans sa route ? Et cette circonstance, serait-elle si peu fréquente, qu'il dût prendre sur lui de la considérer comme une exception ? Que ne considère-t-il plutôt, comme un fait anormal, la possibilité qu'il a eue jusqu'ici de se sentir dépourvu d'inquiétude et pour ainsi dire heureux ? De quel droit en effet prétendrait-il gagner indemne sa demeure, lorsque quelqu'un le guette et le suit par derrière comme sa future proie ? (Ce serait bien peu connaître sa profession d'écrivain à sensation, que de ne pas, au moins, mettre en avant, les restrictives interrogations après lesquelles arrive immédiatement la phrase que je suis sur le point de terminer.) Vous avez reconnu le héros imaginaire qui, depuis un long temps, brise par la pression de son individualité ma malheureuse intelligence ! Tantôt Maldoror se rapproche de Mervyn, pour graver dans sa mémoire les traits de cet adolescent ; tantôt, le corps rejeté en arrière, il recule sur lui-même comme le boomerang d'Australie, dans la deuxième période de son trajet, ou plutôt, comme une machine infernale. Indécis sur ce qu'il doit faire. Mais, sa conscience n'éprouve aucun symptôme d'une émotion la plus embryogénique, comme à tort vous le supposeriez. Je le vis s'éloigner un instant dans une direction opposée ; était-il accablé par le remords ? Mais, il revint sur ses pas avec un nouvel acharnement. Mervyn ne sait pas pourquoi ses artères temporales battent avec force, et il presse le pas, obsédé par une frayeur dont lui et vous cherchent vainement la cause. Il faut lui tenir compte de son application à découvrir l'énigme. Pourquoi ne se retourne-t-il pas ? Il comprendrait tout. Songe-t-on jamais aux moyens les plus simples de faire cesser un état alarmant ? Quand un rôdeur de barrières traverse un faubourg de la banlieue, un saladier de vin blanc dans le gosier et la blouse en lambeaux, si, dans le coin d'une borne, il aperçoit un vieux chat musculeux, contemporain des révolutions auxquelles ont assisté nos pères, contemplant mélancoliquement les rayons de la lune, qui s'abattent sur la plaine endormie, il s'avance tortueusement dans une ligne courbe, et fait un signe à un chien cagneux, qui se précipite. Le noble animal de la race féline attend son adversaire avec courage, et dispute chèrement sa vie. Demain quelque chiffonnier achètera une peau électrisable. Que ne fuyait-il donc ? C'était si facile. Mais, dans le cas qui nous préoccupe actuellement, Mervyn complique encore le danger par sa propre ignorance. Il a comme quelques lueurs, excessivement rares, il est vrai, dont je ne m'arrêterai pas à démontrer le vague qui les recouvre ; cependant, il lui est impossible de deviner la réalité. Il n'est pas prophète, je ne dis pas le contraire, et il ne se reconnaît pas la faculté de l'être. Arrivé sur la grande artère, il tourne à droite et traverse le boulevard Poissonnière et le boulevard Bonne-Nouvelle. À ce point de son chemin, il s'avance dans la rue du faubourg Saint-Denis, laisse derrière lui l'embarcadère du chemin de fer de Strasbourg, et s'arrête devant un portail élevé, avant d'avoir atteint la superposition perpendiculaire de la rue Lafayette. Puisque vous me conseillez de terminer en cet endroit la première strophe, je veux bien, pour cette fois, obtempérer, à votre désir. Savez-vous que, lorsque je songe à l'anneau de fer caché sous la pierre par la main d'un maniaque, un invincible frisson me passe par les cheveux ?

II.

Il tire le bouton de cuivre, et le portail de l'hôtel moderne tourne sur ses gonds. Il arpente la cour, parsemée de sable fin, et franchit les huit degrés du perron. Les deux statues, placées à droite et à gauche comme les gardiennes de l'aristocratique villa, ne lui barrent pas le passage. Celui qui a tout renié, père, mère, Providence, amour, idéal, afin de ne plus penser qu'à lui seul, s'est bien gardé de ne pas suivre les pas qui précédaient. Il l'a vu entrer dans un spacieux salon du rez-de-chaussée, aux boiseries de cornaline. Le fils de famille se jette sur un sofa, et l'émotion l'empêche de parler. Sa mère, à la robe longue et traînante, s'empresse autour de lui, et l'entoure de ses bras. Ses frères, moins âgés que lui, se groupent autour du meuble, chargé d'un fardeau ; ils ne connaissent pas la vie d'une manière suffisante, pour se faire une idée nette de la scène qui se passe. Enfin, le père élève sa canne, et abaisse sur les assistants un regard plein d'autorité. Appuyant le poignet sur les bras du fauteuil, il s'éloigne de son siège ordinaire, et s'avance, avec inquiétude, quoique affaibli par les ans, vers le corps immobile de son premier-né. Il parle dans une langue étrangère, et chacun l'écoute dans un recueillement respectueux : « Qui a mis le garçon dans cet état ? La Tamise brumeuse charriera encore une quantité notable de limon avant que mes forces soient complètement épuisées. Des lois préservatrices n'ont pas l'air d'exister dans cette contrée inhospitalière. Il éprouverait la vigueur de mon bras, si je connaissais le coupable. Quoique j'aie pris ma retraite, dans l'éloignement des combats maritimes, mon épée de commodore, suspendue à la muraille, n'est pas encore rouillée. D'ailleurs, il est facile d'en repasser le fil. Mervyn, tranquillise-toi, je donnerai des ordres à mes domestiques, afin de rencontrer la trace de celui que, désormais, je chercherai, pour le faire périr de ma propre main. Femme, ôte-toi de là, et va t'accroupir dans un coin ; tes yeux m'attendrissent, et tu ferais mieux de refermer le conduit de tes glandes lacrymales. Mon fils, je t'en supplie, réveille tes sens, et reconnais ta famille ; c'est ton père qui te parle... » La mère se tient à l'écart, et, pour obéir aux ordres de son maître, elle a pris un livre entre ses mains, et s'efforce de demeurer tranquille, en présence du danger que court celui que sa matrice enfanta.

« …Enfants, allez vous amuser dans le parc, et prenez garde, en admirant la natation des cygnes, de ne pas tomber dans la pièce d'eau… » Les frères, les mains pendantes, restent muets ; tous, la toque surmontée d'une plume arrachée à l'aile de l'engoulevent de la Caroline, avec le pantalon de velours s'arrêtant aux genoux, et les bas de soie rouge, se prennent par la main, et se retirent du salon, ayant soin de ne presser le parquet d'ébène que de la pointe des pieds. Je suis certain qu'ils ne s'amuseront pas, et qu'ils se promèneront avec gravité dans les allées de platanes. Leur intelligence est précoce. Tant mieux pour eux. « …Soins inutiles, je te berce dans mes bras, et tu es insensible à mes supplications. Voudrais-tu relever la tête ? J'embrasserai tes genoux, s'il le faut. Mais non… elle retombe inerte. » — « Mon doux maître, si tu le permets à ton esclave, je vais chercher dans mon appartement un flacon rempli d'essence de térébenthine, et dont je me sers habituellement quand la migraine envahit mes tempes, après être revenue du théâtre, ou lorsque la lecture d'une narration émouvante, consignée dans les annales britanniques de la chevaleresque histoire de nos ancêtres, jette ma pensée rêveuse dans les tourbières de l'assoupissement. » — « Femme, je ne t'avais pas donné la parole, et tu n'avais pas le droit de la prendre. Depuis notre légitime union, aucun nuage n'est venu s'interposer entre nous. Je suis content de toi, je n'ai jamais eu de reproches à te faire : et réciproquement. Va chercher dans ton appartement un flacon rempli d'essence de térébenthine. Je sais qu'il s'en trouve un dans les tiroirs de ta commode, et tu ne viendras pas me l'apprendre. Dépêche-toi de franchir les degrés de l'escalier en spirale, et reviens me trouver avec un visage content. » Mais la sensible Londonienne est à peine arrivée aux premières marches (elle ne court pas aussi promptement qu'une personne des classes inférieures) que déjà une de ses demoiselles d'atour redescend du premier étage, les joues empourprées de sueur, avec le flacon qui, peut-être, contient la liqueur de vie dans ses parois de cristal. La demoiselle s'incline avec grâce en présentant son offre, et la mère, avec sa démarche royale, s'est avancée vers les franges qui bordent le sofa, seul objet qui préoccupe sa tendresse. Le commodore, avec un geste fier, mais bienveillant, accepte le flacon des mains de son épouse. Un foulard d'Inde y est trempé, et l'on entoure la tête de Mervyn avec les méandres orbiculaires de la soie. Il respire des sels ; il remue un bras. La circulation se ranime, et l'on entend les cris joyeux d'un kakatoès des Philippines, perché sur l'embrasure de la fenêtre. « Qui va là ?… Ne m'arrêtez point… Où suis-je ? Est-ce une tombe qui supporte mes membres alourdis ? Les planches m'en paraissent douces… Le médaillon qui contient le portrait de ma mère, est-il encore attaché à mon cou ?… Arrière, malfaiteur, à la tête échevelée. Il n'a pu m'atteindre, et j'ai laissé entre ses doigts un pan de mon pourpoint. Détachez les chaînes des bouledogues, car, cette nuit, un voleur reconnaissable peut s'introduire chez nous avec effraction, tandis que nous serons plongés dans le sommeil. Mon père et ma mère, je vous reconnais, et je vous remercie de vos soins. Appelez mes petits frères. C'est pour eux que j'avais acheté des pralines, et je veux les embrasser. » À ces mots, il tombe dans un profond état léthargique. Le médecin, qu'on a mandé en toute hâte, se frotte les mains et s'écrie : « La crise est passée. Tout va bien. Demain votre fils se réveillera dispos. Tous, allez-vous-en dans vos couches respectives, je l'ordonne, afin que je reste seul à côté du malade, jusqu'à l'apparition de l'aurore et du chant du rossignol. » Maldoror, caché derrière la porte, n'a perdu aucune parole. Maintenant, il connaît le caractère des habitants de l'hôtel, et agira en conséquence. Il sait où demeure Mervyn, et ne désire pas en savoir davantage. Il a inscrit dans un calepin le nom de la rue et le numéro du bâtiment. C'est le principal. Il est sûr de ne pas les oublier. Il s'avance, comme une hyène, sans être vu, et longe les côtés de la cour. Il escalade la grille avec agilité, et s'embarrasse un instant dans les pointes de fer ; d'un bond, il est sur la chaussée. Il s'éloigne à pas de loup. « Il me prenait pour un malfaiteur, s'écrie-t-il : lui, c'est un imbécile. Je voudrais trouver un homme exempt de l'accusation que le malade a portée contre moi. Je ne lui ai pas enlevé un pan de son pourpoint, comme il l'a dit. Simple hallucination hypnagogique causée par la frayeur. Mon intention n'était pas aujourd'hui de m'emparer de lui, car, j'ai d'autres projets ultérieurs sur cet adolescent timide. » Dirigez-vous du côté où se trouve le lac des cygnes ; et, je vous dirai plus tard pourquoi il s'en trouve un de complètement noir parmi la troupe, et dont le corps, supportant une enclume, surmontée du cadavre en putréfaction d'un crabe tourteau, inspire à bon droit de la méfiance à ses autres aquatiques camarades.

III.

Mervyn est dans sa chambre ; il a reçu une missive. Qui donc lui écrit une lettre ? Son trouble l'a empêché de remercier l'agent postal. L'enveloppe a les bordures noires, et les mots sont tracés d'une écriture hâtive. Ira-t-il porter cette lettre à son père ? Et si le signataire le lui défend expressément ? Plein d'angoisse, il ouvre sa fenêtre pour respirer les senteurs de l'atmosphère ; les rayons du soleil reflètent leurs prismatiques irradiations sur les glaces de Venise et les rideaux de damas. Il jette la missive de côté, parmi les livres à tranche dorée et les albums à couverture de nacre, parsemés sur le cuir repoussé qui recouvre la surface de son pupitre d'écolier. Il ouvre son piano, et fait courir ses doigts effilés sur les touches d'ivoire. Les cordes de laiton ne résonnèrent point. Cet avertissement indirect l'engage à reprendre le papier vélin ; mais celui-ci recula, comme s'il avait été offensé de l'hésitation du destinataire. Prise à ce piège, la curiosité de Mervyn s'accroît et il ouvre le morceau de chiffon préparé. Il n'avait vu jusqu'à ce moment que sa propre écriture. « Jeune homme, je m'intéresse à vous ; je veux faire votre bonheur. Je vous prendrai pour compagnon, et nous accomplirons de longues pérégrinations dans les îles de l'Océanie. Mervyn, tu sais que je t'aime, et je n'ai pas besoin de te le prouver. Tu m'accorderas ton amitié, j'en suis persuadé. Quand tu me connaîtras davantage, tu ne te repentiras pas de la confiance que tu m'auras témoignée. Je te préserverai des périls que courra ton inexpérience. Je serai pour toi un frère, et les bons conseils ne te manqueront pas. Pour de plus longues explications, trouve-toi, après-demain matin, à cinq heures, sur le pont du Carrousel. Si je ne suis pas arrivé, attends-moi ; mais, j'espère être rendu à l'heure juste. Toi, fais de même. Un Anglais n'abandonnera pas facilement l'occasion de voir clair dans ses affaires. Jeune homme, je te salue, et à bientôt. Ne montre cette lettre a personne. » — « Trois étoiles au lieu d'une signature, s'écrie Mervyn ; et une tâche de sang au bas de la page ! » Des larmes abondantes coulent sur les curieuses phrases que ses yeux ont dévorées, et qui ouvrent à son esprit le champ illimité des horizons incertains et nouveaux. Il lui semble (ce n'est que depuis la lecture qu'il vient de terminer) que son père est un peu sévère et sa mère trop majestueuse. Il possède des raisons qui ne sont pas parvenues à ma connaissance et que, par conséquent, je ne pourrais vous transmettre, pour insinuer que ses frères ne lui conviennent pas non plus. Il cache cette lettre dans sa poitrine. Ses professeurs ont observé que ce jour-là il n'a pas ressemblé à lui-même ; ses yeux se sont assombris démesurément, et le voile de la réflexion excessive s'est abaissé sur la région périorbitaire. Chaque professeur a rougi, de crainte de ne pas se trouver à la hauteur intellectuelle de son élève, et, cependant, celui-ci, pour la première fois, a négligé ses devoirs et n'a pas travaillé. Le soir, la famille s'est réunie dans la salle à manger, décorée de portraits antiques. Mervyn admire les plats chargés de viandes succulentes et les fruits odoriférants, mais, il ne mange pas ; les polychromes ruissellements des vins du Rhin et le rubis mousseux du champagne s'enchâssent dans les étroites et hautes coupes de pierre de Bohême, et laissent même sa vue indifférente. Il appuie son coude sur la table, et reste absorbé dans ses pensées comme un somnambule. Le commodore, au visage boucané par l'écume de la mer, se penche à l'oreille de son épouse : « L'aîné a changé de caractère, depuis le jour de la crise ; il n'était déjà que trop porté aux idées absurdes ; aujourd'hui il rêvasse encore plus de coutume. Mais enfin, je n'étais pas comme cela, moi, lorsque j'avais son âge. Fais semblant de ne t'apercevoir de rien. C'est ici qu'un remède efficace, matériel ou moral, trouverait aisément son emploi. Mervyn, toi qui goûtes la lecture des livres de voyages et d'histoire naturelle, je vais te lire un récit qui ne te déplaira pas. Qu'on m'écoute avec attention ; chacun y trouvera son profit, moi, le premier. Et vous autres, enfants, apprenez, par l'attention que vous saurez prêter à mes paroles, à perfectionner le dessin de votre style, et à vous rendre compte des moindres intentions d'un auteur. » Comme si cette nichée d'adorables moutards aurait pu comprendre ce que c'était que la rhétorique ! Il dit, et, sur un geste de sa main, un des frères se dirige vers la bibliothèque paternelle, et en revient avec un volume sous le bras. Pendant ce temps, le couvert et l'argenterie sont enlevés, et le père prend le livre. À ce nom électrisant de voyages, Mervyn a relève la tête, et s'est efforcé de mettre un terme à ses méditations hors de propos. Le livre est ouvert vers le milieu, et la voix métallique du commodore prouve qu'il est resté capable, comme dans les jours de sa glorieuse jeunesse, de commander à la fureur des hommes et des tempêtes. Bien avant la fin de cette lecture, Mervyn est retombé sur son coude, dans l'impossibilité de suivre plus longtemps le raisonné développement des phrases passées à la filière et la saponification des obligatoires métaphores. Le père s'écrie : « Ce n'est pas cela qui l'intéresse ; lisons autre chose. Lis, femme ; tu seras plus heureuse que moi, pour chasser le chagrin des jours de notre fils. » La mère ne conserve plus d'espoir ; cependant, elle s'est emparée d'un autre livre, et le timbre de sa voix de soprano retentit mélodieusement aux oreilles du produit de sa conception. Mais, après quelques paroles, le découragement l'envahit, et elle cesse d'elle-même l'interprétation de l'œuvre littéraire. Le premier-né s'écrie : « Je vais me coucher. » Il se retire, les yeux baissés avec une fixité froide, et sans rien ajouter. Le chien se met à pousser un lugubre aboiement, car il ne trouve pas cette conduite naturelle, et le vent du dehors, s'engouffrant inégalement dans la fissure longitudinale de la fenêtre, fait vaciller la flamme, rabattue par deux coupoles de cristal rosé, de la lampe de bronze. La mère appuie ses mains sur son front, et le père relève les yeux vers le ciel. Les enfants jettent des regards effarés sur le vieux marin. Mervyn ferme la porte de sa chambre à double tour, et sa main court rapidement sur le papier : « J'ai reçu votre lettre à midi, et vous me pardonnerez si je vous ai fait attendre la réponse. Je n'ai pas l'honneur de vous connaître personnellement, et je ne savais pas si je devais vous écrire. Mais, comme l'impolitesse ne loge pas dans notre maison, j'ai résolu de prendre la plume, et de vous remercier chaleureusement de l'intérêt que vous prenez pour un inconnu. Dieu me garde de ne pas montrer de la reconnaissance pour la sympathie dont vous me comblez. Je connais mes imperfections, et je ne m'en montre pas plus fier. Mais, s'il est convenable d'accepter l'amitié d'une personne âgée, il l'est aussi de lui faire comprendre que nos caractères ne sont pas les mêmes. En effet, vous paraissez être plus âgé que moi puisque vous m'appelez jeune homme, et cependant je conserve des doutes sur votre âge véritable. Car, comment concilier la froideur de vos syllogismes avec la passion qui s'en dégage ? Il est certain que je n'abandonnerai pas le lieu qui m'a vu naître, pour vous accompagner dans les contrées lointaines ; ce qui ne serait possible qu'à la condition de demander auparavant aux auteurs de mes jours, une permission impatiemment attendue. Mais, comme vous m'avez enjoint de garder le secret (dans le sens cubique du mot) sur cette affaire spirituellement ténébreuse, je m'empresserai d'obéir à votre sagesse incontestable. À ce qu'il paraît, elle n'affronterait pas avec plaisir la clarté de la lumière. Puisque vous paraissez souhaiter que j'aie de la confiance en votre propre personne (vœu qui n'est pas déplacé, je me plais à le confesser), ayez la bonté, je vous prie, de témoigner, à mon égard, une confiance analogue, et de ne pas avoir la prétention de croire que je serais tellement éloigné de votre avis, qu'après demain matin, à l'heure indiquée, je ne serais pas exact au rendez-vous. Je franchirai le mur de clôture du parc, car la grille sera fermée, et personne ne sera témoin de mon départ. À parler avec franchise, que ne ferais-je pas pour vous, dont l'inexplicable attachement a su promptement se révéler à mes yeux éblouis, surtout étonnés d'une telle preuve de bonté, à laquelle je me suis assuré que je ne me serais pas attendu. Puisque je ne vous connaissais pas. Maintenant je vous connais. N'oubliez pas la promesse que vous m'avez faite de vous promener sur le pont du Carrousel. Dans le cas que j'y passe, j'ai une certitude, à nulle autre pareille, de vous y rencontrer et de vous toucher la main, pourvu que cette innocente manifestation d'un adolescent qui, hier encore, s'inclinait devant l'autel de la pudeur, ne doive pas vous offenser par sa respectueuse familiarité. Or, la familiarité n'est-elle pas avouable dans le cas d'une forte et ardente intimité, lorsque la perdition est sérieuse et convaincue ? Et quel mal y aurait-il après tout, je vous le demande à vous-même, à ce que je vous dise adieu tout en passant, lorsque après-demain, qu'il pleuve ou non, cinq heures auront sonné ? Vous apprécierez vous-même, gentleman, le tact avec lequel j'ai conçu ma lettre ; car, je ne me permets pas dans une feuille volante, apte à s'égarer, de vous en dire davantage. Votre adresse au bas de la page est un rébus. Il m'a fallu près d'un quart d'heure pour la déchiffrer. Je crois que vous avez bien fait d'en tracer les mots d'une manière microscopique. Je me dispense de signer et en cela je vous imite : nous vivons dans un temps trop excentrique, pour s'étonner un instant de ce qui pourrait arriver. Je serais curieux de savoir comment vous avez appris l'endroit où demeure mon immobilité glaciale, entourée d'une longue rangée de salles désertes, immondes charniers de mes heures d'ennui. Comment dire cela ? Quand je pense à vous, ma poitrine s'agite, retentissante comme l'écroulement d'un empire en décadence ; car, l'ombre de votre amour accuse un sourire qui, peut-être, n'existe pas : elle est si vague, et remue ses écailles si tortueusement ! Entre vos mains, j'abandonne mes sentiments impétueux, tables de marbre toutes neuves, et vierges encore d'un contact mortel. Prenons patience jusqu'aux premières lueurs du crépuscule matinal, et, dans l'attente du moment qui me jettera dans l'entrelacement hideux de vos bras pestiférés, je m'incline humblement à vos genoux, que je presse. » Après avoir écrit cette lettre coupable, Mervyn la porta à la poste et revient se mettre au lit. Ne comptez pas y trouver son ange gardien. La queue de poisson ne volera que pendant trois jours, c'est vrai ; mais, hélas ! la poutre n'en sera pas moins brûlée ; et une balle cylindro-conique percera la peau du rhinocéros, malgré la fille de neige et le mendiant ! C'est que le fou couronné aura dit la vérité sur la fidélité des quatorze poignards.

IV.

Je me suis aperçu que je n'avais qu'un œil au milieu du front ! Ô miroirs d'argent, incrustés dans les panneaux des vestibules, combien de services ne m'avez-vous pas rendus par votre pouvoir réflecteur ! Depuis le jour où un chat angora me rongea, pendant une heure, la bosse pariétale, comme un trépan qui perfore le crâne, en s'élançant brusquement sur mon dos, parce que j'avais fait bouillir ses petits dans une cuve remplie d'alcool, je n'ai pas cessé de lancer contre moi-même la flèche des tourments. Aujourd'hui, sous l'impression des blessures que mon corps a reçues dans diverses circonstances, soit par la fatalité de ma naissance, soit par le fait de ma propre faute ; accablé par les conséquences de ma chute morale (quelques-unes ont été accomplies ; qui prévoira les autres ?) ; spectateur impassible des monstruosités acquises ou naturelles, qui décorent les aponévroses et l'intellect de celui qui parle, je jette un long regard de satisfaction sur la dualité qui me compose... et je me trouve beau ! Beau comme le vice de conformation congénital des organes sexuels de l'homme, consistant dans la brièveté relative du canal de l'urètre et la division ou l'absence de sa paroi inférieure, de telle sorte que ce canal s'ouvre à une distance variable du gland et au-dessous du pénis ; ou encore, comme la caroncule charnue, de forme conique, sillonnée par des rides transversales assez profondes, qui s'élève sur la base du bec supérieur du dindon ; ou plutôt, comme la vérité qui suit : « Le système des gammes, des modes et de leur enchaînement harmonique ne repose pas sur des lois naturelles invariables, mais il est, au contraire, la conséquence de principes esthétiques qui ont varié avec le développement progressif de l'humanité, et qui varieront encore ; » et surtout, comme une corvette cuirassée à tourelles ! Oui, je maintiens l'exactitude de mon assertion. Je n'ai pas d'illusion présomptueuse, je m'en vante, et je ne trouverais aucun profit dans le mensonge ; donc, ce que j'ai dit, vous ne devez mettre aucune hésitation à le croire. Car, pourquoi m'inspirerais-je à moi-même de l'horreur, devant les témoignages élogieux qui partent de ma conscience ? Je n'envie rien au Créateur ; mais, qu'il me laisse descendre le fleuve de ma destinée, à travers une série croissante de crimes glorieux. Sinon, élevant à la hauteur de son front un regard irrité de tout obstacle, je lui ferai comprendre qu'il n'est pas le seul maître de l'univers ; que plusieurs phénomènes qui relèvent directement d'une connaissance plus approfondie de la nature des choses, déposent en faveur de l'opinion contraire, et opposent un formel démenti à la viabilité de l'unité de la puissance. C'est que nous sommes deux à nous contempler les cils des paupières, vois-tu... et tu sais que plus d'une fois a retenti, dans ma bouche sans lèvres, le clairon de la victoire. Adieu, guerrier illustre ; ton courage dans le malheur inspire de l'estime à ton ennemi le plus acharné ; mais Maldoror te retrouvera bientôt pour te disputer la proie qui s'appelle Mervyn. Ainsi, sera réalisée la prophétie du coq, quand il entrevit l'avenir au fond du candélabre. Plût au ciel que le crabe tourteau rejoigne à temps la caravane des pèlerins, et leur apprenne en quelques mots la narration du chiffonnier de Clignancourt !

V.

Sur un banc du Palais-Royal, du côté gauche et non loin de la pièce d'eau, un individu, débouchant de la rue de Rivoli, est venu s'asseoir. Il a les cheveux en désordre, et ses habits dévoilent l'action corrosive d'un dénuement prolongé. Il a creusé un trou dans le sol avec un morceau de bois pointu, et a rempli de terre le creux de sa main. Il a porté cette nourriture à la bouche et la rejetée avec précipitation. Il s'est relevé, et, appliquant sa tête contre le banc, il a dirigé ses jambes vers le haut. Mais, comme cette situation funambulesque est en dehors des lois de la pesanteur qui régissent le centre de gravité, il est retombé lourdement sur la planche, les bras pendants, la casquette lui cachant la moitié de la figure, et les jambes battant le gravier dans une situation d'équilibre instable, de moins en moins rassurante. Il reste longtemps dans cette position. Vers l'entrée mitoyenne du nord, à côté de la rotonde qui contient une salle de café, le bras de notre héros est appuyé contre la grille. Sa vue parcourt la superficie du rectangle, de manière à ne laisser échapper aucune perspective. Ses yeux reviennent sur eux-mêmes, après l'achèvement de l'investigation, et il aperçoit, au milieu du jardin, un homme qui fait de la gymnastique titubante avec un banc sur lequel il s'efforce de s'affermir, en accomplissant des miracles de force et d'adresse. Mais, que peut la meilleure intention, apportée au service d'une cause juste, contre les dérèglements de l'aliénation mentale ? Il s'est avancé vers le fou, l'a aidé avec bienveillance à replacer sa dignité dans une position normale, lui a tendu la main, et s'est assis à côté de lui. Il remarque que la folie n'est qu'intermittente ; l'accès a disparu ; son interlocuteur répond logiquement à toutes les questions. Est-il nécessaire de rapporter le sens de ses paroles ? Pourquoi rouvrir, à une page quelconque, avec un empressement blasphématoire, l'in-folio des misères humaines ? Rien n'est d'un enseignement plus fécond. Quand même je n'aurais aucun événement de vrai à vous faire entendre, j'inventerais des récits imaginaires pour les transvaser dans votre cerveau, Mais, le malade ne l'est pas devenu pour son propre plaisir ; et la sincérité de ses rapports s'allie à merveille avec la crédulité du lecteur. « Mon père était un charpentier de la rue de la Verrerie... Que la mort des trois Marguerite retombe sur sa tête, et que le bec du canari lui ronge éternellement l'axe du bulbe oculaire ! Il avait contracté l'habitude de s'enivrer ; dans ces moments-là, quand il revenait à la maison, après avoir couru les comptoirs des cabarets, sa fureur devenait presque incommensurable, et il frappait indistinctement les objets qui se présentaient à sa vue. Mais, bientôt, devant les reproches de ses amis, il se corrigea complètement, et devint d'une humeur taciturne. Personne ne pouvait l'approcher, pas même notre mère. Il conservait un secret ressentiment contre l'idée du devoir qui l'empêchait de se conduire à sa guise. J'avais acheté un serin pour mes trois sœurs ; c'était pour mes trois sœurs que j'avais acheté un serin. Elles l'avaient enfermé dans une cage, au-dessus de la porte, et les passants s'arrêtaient, chaque fois, pour écouter les chants de l'oiseau, admirer sa grâce fugitive et étudier ses formes savantes. Plus d'une fois mon père avait donné l'ordre de faire disparaître la cage et son contenu, car il se figurait que le serin se moquait de sa personne, en lui jetant le bouquet des cavatines aériennes de son talent de vocaliste. Il alla détacher la cage du clou, et glissa de la chaise, aveuglé par la colère. Une légère excoriation au genou fut le trophée de son entreprise. Après être resté quelques secondes à presser la partie gonflée avec un copeau, il rabaissa son pantalon, les sourcils froncés, prit mieux ses précautions, mit la cage sous son bras et se dirigea vers le fond de son atelier. Là, malgré les cris et les supplications de sa famille (nous tenions beaucoup à cet oiseau, qui était, pour nous, comme le génie de la maison) il écrasa de ses talons ferrés la boîte d'osier, pendant qu'une varlope, tournoyant autour de sa tête, tenait à distance les assistants. Le hasard fit que le serin ne mourut pas sur le coup ; ce flocon de plumes vivait encore, malgré la maculation sanguine. Le charpentier s'éloigna, et referma la porte avec bruit. Ma mère et moi, nous nous efforçâmes de retenir la vie de l'oiseau, prête à s'échapper ; il atteignait à sa fin, et le mouvement de ses ailes ne s'offrait plus à la vue, que comme le miroir de la suprême convulsion d'agonie. Pendant ce temps, les trois Marguerite, quand elles s'aperçurent que tout espoir allait être perdu, se prirent par la main, d'un commun accord, et la chaîne vivante alla s'accroupir, après avoir repoussé à quelques pas un baril de graisse, derrière l'escalier, à côté du chenil de notre chienne. Ma mère ne discontinuait pas sa tâche, et tenait le serin entre ses doigts, pour le réchauffer de son haleine. Moi, je courais éperdu par toutes les chambres, me coignant aux meubles et aux instruments. De temps à autre, une de mes sœurs montrait sa tête devant le bas de l'escalier pour se renseigner sur le sort du malheureux oiseau, et la retirait avec tristesse. La chienne était sortie de son chenil, et, comme si elle avait compris l'étendue de notre perte, elle léchait avec la langue de la stérile consolation la robe des trois Marguerite. Le serin n'avait plus que quelques instants à vivre. Une de mes sœurs, à son tour (c'était la plus jeune) présenta sa tête dans la pénombre formée par la raréfaction de lumière. Elle vit ma mère pâlir, et l'oiseau, après avoir, pendant un éclair, relevé le cou, par la dernière manifestation de son système nerveux, retomber entre ses doigts, inerte à jamais. Elle annonça la nouvelle à ses sœurs. Elles ne firent entendre le bruissement d'aucune plainte, d'aucun murmure. Le silence régnait dans l'atelier. L'on ne distinguait que le craquement saccadé des fragments de la cage qui, en vertu de l'élasticité du bois, reprenaient en partie la position primordiale de leur construction. Les trois Marguerite ne laissaient écouler aucune larme, et leur visage ne perdait point sa fraîcheur pourprée ; non… elles restaient seulement immobiles. Elles se traînèrent jusqu'à l'intérieur du chenil, et s'étendirent sur la paille, l'une à côté de l'autre ; pendant que la chienne, témoin passif de leur manœuvre, les regardait faire avec étonnement. À plusieurs reprises, ma mère les appela ; elles ne rendirent le son d'aucune réponse. Fatiguées par les émotions précédentes, elles dormaient, probablement ! Elle fouilla tous les coins de la maison sans les apercevoir. Elle suivit la chienne, qui la tirait par la robe, vers le chenil. Cette femme s'abaissa et plaça sa tête à l'entrée. Le spectacle dont elle eut la possibilité d'être témoin, mises à part les exagérations malsaines de la peur maternelle, ne pouvait être que navrant, d'après les calculs de mon esprit. J'allumai une chandelle et la lui présentai ; de cette manière, aucun détail ne lui échappa. Elle ramena sa tête, couverte de brins de paille, de la tombe prématurée, et me dit : « Les trois Marguerite sont mortes. » Comme nous ne pouvions les sortir de cet endroit, car, retenez bien ceci, elles étaient étroitement entrelacées ensemble, j'allai chercher dans l'atelier un marteau, pour briser la demeure canine. Je me mis, sur-le-champ, à l'œuvre de démolition, et les passants purent croire, pour peu qu'ils eussent de l'imagination, que le travail ne chômait pas chez nous. Ma mère, impatientée de ces retards qui, cependant, étaient indispensables, brisait ses ongles contre les planches. Enfin, l'opération de la délivrance négative se termina ; le chenil fendu s'entrouvrit de tous les côtés ; et nous retirâmes, des décombres, l'une après l'autre, après les avoir séparées difficilement, les filles du charpentier. Ma mère quitta le pays. Je n'ai plus revu mon père. Quant à moi, l'on dit que je suis fou, et j'implore la charité publique. Ce que je sais, c'est que le canari ne chante plus. » L'auditeur approuve dans son intérieur ce nouvel exemple apporté à l'appui de ses dégoûtantes théories. Comme si, à cause d'un homme, jadis pris de vin, l'on était en droit d'accuser l'entière humanité. Telle est du moins la réflexion paradoxale qu'il cherche à introduire dans son esprit ; mais elle ne peut en chasser les enseignements importants de la grave expérience. Il console le fou avec une compassion feinte, et essuie ses larmes avec son propre mouchoir. Il l'amène dans un restaurant, et ils mangent à la même table. Ils s'en vont chez un tailleur de la fashion et le protégé est habillé comme un prince. Ils frappent chez le concierge d'une grande maison de la rue Saint-Honoré, et le fou est installé dans un riche appartement du troisième étage. Le bandit le force à accepter sa bourse, et, prenant le vase de nuit au-dessous du lit, il le met sur la tête d'Aghone. « Je te couronne roi des intelligences, s'écrie-t-il avec une emphase préméditée ; à ton moindre appel j'accourrai ; puise à pleines mains dans mes coffres ; de corps et d'âme je t'appartiens. La nuit, tu rapporteras la couronne d'albâtre à sa place ordinaire, avec la permission de t'en servir ; mais, le jour, dès que l'aurore illuminera les cités, remets-la sur ton front, comme le symbole de ta puissance. Les trois

Marguerite revivront en moi, sans compter que je serai ta mère. » Alors le fou recula de quelques pas, comme s'il était la proie d'un insultant cauchemar ; les lignes du bonheur se peignirent sur son visage, ridé par les chagrins ; il s'agenouilla, plein d'humiliation, aux pieds de son protecteur. La reconnaissance était entrée, comme un poison, dans le cœur du fou couronné ! Il voulut parler, et sa langue s'arrêta. Il pencha son corps en avant, et il retomba sur le carreau. L'homme aux lèvres de bronze se retire. Quel était son but ? Acquérir un ami à toute épreuve, assez naïf pour obéir au moindre de ses commandements. Il ne pouvait mieux rencontrer et le hasard l'avait favorisé. Celui qu'il a trouvé, couché sur le banc, ne sait plus, depuis un événement de sa jeunesse, reconnaître le bien du mal. C'est Aghone même qu'il lui faut.

VI.

Le Tout-Puissant avait envoyé sur la terre un de ses archanges, afin de sauver l'adolescent d'une mort certaine. Il sera forcé de descendre lui-même ! Mais, nous ne sommes point encore arrivés à cette partie de notre récit, et je me vois dans l'obligation de fermer ma bouche, parce que je ne puis pas tout dire à la fois : chaque truc à effet paraîtra dans son lieu, lorsque la trame de cette fiction n'y verra point d'inconvénient. Pour ne pas être reconnu, l'archange avait pris la forme d'un crabe tourteau, grand comme une vigogne. Il se tenait sur la pointe d'un écueil, au milieu de la mer, et attendait le favorable moment de la marée, pour opérer sa descente sur le rivage. L'homme aux lèvres de jaspe, caché derrière une sinuosité de la plage, épiait l'animal, un bâton à la main. Qui aurait désiré lire dans la pensée de ces deux êtres ? Le premier ne se cachait pas qu'il avait une mission difficile à accomplir : « Et comment réussir, s'écriait-il, pendant que les vagues grossissantes battaient son refuge temporaire, là où mon maître a vu plus d'une fois échouer sa force et son courage ? Moi, je ne suis qu'une substance limitée, tandis que l'autre, personne ne sait d'où il vient et quel est son but final. À son nom, les armées célestes tremblent ; et plus d'un raconte, dans les régions que j'ai quittées, que Satan lui-même, Satan, l'incarnation du mal, n'est pas si redoutable. » Le second faisait les réflexions suivantes ; elles trouvèrent un écho, jusque dans la coupole azurée qu'elles souillèrent : « Il a l'air plein d'inexpérience ; je lui réglerai son compte avec promptitude. Il vient sans doute d'en haut, envoyé par celui qui craint tant de venir lui-même ! Nous verrons, à l'œuvre, s'il est aussi impérieux qu'il en a l'air ; ce n'est pas un habitant de l'abricot terrestre ; il trahit son origine séraphique par ses yeux errants et indécis. » Le crabe tourteau, qui, depuis quelque temps, promenait sa vue sur un espace délimité de la côte, aperçut notre héros (celui-ci, alors, se releva de toute la hauteur de sa taille herculéenne), et l'apostropha dans les termes qui vont suivre : « N'essaie pas la lutte et rends-toi. Je suis envoyé par quelqu'un qui est supérieur à nous deux, afin de te charger de chaînes, et mettre les deux membres complices de ta pensée dans l'impossibilité de remuer. Serrer des couteaux et des poignards entre tes doigts, il faut que désormais cela te soit défendu, crois-m'en ; aussi bien dans ton intérêt que dans celui des autres. Mort ou vif, je t'aurai ; j'ai l'ordre de t'amener vivant. Ne me mets pas dans l'obligation de recourir au pouvoir qui m'a été prêté. Je me conduirai avec délicatesse ; de ton côté, ne m'oppose aucune résistance. C'est ainsi que je reconnaîtrai, avec empressement et allégresse, que tu auras fait un premier pas vers le repentir. » Quand notre héros entendit cette harangue, empreinte d'un sel si profondément comique, il eut de la peine à conserver le sérieux sur la rudesse de ses traits hâlés. Mais, enfin, chacun ne sera pas étonné si j'ajoute qu'il finit par éclater de rire. C'était plus fort que lui ! Il n'y mettait pas de la mauvaise intention ! Il ne voulait certes pas s'attirer les reproches du crabe tourteau ! Que d'efforts ne fit-il pas pour chasser l'hilarité ! Que de fois ne serra-t-il point ses lèvres l'une contre l'autre, afin de ne pas avoir l'air d'offenser son interlocuteur épaté ! Malheureusement son caractère participait de la nature de l'humanité, et il riait ainsi que font les brebis ! Enfin il s'arrêta ! Il était temps ! Il avait failli s'étouffer ! Le vent porta cette réponse à l'archange de l'écueil : « Lorsque ton maître ne m'enverra plus des escargots et des écrevisses pour régler ses affaires, et qu'il daignera parlementer personnellement avec moi, l'on trouvera, j'en suis sûr, le moyen de s'arranger, puisque je suis inférieur à celui qui t'envoya, comme tu l'as dit avec tant de justesse. Jusque-là, les idées de réconciliation m'apparaissent prématurées, et aptes à produire seulement un chimérique résultat. Je suis très-loin de méconnaître ce qu'il y a de censé dans chacune de tes syllabes ; et, comme nous pourrions fatiguer inutilement notre voix, afin de lui faire parcourir trois kilomètres de distance, il me semble que tu agirais avec sagesse, si tu descendais de ta forteresse inexpugnable, et gagnais la terre ferme à la nage : nous discuterons plus commodément les conditions d'une reddition qui, pour si légitime qu'elle soit, n'en est pas moins finalement, pour moi, d'une perspective désagréable. » L'archange, qui ne s'attendait pas à cette bonne volonté, sortit des profondeurs de la crevasse sa tête d'un cran, et répondit : « Ô Maldoror, est-il enfin arrivé le jour où tes abominables instincts verront s'éteindre le flambeau d'injustifiable orgueil qui les conduit à l'éternelle damnation ! Ce sera donc moi, qui, le premier, raconterai ce louable changement aux phalanges des chérubins, heureux de retrouver un des leurs. Tu sais toi-même et tu n'as pas oublié qu'une époque existait où tu avais ta première place parmi nous. Ton nom volait de bouche en bouche ; tu es actuellement le sujet de nos solitaires conversations. Viens donc... viens faire une paix durable avec ton ancien maître ; il te recevra comme un fils égaré, et ne s'apercevra point de l'énorme quantité de culpabilité que tu as, comme une montagne de cornes d'élan élevée par les Indiens, amoncelée sur ton cœur. » Il dit, et il retire toutes les parties de son corps du fond de l'ouverture obscure. Il se montre, radieux, sur la surface de l'écueil ; ainsi un prêtre des religions quand il a la certitude de ramener une brebis égarée. Il va faire un bond sur l'eau, pour se diriger à la nage vers le pardonné. Mais, l'homme aux lèvres de saphir a calculé longtemps à l'avance un perfide coup. Son bâton est lancé avec force ; après maints ricochets sur les vagues, il va frapper à la tête l'archange bienfaiteur. Le crabe, mortellement atteint, tombe dans l'eau. La marée porte sur le rivage l'épave flottante. Il attendait la marée pour opérer plus facilement sa descente. Eh bien, la marée est venue ; elle l'a bercé de ses chants, et l'a mollement déposé sur la plage : le crabe n'est-il pas content ? Que lui faut-il de plus ? Et Maldoror, penché sur le sable des grèves, reçoit dans ses bras deux amis, inséparablement réunis par les hasards de la lame : le cadavre du crabe tourteau et le bâton homicide ! « Je n'ai pas encore perdu mon adresse, s'écrie-t-il ; elle ne demande qu'à s'exercer ; mon bras conserve sa force et mon œil sa justesse. » Il regarde l'animal inanimé. Il craint qu'on ne lui demande compte du sang versé. Où cachera-t-il l'archange ? Et, en même temps, il se demande si la mort n'a pas été instantanée. Il a mis sur son dos une enclume et un cadavre ; il s'achemine vers une vaste pièce d'eau, dont toutes les rives sont couvertes et comme murées par un inextricable fouillis de grands joncs. Il voulait d'abord prendre un marteau, mais c'est un instrument trop léger, tandis qu'avec un objet plus lourd, si le cadavre donne signe de vie, il le posera sur le sol et le mettra en poussière à coups d'enclume. Ce n'est pas la vigueur qui manque à son bras, allez ; c'est le moindre de ses embarras. Arrivé en vue du lac, il le voit peuplé de cygnes. Il se dit que c'est une retraite sûre pour lui ; à l'aide d'une métamorphose, sans abandonner sa charge, il se mêle à la bande des autres oiseaux. Remarquez la main de la Providence là où l'on était tenté de la trouver absente, et faites votre profit du miracle dont je vais vous parler. Noir comme l'aile d'un corbeau, trois fois il nagea parmi le groupe de palmipèdes, à la blancheur éclatante ; trois fois, il conserva cette couleur distinctive qui l'assimilait à un bloc de charbon. C'est que Dieu, dans sa justice, ne permit point que son astuce pût tromper même une bande de cygnes. De telle manière qu'il resta ostensiblement dans l'intérieur du lac ; mais, chacun se tint à l'écart, et aucun oiseau ne s'approcha de son plumage honteux, pour lui tenir compagnie. Et, alors, il circonscrivit ses plongeons dans une baie écartée, à l'extrémité de la pièce d'eau, seul parmi les habitants de l'air, comme il l'était parmi les hommes ! C'est ainsi qu'il préludait à l'incroyable événement de la place Vendôme !

VII.

Le corsaire aux cheveux d'or, a reçu la réponse de Mervyn. Il suit dans cette page singulière la trace des troubles intellectuels de celui qui l'écrivit, abandonné aux faibles forces de sa propre suggestion. Celui-ci aurait beaucoup mieux fait de consulter ses parents, avant de répondre à l'amitié de l'inconnu. Aucun bénéfice ne résultera pour lui de se mêler, comme principal acteur, à cette équivoque intrigue. Mais, enfin, il l'a voulu. À l'heure indiquée, Mervyn, de la porte de sa maison, est allé droit devant lui, en suivant le boulevard Sébastopol, jusqu'à la fontaine Saint-Michel. Il prend le quai des Grands-Augustins et traverse le quai Conti ; au moment où il passe sur le quai Malaquais, il voit marcher sur le quai du Louvre, parallèlement à sa propre direction, un individu, porteur d'un sac sous le bras, et qui paraît l'examiner avec attention. Les vapeurs du matin se sont dissipées. Les deux passants débouchent en même temps de chaque côté du pont du Carrousel. Quoiqu'ils ne se fussent jamais vus, ils se reconnurent ! Vrai, c'était touchant de voir ces deux êtres, séparés par l'âge, rapprocher leurs âmes par la grandeur des sentiments. Du moins, c'eût été l'opinion de ceux qui se seraient arrêtés devant ce spectacle, que plus d'un, même avec un esprit mathématique, aurait trouvé émouvant. Mervyn, le visage en pleurs, réfléchissait qu'il rencontrait, pour ainsi dire à l'entrée de la vie, un soutien précieux dans les futures adversités. Soyez persuadé que l'autre ne disait rien. Voici ce qu'il fit : il déplia le sac qu'il portait, dégagea l'ouverture, et, saisissant l'adolescent par la tête, il fit passer le corps entier dans l'enveloppe de toile. Il noua, avec son mouchoir, l'extrémité qui servait d'introduction. Comme Mervyn poussait des cris aigus, il enleva le sac, ainsi qu'un paquet de linges, et en frappe, à plusieurs reprises, le parapet du pont. Alors, le patient, s'étant aperçu du craquement de ses os, se tut. Scène unique, qu'aucun romancier ne retrouvera ! Un boucher passait, assis sur la viande de sa charrette. Un individu court à lui, l'engage à s'arrêter, et lui dit : « Voici un chien, enfermé dans ce sac ; il a la gale : abattez-le au plus vite. » L'interpellé se montre complaisant. L'interrupteur, en s'éloignant, aperçoit une jeune fille en haillons qui lui tend la main. Jusqu'où va donc le comble de l'audace et de l'impiété ? Il lui donne l'aumône ! Dites-moi si vous voulez que je vous introduise, quelques heures plus tard, à la porte d'un abattoir reculé. Le boucher est revenu, et a dit à ses camarades, en jetant à terre un fardeau : « Dépêchons-nous de tuer ce chien galeux. » Ils sont quatre, et chacun saisit le marteau accoutumé. Et, cependant, ils hésitaient, parce que le sac remuait avec force. « Quelle émotion s'empare de moi ? » cria l'un d'eux en abaissant lentement son bras. « Ce chien pousse, comme un enfant, des gémissements de douleur, dit un autre ; on dirait qu'il comprend le sort qui l'attend. » « C'est leur habitude, répondit un troisième ; même quand ils ne sont pas malades, comme c'est le cas ici, il suffit que leur maître reste quelques jours absents du logis, pour qu'ils se mettent à faire entendre des hurlements qui, véritablement, sont pénibles à supporter. » « Arrêtez !... arrêtez !... cria le quatrième, avant que tous les bras se fussent levés en cadence pour frapper résolument, cette fois, sur le sac. Arrêtez, vous dis-je ; il y a ici un fait qui nous échappe. Qui vous dit que cette toile renferme un chien ? Je veux m'en assurer. » Alors, malgré les railleries de ses compagnons, il dénoua le paquet, et en retira l'un après l'autre les membres de Mervyn ! Il était presque étouffé par la gêne de cette position. Il s'évanouit en revoyant la lumière. Quelques moments après, il donna des signes indubitables d'existence. Le sauveur dit : « Apprenez, une autre fois, à mettre de la prudence jusque dans votre métier. Vous avez failli remarquer, par vous-mêmes, qu'il ne sert de rien de pratiquer l'inobservance de cette loi. » Les bouchers s'enfuirent. Mervyn, le cœur serré et plein de pressentiments funestes, rentre chez soi et s'enferme dans sa chambre. Ai-je besoin d'insister sur cette strophe ? Eh ! qui n'en déplorera les événements consommés ! Attendons la fin pour porter un jugement encore plus sévère. Le dénouement va se précipiter ; et, dans ces sortes de récits, où une passion, de quelque genre qu'elle soit, étant donnée, celle-ci ne craint aucun obstacle pour se frayer un passage, il n'y a pas lieu de délayer dans un godet la gomme laque de quatre cents pages banales. Ce qui peut être dit dans une demi-douzaine de strophes, il faut le dire, et puis se taire.

VIII.

Pour construire mécaniquement la cervelle d'un conte somnifère, il ne suffit pas de disséquer des bêtises et abrutir puissamment à doses renouvelées l'intelligence du lecteur, de manière à rendre ses facultés paralytiques pour le reste de sa vie, par la loi infaillible de la fatigue ; il faut, en outre, avec du bon fluide magnétique, le mettre ingénieusement dans l'impossibilité somnambulique de se mouvoir, en le forçant à obscurcir ses yeux contre son naturel par la fixité des vôtres. Je veux dire, afin de ne pas me faire mieux comprendre, mais seulement pour développer ma pensée qui intéresse et agace en même temps par une harmonie des plus pénétrantes, que je ne crois pas qu'il soit nécessaire, pour arriver au but que l'on se propose, d'inventer une poésie tout à fait en dehors de la marche ordinaire de la nature, et dont le souffle pernicieux semble bouleverser même les vérités absolues ; mais, amener un pareil résultat (conforme, du reste, aux règles de l'esthétique, si l'on y réfléchit bien), cela n'est pas aussi facile qu'on le pense : voilà ce que je voulais dire. C'est pourquoi je ferai tous mes efforts pour y parvenir ! Si la mort arrête la maigreur fantastique des deux bras longs de mes épaules, employés à l'écrasement lugubre de mon gypse littéraire, je veux au moins que le lecteur en deuil puisse se dire : « Il faut lui rendre justice. Il m'a beaucoup crétinisé. Que n'aurait-il pas fait, s'il eût pu vivre davantage ! C'est le meilleur professeur d'hypnotisme que je connaisse ! » On gravera ces quelques mots touchants sur le marbre de ma tombe, et mes mânes seront satisfaits ! — Je continue ! Il y avait une queue de poisson qui remuait au fond d'un trou, à côté d'une botte éculée. Il n'était pas naturel de se demander : « Où est le poisson ? Je ne vois que la queue qui remue. » Car, puisque, précisément, l'on avouait implicitement ne pas apercevoir le poisson, c'est qu'en réalité il n'y était pas. La pluie avait laissé quelques gouttes d'eau au fond de cet entonnoir, creusé dans le sable. Quant à la botte éculée, quelques-uns ont pensé depuis qu'elle provenait de quelque abandon volontaire. Le crabe tourteau, par la puissance divine, devait renaître de ses atomes résolus. Il retira du puits la queue de poisson et lui promit de la rattacher à son corps perdu, si elle annonçait au Créateur l'impuissance de son mandataire à dominer les vagues en fureur de la mer maldororienne. Il lui prêta deux ailes d'albatros, et la queue de poisson prit son essor. Mais elle s'envola vers la demeure du renégat, pour lui raconter ce qui se passait et trahir le crabe tourteau. Celui-ci devina le projet de l'espion, et, avant que le troisième jour fût parvenu à sa fin, il perça la queue du poisson d'une flèche envenimée. Le gosier de l'espion poussa une faible exclamation, qui rendit le dernier soupir avant de toucher la terre. Alors, une poutre séculaire, placée sur le comble d'un château, se releva de toute sa hauteur, en bondissant sur elle-même, et demanda vengeance à grands cris. Mais le Tout-Puissant, changé en rhinocéros, lui apprit que cette mort était méritée. La poutre s'apaisa, alla se placer au fond du manoir, reprit sa position horizontale, et rappela les araignées effarouchées, afin qu'elles continuassent, comme par le passé, à tisser leur toile à ses coins. L'homme aux lèvres de soufre apprit la faiblesse de son alliée ; c'est pourquoi, il commanda au fou couronné de brûler la poutre et de la réduire en cendres. Aghone exécuta cet ordre sévère. « Puisque, d'après vous, le moment est venu, s'écria-t-il, j'ai été reprendre l'anneau que j'avais enterré sous la pierre, et je l'ai attaché à un des bouts du câble. Voici le paquet. » Et il présenta une corde épaisse, enroulée sur elle-même, de soixante mètres de longueur. Son maître lui demanda ce que faisaient les quatorze poignards. Il répondit qu'ils restaient fidèles et se tenaient prêts à tout événement, si c'était nécessaire. Le forçat inclina sa tête en signe de satisfaction. Il montra de la surprise, et même de l'inquiétude, quand Aghone ajouta qu'il avait vu un coq fendre avec son bec un candélabre en deux, plonger tour à tour le regard dans chacune des parties, et s'écrier, en battant ses ailes d'un mouvement frénétique : « Il n'y a pas si loin qu'on le pense depuis la rue de la Paix jusqu'à la place du Panthéon. Bientôt, on en verra la preuve lamentable ! » Le crabe tourteau, monté sur un cheval fougueux, courait à toute bride vers la direction de l'écueil, le témoin du lancement du bâton par un bras tatoué, l'asile du premier jour de sa descente sur la terre. Une caravane de pèlerins était en marche pour visiter cet endroit, désormais consacré par une mort auguste. Il espérait l'atteindre, pour lui demander des secours pressants contre la trame qui se préparait, et dont il avait eu connaissance. Vous verrez quelque lignes plus loin, à l'aide de mon silence glacial, qu'il n'arriva pas à temps, pour leur raconter ce que lui avait rapporté un chiffonnier, caché derrière l'échafaudage voisin d'une maison en construction, le jour où le pont du Carrousel, encore empreint de l'humide rosée de la nuit, aperçut avec horreur l'horizon de sa pensée s'élargir confusément en cercles concentriques, à l'apparition matinale du rythmique pétrissage d'un sac icosaèdre, contre son parapet calcaire ! Avant qu'il stimule leur compassion, par le souvenir de cet épisode, ils feront bien de détruire en eux la semence de l'espoir… Pour rompre votre paresse, mettez en usage les ressources d'une bonne volonté, marchez à côté de moi et ne perdez pas de vue ce fou, la tête surmontée d'un vase de nuit, qui pousse, devant lui, la main armée d'un bâton, celui que vous auriez de la peine à reconnaître, si je ne prenais soin de vous avertir, et de rappeler à votre oreille le mot qui se prononce Mervyn. Comme il est changé ! Les mains liées derrière le dos, il marche devant lui, comme s'il allait à l'échafaud, et, cependant, il n'est coupable d'aucun forfait. Ils sont arrivés dans l'enceinte circulaire de la place Vendôme. Sur l'entablement de la colonne massive, appuyé contre la balustrade carrée, à plus de cinquante mètres de hauteur du sol, un homme a lancé et déroulé un câble, qui tombe jusqu'à terre, à quelques pas d'Aghone. Avec de l'habitude, on fait vite une chose ; mais, je puis dire que celui-ci n'employa pas beaucoup de temps pour attacher les pieds de Mervyn à l'extrémité de la corde. Le rhinocéros avait appris ce qui allait arriver. Couvert de sueur, il apparut haletant, au coin de la rue Castiglione. Il n'eut même pas la satisfaction d'entreprendre le combat. L'individu, qui examinait les alentours du haut de la colonne, arma son révolver, visa avec soin et pressa la détente. Le commodore qui mendiait par les rues depuis le jour où avait commencé ce qu'il croyait être la folie de son fils et la mère, qu'on avait appelée la fille de neige, à cause de son extrême pâleur, portèrent en avant leur poitrine pour protéger le rhinocéros. Inutile soin. La balle troua sa peau, comme une vrille ; l'on aurait pu croire, avec une apparence de logique, que la mort devait infailliblement apparaître. Mais nous savions que, dans ce pachyderme, s'était introduite la substance du Seigneur. Il se retira avec chagrin. S'il n'était pas bien prouvé qu'il ne fût trop bon pour une de ses créatures, je plaindrais l'homme de la colonne ! Celui-ci, d'un coup sec de poignet, ramène à soi la corde ainsi lestée. Placée hors de la normale, ses oscillations balancent Mervyn, dont la tête regarde le bas. Il saisit vivement, avec ses mains, une longue guirlande d'immortelles, qui réunit deux angles consécutifs de la base, contre laquelle il coigne son front. Il emporte avec lui, dans les airs, ce qui n'était pas un point fixe. Après avoir amoncelé à ses pieds, sous forme d'ellipses superposées, une grande partie du câble, de manière que Mervyn reste suspendu à moitié hauteur de l'obélisque de bronze, le forçat évadé fait prendre, de la main droite, à l'adolescent, un mouvement accéléré de rotation uniforme, dans un plan parallèle à l'axe de la colonne, et ramasse, de la main gauche, les enroulements serpentins du cordage, qui gisent à ses pieds. La fronde siffle dans l'espace ; le corps de Mervyn la suit partout, toujours éloigné du centre par la force centrifuge, toujours gardant sa position mobile et équidistante, dans une circonférence aérienne, indépendante de la matière. Le sauvage civilisé lâche peu à peu, jusqu'à l'autre bout, qu'il retient avec un métacarpe ferme, ce qui ressemble à tort à une barre d'acier. Il se met à courir autour de la balustrade, en se tenant à la rampe par une main. Cette manœuvre a pour effet de changer le plan primitif de la révolution du câble, et d'augmenter sa force de tension, déjà si considérable. Dorénavant, il tourne majestueusement dans un plan horizontal, après avoir successivement passé, par une marche insensible, à travers plusieurs plans obliques. L'angle droit formé par la colonne et le fil végétal a ses côtés égaux ! Le bras du renégat et l'instrument meurtrier sont confondus dans l'unité linéaire, comme les éléments atomistiques d'un rayon de lumière pénétrant dans la chambre noire. Les théorèmes de la mécanique me permettent de parler ainsi ; hélas ! on sait qu'une force, ajoutée à une autre force, engendrent une résultante composée des deux forces primitives ! Qui oserait prétendre que le cordage linéaire ne se serait déjà rompu, sans la vigueur de l'athlète, sans la bonne qualité du chanvre ? Le corsaire aux cheveux d'or, brusquement et en même temps, arrête sa vitesse acquise, ouvre la main et lâche le câble. Le contrecoup de cette opération, si contraire aux précédentes, fait craquer la balustrade dans ses joints. Mervyn, suivi de la corde, ressemble à une comète traînant après elle sa queue flamboyante. L'anneau de fer du nœud coulant, miroitant aux rayons du soleil, engage à compléter soi-même l'illusion. Dans le parcours de sa parabole, le condamné à mort fend l'atmosphère, jusqu'à la rive gauche, la dépasse en vertu de la force d'impulsion que je suppose infinie, et son corps va frapper le dôme du Panthéon, tandis que la corde étreint, en partie, de ses replis, la paroi supérieure de l'immense coupole. C'est sur sa superficie sphérique et convexe, qui ne ressemble à une orange que pour la forme, qu'on voit, à toute heure du jour, un squelette desséché, resté suspendu. Quand le vent le balance, l'on raconte que les étudiants du quartier Latin, dans la crainte d'un pareil sort, font une courte prière : ce sont des bruits insignifiants auxquels on n'est point tenu de croire, et propres seulement à faire peur aux petits enfants. Il tient entre ses mains crispées, comme un grand ruban de vieilles fleurs jaunes. Il faut tenir compte de la distance, et nul ne peut affirmer, malgré l'attestation de sa bonne vue, que ce soient là, réellement, ces immortelles dont je vous ai parlé, et qu'une lutte inégale, engagée près du nouvel Opéra, vit détacher d'un piédestal grandiose. Il n'en est pas moins vrai que les draperies en forme de croissant de lune n'y reçoivent plus l'expression de leur symétrie définitive dans le nombre quaternaire : allez-y voir vous-même, si vous ne voulez pas me croire.

FIN DU SIXIÈME CHANT

Poésies I

POÉSIES I, Isidore Ducasse.

Je remplace la mélancolie par le courage, le doute par la certitude, le désespoir par l'espoir, la méchanceté par le bien, les plaintes par le devoir, le scepticisme par la foi, les sophismes par la froideur du calme et l'orgueil par la modestie.

PARIS

JOURNAUX POLITIQUES ET LITTÉRAIRES

LIBRAIRIE GABRIE

PASSAGE VERDEAU, 23

1870 (pp. 1-15).

À Georges DAZET, Henri MUE, Pedro ZUMARAN, Louis DURCOUR, Joseph BLEUMSTEIM, Joseph DURAND ;

À mes condisciples LESPÈS, Georges MINVIELLE, Auguste DELMAS ;

Aux Directeurs de Revues, Alfred SIRCOS, Frédéric DAMÉ ;

Aux AMIS passés, présents et futurs ;

À Monsieur HINSTIN, mon ancien professeur de rhétorique ;

sont dédiés, une fois pour toutes les autres, les prosaïques morceaux que j'écrirai dans la suite des âges, et dont le premier commence à voir le jour d'hui, typographiquement parlant.

POÉSIES I

Les gémissements poétiques de ce siècle ne sont que des sophismes.

Les premiers principes doivent être hors de discussion.

J'accepte Euripide et Sophocle ; mais je n'accepte pas Eschyle.

Ne faites pas preuve de manque des convenances les plus élémentaires et de mauvais goût envers le créateur.

Repoussez l'incrédulité : vous me ferez plaisir.

Il n'existe pas deux genres de poésies ; il n'en est qu'une.

Il existe une convention peu tacite entre l'auteur et le lecteur, par laquelle le premier s'intitule malade, et accepte le second comme garde-malade. C'est le poète qui console l'humanité ! Les rôles sont intervertis arbitrairement.

Je ne veux pas être flétri de la qualification de poseur.

Je ne laisserai pas des Mémoires.

La poésie n'est pas la tempête, pas plus que le cyclone. C'est un fleuve majestueux et fertile.

Ce n'est qu'en admettant la nuit physiquement, qu'on est parvenu à la faire passer moralement. Ô Nuits d'Young ! vous m'avez causé beaucoup de migraines !

On ne rêve que lorsque l'on dort. Ce sont des mots comme celui de rêve, néant de la vie, passage terrestre, la préposition peut-être, le trépied désordonné, qui ont infiltré dans vos âmes cette poésie moite des langueurs, pareille à de la pourriture. Passer des mots aux idées, il n'y a qu'un pas.

Les perturbations, les anxiétés, les dépravations, la mort, les exceptions dans l'ordre physique ou moral, l'esprit de négation, les abrutissements, les hallucinations servies par la volonté, les tourments, la destruction, les renversements, les larmes, les insatiabilités, les asservissements, les imaginations creusantes, les romans, ce qui est inattendu, ce qu'il ne faut pas faire, les singularités chimiques de vautour mystérieux qui guette la charogne de quelque illusion morte, les expériences précoces et avortées, les obscurités à carapace de punaise, la monomanie terrible de l'orgueil, l'inoculation des stupeurs profondes, les oraisons funèbres, les envies, les trahisons, les tyrannies, les impiétés, les irritations, les acrimonies, les incartades agressives, la démence, le spleen, les épouvantements raisonnés, les inquiétudes étranges, que le lecteur préférerait ne pas éprouver, les grimaces, les névroses, les filières sanglantes par lesquelles on fait passer la logique aux abois, les exagérations, l'absence de sincérité, les scies, les platitudes, le sombre, le lugubre, les enfantements pires que les meurtres, les passions, le clan des romanciers de cours d'assises, les tragédies, les odes, les mélodrames, les extrêmes présentés à perpétuité, la raison impunément sifflée, les odeurs de poule mouillée, les affadissements, les grenouilles, les poulpes, les requins, le simoun des déserts, ce qui est somnambule, louche, nocturne, somnifère, noctambule, visqueux, phoque parlant, équivoque, poitrinaire, spasmodique, aphrodisiaque, anémique, borgne, hermaphrodite, bâtard, albinos, pédéraste, phénomène d'aquarium et femme à barbe, les heures soûles du découragement taciturne, les fantaisies, les Acrotés, les monstres, les syllogismes démoralisateurs, les ordures, ce qui ne réfléchit pas comme l'enfant, la désolation, ce mancenillier intellectuel, les chancres parfumés, les cuisses aux camélias, la culpabilité d'un écrivain qui roule sur la pente du néant et se méprise lui-même avec des cris joyeux, les remords, les hypocrisies, les perspectives vagues qui vous broient dans leurs engrenages imperceptibles, les crachats sérieux sur les axiomes sacrés, la vermine et ses chatouillements insinuants, les préfaces insensées, comme celles de Cromwell, de Mlle de Maupin et de Dumas fils, les caducités, les impuissances, les blasphèmes, les asphyxies, les étouffements, les rages, — devant ces charniers immondes, que je rougis de nommer, il est temps de réagir enfin contre ce qui nous choque et nous courbe si souverainement.

Votre esprit est entraîné perpétuellement hors de ses gonds, et surpris dans le piège de ténèbres construit avec un art grossier par l'égoïsme et l'amour-propre.

Le goût est la qualité fondamentale qui résume toutes les autres qualités. C'est le nec plus ultra de l'intelligence. Ce n'est que par lui seul que le génie est la santé suprême et l'équilibre de toutes les facultés. Villemain est trente-quatre fois plus intelligent qu'Eugène Sue et Frédéric Soulié. Sa préface du Dictionnaire de l'Académie verra la mort des romans de Walter Scott, de Fenimore Cooper, de tous les romans possibles et imaginables. Le roman est un genre faux, parce qu'il décrit les passions pour elles-mêmes : la conclusion morale est absente. Décrire les passions n'est rien ; il suffit de naître un peu chacal, un peu vautour, un peu panthère. Nous n'y tenons pas. Les décrire, pour les soumettre à une haute moralité, comme Corneille, est autre chose. Celui qui s'abstiendra de faire la première choses tout en restant capable d'admirer et de comprendre ceux à qui il est donné de faire la deuxième, surpasse, de toute la supériorité des vertus sur les vices, celui qui fait la première.

Par cela seul qu'un professeur de seconde se dit : « Quand on me donnerait tous les trésors de l'univers, je ne voudrais pas avoir fait des romans pareils à ceux de Balzac et d'Alexandre Dumas, » par cela seul, il est plus intelligent qu'Alexandre Dumas et Balzac. Par cela seul qu'un élève de troisième s'est pénétré qu'il ne faut pas chanter les difformités physiques et intellectuelles, par cela seul, il est plus fort, plus capable, plus intelligent que Victor Hugo, s'il n'avait fait que des romans, des drames et des lettres.

Alexandre Dumas fils ne fera jamais, au grand jamais, un discours de distribution des prix pour un lycée. Il ne connaît pas ce que c'est que la morale. Elle ne transige pas. S'il le faisait, il devrait auparavant biffer d'un trait de plume tout ce qu'il a écrit jusqu'ici, en commençant par ses Préfaces absurdes. Réunissez un jury d'hommes compétents : je soutiens qu'un bon élève de seconde est plus fort que lui dans n'importe quoi, même dans la même dans la sale question des courtisanes.

Les chefs-d'œuvre de la langue française sont les discours de distribution pour les lycées, et les discours académiques. En effet, l'instruction de la jeunesse est peut-être la plus belle expression pratique du devoir, et une bonne appréciation des ouvrages de Voltaire (creusez le mot appréciation) est préférable à ces ouvrages eux-mêmes. — Naturellement !

Les meilleurs auteurs de romans et de drames dénatureraient à la longue la fameuse idée du bien, si les corps enseignants, conservatoires du juste, ne retenaient les générations jeunes et vieilles dans la voie de l'honnêteté et du travail.

En son nom personnel, malgré elle, il le faut, je viens renier, avec une volonté indomptable, et une ténacité de fer, le passé hideux de l'humanité pleurarde. Oui : je veux proclamer le beau sur une lyre d'or, défalcation faite des tristesses goitreuses et des fiertés stupides qui décomposent, à sa source, la poésie marécageuse de ce siècle. C'est avec les pieds que je foulerai les stances aigres du scepticisme, qui n'ont pas leur motif d'être. Le jugement, une fois entré dans l'efflorescence de son énergie, impérieux et résolu, sans balancer une seconde dans les incertitudes dérisoires d'une pitié mal placée, comme un procureur général, fatidiquement, les condamne. Il faut veiller sans relâche sur les insomnies purulentes et les cauchemars atrabilaires. Je méprise et j'exècre l'orgueil, et les voluptés infâmes d'une ironie, faite éteignoir, qui déplace la justesse de la pensée.

Quelques caractères, excessivement intelligents, il n'y a pas lieu que vous l'infirmiez par des palinodies d'un goût douteux, se sont jetés, à tête perdue, dans les bras du mal. C'est l'absinthe, savoureuse, je ne le crois pas, mais, nuisible, qui tua moralement l'auteur de Rolla. Malheur à ceux qui sont gourmands ! À peine est-il entré dans l'âge mûr, l'aristocrate anglais, que sa harpe se brise sous les murs de Missolonghi, après n'avoir cueilli sur son passage que les fleurs qui couvent l'opium des mornes anéantissements.

Quoique plus grand que les génies ordinaires, s'il s'était trouvé de son temps un autre poète, doué, comme lui, à doses semblables, d'une intelligence exceptionnelle, et capable de se présenter comme son rival, il aurait avoué, le premier, l'inutilité de ses efforts pour produire des malédictions disparates ; et que, le bien exclusif est, seul, déclaré digne, de par la voix de tous les mondes, de s'approprier notre estime. Le fait fut qu'il n'y eut personne pour le combattre avec avantage. Voilà ce qu'aucun n'a dit. Chose étrange ! même en feuilletant les recueils et les livres de son époque, aucun critique n'a songé à mettre en relief le rigoureux syllogisme qui précède. Et ce n'est que celui qui le surpassera qui peut l'avoir inventé. Tant on était rempli de stupeur et d'inquiétude, plutôt que d'admiration réfléchie, devant des ouvrages écrits d'une main perfide, mais qui révélaient, cependant, les manifestations imposantes d'une âme qui n'appartient pas au vulgaire des hommes, et qui se trouvait à son aise dans les conséquences dernières d'un des deux moins obscurs problèmes qui intéressent les cœurs non-solitaires : le bien, le mal. Il n'est pas donné à quiconque d'aborder les extrêmes, soit dans un sens, soit dans un autre. C'est ce qui explique pourquoi, tout en louant, sans arrière-pensée, l'intelligence merveilleuse dont il dénote à chaque instant la preuve, lui, un des quatre ou cinq phares de l'humanité, l'on fait, en silence, ses nombreuses réserves sur les applications et l'emploi injustifiables qu'il en a faits sciemment. Il n'aurait pas dû parcourir les domaines sataniques.

La révolte féroce des Troppmann, des Napoléon Ier, des Papavoine, des Byron, des Victor Noir et des Charlotte Corday sera contenue à distance de mon regard sévère. Ces grands criminels, à des titres si divers, je les écarte d'un geste. Qui croit-on tromper ici, je le demande avec une lenteur qui s'interpose ? O dadas de bagne ! Bulles de savon ! Pantins en baudruche ! Ficelles usées ! Qu'ils s'approchent, les Konrad, les Manfred, les Lara, les marins qui ressemblent au Corsaire, les Méphistophélès, les Werther, les Don Juan, les Faust, les Iago, les Rodin, les Caligula, les Caïu, les Iridion, les mégères à l'instar de Colomba, les Ahrimane, les manitous manichéens, barbouillés de cervelle, qui cuvent le sang de leurs victimes dans les pagodes sacrées de l'Hindoustan, le serpent, le crapaud et le crocodile, divinités, considérées comme anormales, de l'antique Égypte, les sorciers et les puissances démoniaques du moyen âge, les Prométhée, les Titans de la mythologie foudroyés par Jupiter, les Dieux Méchants vomis par l'imagination primitive des peuples barbares, — toute la série bruyante des diables en carton. Avec la certitude de les vaincre, je saisis la cravache de l'indignation et de la concentration qui soupèse, et j'attends ces monstres de pied ferme, comme leur dompteur prévu.

Il y a des écrivains ravalés, dangereux loustics, farceurs au quarteron, sombres mystificateurs, véritables aliénés, qui mériteraient de peupler Bicêtre. Leurs têtes crétinisantes, d'où une tuile a été enlevée, créent des fantômes gigantesques, qui descendent au lieu de monter. Exercice scabreux ; gymnastique spécieuse. Passez donc, grotesque muscade. S'il vous plaît, retirez-vous de ma présence, fabricateurs, à la douzaine, de rébus défendus, dans lesquels je n'apercevais pas auparavant, du premier coup, comme aujourd'hui, le joint de la solution frivole. Cas pathologique d'un égoïsme formidable. Automates fantastiques : indiquez-vous du doigt, l'un à l'autre, mes enfants, l'épithète qui les remet à leur place.

S'ils existaient, sous la réalité plastique, quelque part, ils seraient, malgré leur intelligence avérée, mais fourbe, l'opprobre, le fiel, des planètes qu'ils habiteraient la honte. Figurez-vous les, un instant, réunis en société avec des substances qui seraient leurs semblables. C'est une succession non interrompue de combats, dont ne rêveront pas les bouledogues, interdits en France, les requins et les macrocéphales-cachalots. Ce sont des torrents de sang, dans ces régions chaotiques pleines d'hydres et de minotaures, et d'où la colombe, effarée sans retour, s'enfuit à tire-d'aile. C'est un entassement de bêtes apocalyptiques, qui n'ignorent pas ce qu'elles font. Ce sont des chocs de passions, d'irréconciliabilités et d'ambitions, à travers les hurlements d'un orgueil qui ne se laisse pas lire, se contient, et dont personne ne peut, même approximativement, sonder les écueils et les bas-fonds.

Mais, ils ne m'en imposeront plus. Souffrir est une faiblesse, lorsqu'on peut s'en empêcher et faire quelque chose de mieux. Exhaler les souffrances d'une splendeur non équilibrée, c'est prouver, ô moribonds des maremmes perverses ! moins de résistance et de courage, encore. Avec ma voix et ma solennité des grands jours, je te rappelle dans mes foyers déserts, glorieux espoir. Viens t'asseoir à mes côtés, enveloppé du manteau des illusions, sur le trépied raisonnable des apaisements. Comme un meuble de rebut, je t'ai chassé de ma demeure, avec un fouet aux cordes de scorpions. Si tu souhaites que je sois persuadé que tu as oublié, en revenant chez moi, les chagrins que, sous l'indice des repentirs, je t'ai causés autrefois, creblu, ramène alors avec toi, cortège sublime, — soutenez-moi, je m'évanouis ! — les vertus offensées, et leurs impérissables redressements.

Je constate, avec amertume, qu'il ne reste plus que quelques gouttes de sang dans les artères de nos époques phtisiques. Depuis les pleurnicheries odieuses et spéciales, brevetées sans garantie d'un point de repère, des Jean-Jacques Rousseau, des Chateaubriand et des nourrices en pantalon aux poupons Obermann, à travers les autres poètes qui se sont vautrés dans le limon impur, jusqu'au songe de Jean-Paul, le suicide de Dolorès de Veintemilla, le Corbeau d'Allan, la Comédie Infernale du Polonais, les yeux sanguinaires de Zorilla, et l'immortel cancer, Une Charogne, que peignit autrefois, avec amour, l'amant morbide de la Vénus hottentote, les douleurs invraisemblables que ce siècle s'est créées à lui-même, dans leur voulu monotone et dégoûtant, l'ont rendu poitrinaire. Larves absorbantes dans leurs engourdissements insupportables !

Allez, la musique.

Oui, bonnes gens, c'est moi qui vous ordonne de brûler, sur une pelle, rougie au feu, avec un peu de sucre jaune, le canard du doute, aux lèvres de vermouth, qui, répandant, dans une lutte mélancolique entre le bien et le mal, des larmes qui ne viennent pas du cœur, sans machine pneumatique, fait, partout, le vide universel. C'est ce que vous avez de mieux à faire.

Le désespoir, se nourrissant avec un parti pris, de ses fantasmagories, conduit imperturbablement le littérateur à l'abrogation en masse des lois divines et sociales, et à la méchanceté théorique et pratique. En un mot, fait prédominer le derrière humain dans les raisonnements. Allez, et passez-moi le mot ! L'on devient méchant, je le répète, et les yeux prennent la teinte des condamnés à mort. Je ne retirerai pas ce que j'avance. Je veux que ma poésie puisse être lue par une jeune fille de quatorze ans.

La vraie douleur est incompatible avec l'espoir. Pour si grande que soit cette douleur, l'espoir, de cent coudées, s'élève plus haut encore. Donc, laissez-moi tranquille avec les chercheurs. À bas, les pattes, à bas, chiennes cocasses, faiseurs d'embarras, poseurs ! Ce qui souffre, ce qui dissèque les mystères qui nous entourent, n'espère pas. La poésie qui discute les vérités nécessaires est moins belle que celle qui ne les discute pas. Indécisions à outrance, talent mal employé, perte du temps : rien ne sera plus facile à vérifier.

Chanter Adamastor, Jocelyn, Rocambole, c'est puéril. Ce n'est même que parce que l'auteur espère que le lecteur sous-entend qu'il pardonnera à ses héros fripons, qu'il se trahit lui-même et s'appuie sur le bien pour faire passer la description du mal. C'est au nom de ces mêmes vertus que Frank a méconnues, que nous voulons bien le supporter, ô saltimbanques des malaises incurables.

Ne faites pas comme ces explorateurs sans pudeur, magnifiques, à leurs yeux, de mélancolie, qui trouvent des choses inconnues dans leur esprit et dans leur corps !

La mélancolie et la tristesse sont déjà le commencement du doute ; le doute est le commencement du désespoir ; le désespoir est le commencement cruel des différents degrés de la méchanceté. Pour vous en convaincre, lisez la Confession d'un enfant du siècle. La pente est fatale, une fois qu'on s'y engage. Il est certain qu'on arrive à la méchanceté. Méfiez-vous de la pente. Extirpez le mal par la racine. Ne flattez pas le culte d'adjectifs tels que indescriptible, inénarrable, rutilant, incomparable, colossal, qui mentent sans vergogne aux substantifs qu'ils défigurent : ils sont poursuivis par la lubricité.

Les intelligences de deuxième ordre, comme Alfred de Musset, peuvent pousser rétivement une ou deux de leurs facultés beaucoup plus loin que les facultés correspondantes des intelligences de premier ordre, Lamartine, Hugo. Nous sommes en présence du déraillement d'une locomotive surmenée. C'est un cauchemar qui tient la plume. Apprenez que l'âme se compose d'une vingtaine de facultés. Parlez-moi de ces mendiants qui ont un chapeau grandiose, avec des haillons sordides !

Voici un moyen de constater l'infériorité de Musset sous les deux poètes. Lisez, devant une jeune fille, Rolla ou les Nuits, les Fous de Cobb, sinon les portraits de Gwynplaine et de Dea, ou le Récit de Théramène d'Euripide, traduit en vers français par Racine le père. Elle tressaille, fronce les sourcils, lève et abaisse les mains, sans but déterminé, comme un homme qui se noie ; les yeux jetteront des lueurs verdâtres. Lisez-lui la Prière pour-tous, de Victor Hugo. Les effets sont diamétralement opposés. Le genre d'électricité n'est plus le même. Elle rit aux éclats, elle en demande davantage.

De Hugo, il ne restera que les poésies sur les enfants, où se trouve beaucoup de mauvais.

Paul et Virginie choque nos aspirations les plus profondes au bonheur. Autrefois, cet épisode qui broie du noir de la première à la dernière page, surtout le naufrage final, me faisait grincer des dents. Je me roulais sur le tapis et donnais des coups de pied à mon cheval en bois. La description de la douleur est un contre-sens. Il faut faire voir tout en beau. Si cette histoire était racontée dans une simple biographie, je ne l'attaquerais point. Elle change tout de suite de caractère. Le malheur devient auguste par la volonté impénétrable de Dieu qui le créa. Mais l'homme ne doit pas créer le malheur dans ses livres. C'est ne vouloir, à toutes forces, considérer qu'un seul côté des choses. O hurleurs maniaques que vous êtes !

Ne reniez pas l'immortalité de l'âme, la sagesse de Dieu, la grandeur de la vie, l'ordre qui se manifeste dans l'univers, la beauté corporelle, l'amour de la famille, le mariage, les institutions sociales. Laissez de côté les écrivassiers funestes : Sand, Balzac, Alexandre Dumas, Musset, Du Terrail, Féval, Flaubert, Baudelaire, Leconte et la Grève des Forgerons !

Ne transmettez à ceux qui vous lisent que l'expérience qui se dégage de la douleur, et qui n'est plus la douleur elle-même. Ne pleurez pas en public.

Il faut savoir arracher des beautés littéraires jusque dans le sein de la mort ; mais ces beautés n'appartiendront pas à la mort. La mort n'est ici que la cause occasionnelle. Ce n'est pas le moyen, c'est le but, qui n'est pas elle.

Les vérités immuables et nécessaires, qui font la gloire des nations, et que le doute s'efforce en vain d'ébranler, ont commencé depuis les âges. Ce sont des choses auxquelles on ne devrait pas toucher. Ceux qui veulent faire de l'anarchie en littérature, sous prétexte de nouveau, tombent dans le contre-sens. On n'ose pas attaquer Dieu ; on attaque l'immortalité de l'âme. Mais, l'immortalité de l'âme, elle aussi, est vieille comme les assises du monde. Quelle autre croyance la remplacera, si elle doit être remplacée ? Ce ne sera pas toujours une négation.

Si l'on se rappelle la vérité d'où découlent toutes les autres, la bonté absolue de Dieu et son ignorance absolue du mal, les sophismes s'effondreront d'eux-mêmes. S'effondrera, dans un temps pareil, la littérature peu poétique qui s'est appuyée sur eux. Toute littérature qui discute les axiomes éternels est condamnée à ne vivre que d'elle-même. Elle est injuste. Elle se dévore le foie. Les norissima Verba font sourire superbement les gosses sans mouchoir de la quatrième. Nous n'avons pas le droit d'interroger le Créateur sur quoi que ce soit.

Si vous êtes malheureux, il ne faut pas le dire au lecteur. Gardez cela pour vous.

Si on corrigeait les sophismes dans le sens des vérités correspondantes à ces sophismes, ce n'est que la correction qui serait vraie ; tandis que la pièce ainsi remaniée, aurait le droit de ne plus s'intituler fausse. Le reste serait hors du vrai, avec trace de faux, par conséquent nul, et considéré, forcément, comme non avenu.

La poésie personnelle a fait son temps de jongleries relatives et de contorsions contingentes. Reprenons le fil indestructible de la poésie impersonnelle, brusquement interrompu depuis la naissance du philosophe manqué de Ferney, depuis l'avortement du grand Voltaire.

Il parait beau, sublime, sous prétexte d'humilité ou d'orgueil, de discuter les causes finales, d'en fausser les conséquences stables et connues. Détrompez-vous, parce qu'il n'y a rien de plus bête ! Renouons la chaîne régulière avec les temps passés ; la poésie est la géométrie par excellence. Depuis Racine, la poésie n'a pas progressé d'un millimètre. Elle a reculé. Grâce à qui ? aux Grandes-Têtes-Molles de notre époque. Grâce aux femmelettes, Chateaubriand, le Mohican-Mélancolique ; Sénancourt, l'Homme-en-Jupon ; Jean-Jacques Rousseau, le Socialiste-Grincheur ; Anne Radcliffe, le Spectre-Toqué ; Edgar Poë, le Mameluck-des-Rêves-d'Alcool ; Mathurin, le Compère-des-Ténèbres ; Georges Sand, l'Hermaphrodite-Circoncis ; Théophile Gautier, l'Incomparable-Epicier ; Leconte, le Captif-du-Diable ; Goethe, le Suicidé-pour-Pleurer ; Sainte-Beuve, le Suicidé-pour-Rire ; Lamartine, la Cigogne-Larmoyante ; Lermontoff, le Tigre-qui-Rugit ; Victor Hugo, le Funèbre-Échalas-Vert ; Misçkiéwicz, l'Imitateur-de-Satan ; Musset, le Gandin-Sans-Chemise-Intellectuelle ; et Byron, l'Hippopotame-des-Jungles-Infernales.

Le doute a existé de tout temps en minorité. Dans ce siècle, il est en majorité. Nous respirons la violation du devoir par les pores. Cela ne s'est vu qu'une fois ; cela ne se reverra plus.

Les notions de la simple raison sont tellement obscurcies à l'heure qu'il est, que, la première chose que font les professeurs de quatrième, quand ils apprennent à faire des vers latins à leurs élèves, jeunes poètes dont la lèvre est humectée du lait maternel, c'est de leur dévoiler par la pratique le nom d'Alfred de Musset. Je vous demande un peu, beaucoup ! Les professeurs de troisième, donc, donnent, dans leurs classes à traduire, en vers grecs, deux sanglants épisodes. Le premier, c'est la repoussante comparaison du pélican. Le deuxième, sera l'épouvantable catastrophe arrivée à un laboureur. À quoi bon regarder le mal ? N'est-il pas en minorité ? Pourquoi pencher la tête d'un lycéen sur des questions qui, faute de n'avoir pas été comprises, ont fait perdre la leur à des hommes tels que Pascal et Byron ?

Un élève m'a raconté, que son professeur de seconde avait donné à sa classe, jour par jour, ces deux charognes à traduire en vers hébreux. Ces plaies de la nature animale et humaine le rendirent malade pendant un mois, qu'il passa à l'infirmerie. Comme nous nous connaissions, il me fit demander par sa mère. Il me raconta, quoique avec naïveté, que ses nuits étaient troublées par des rêves de persistance. Il croyait voir une armée de pélicans qui s'abattaient sur sa poitrine, et la lui déchiraient. Ils s'envolaient ensuite vers une chaumière en flammes. Ils mangeaient la femme du laboureur et ses enfants. Le corps noirci de brûlures, le laboureur sortait de la maison, engageait avec les pélicans un combat atroce. Le tout se précipitait dans la chaumière, qui retombait en éboulements. De la masse soulevée des décombres — cela ne ratait jamais — il voyait sortir son professeur de seconde, tenant d'une main son cœur, de l'autre une feuille de papier où l'on déchiffrait, en traits de soufre, la comparaison du pélican et celle du laboureur, telles que Musset lui-même les a composées. Il ne fut pas facile, au premier abord, de pronostiquer son genre de maladie. Je lui recommandai de se taire soigneusement, et de n'en parler à personne, surtout à son professeur de seconde. Je conseillai à sa mère de le prendre quelques jours chez elle, en assurant que cela se passerait. En effet, j'avais soin d'arriver chaque jour pendant quelques heures, et cela se passa.

Il faut que la critique attaque la forme, jamais le fond de vos idées, de vos phrases. Arrangez-vous.

Les sentiments sont la forme de raisonnement la plus incomplète qui se puisse imaginer.

Toute l'eau de la mer ne suffirait pas à laver une tache de sang intellectuelle.

Poésies II

Librairie Gabrie, 1870 (pp. 1-16), Isidore Ducasse

POÉSIES II

Le génie garantit les facultés du cœur.

L'homme n'est pas moins immortel que l'âme.

Les grandes pensées viennent de la raison !

La fraternité n'est pas un mythe.

Les enfants qui naissent ne connaissent rien de la vie, pas même la grandeur.

Dans le malheur, les amis augmentent.

Vous qui entrez, laissez tout désespoir.

Bonté, ton nom est homme.

C'est ici que demeure la sagesse des nations.

Chaque fois que j'ai lu Shakespeare, il m'a semblé que je déchiquète la cervelle d'un jaguar.

J'écrirai mes pensées avec ordre, par un dessein sans confusion. Si elles sont justes, la première venue sera la conséquence des autres. C'est le véritable ordre. Il marque mon objet par le désordre calligraphique. Je ferais trop de déshonneur à mon sujet, si je ne le traitais pas avec ordre. Je veux montrer qu'il en est capable.

Je n'accepte pas le mal. L'homme est parfait. L'âme ne tombe pas. Le progrès existe. Le bien est irréductible. Les antéchrists, les anges accusateurs, les peines éternelles, les religions sont le produit du doute.

Dante, Milton, décrivant hypothétiquement les landes infernales, ont prouvé que c'étaient des hyènes de première espèce. La preuve est excellente. Le résultat est mauvais. Leurs ouvrages ne s'achètent pas.

L'homme est un chêne. La nature n'en compte pas de plus robuste. Il ne faut pas que l'univers s'arme pour le défendre. Une goutte d'eau ne suffit pas à sa préservation. Même quand l'univers le défendrait, il ne serait pas plus déshonoré que ce qui ne le préserve pas. L'homme sait que son règne n'a pas de mort, que l'univers possède un commencement. L'univers ne sait rien : c'est, tout au plus, un roseau pensant.

Je me figure Élohim plutôt froid que sentimental.

L'amour d'une femme est incompatible avec l'amour de l'humanité. L'imperfection doit être rejetée. Rien n'est plus imparfait que l'égoïsme à deux. Pendant la vie, les défiances, les récriminations, les serments écrits dans la poudre pullulent. Ce n'est plus l'amant de Chimène ; c'est l'amant de Graziella. Ce n'est plus Pétrarque ; c'est Alfred de Musset. Pendant la mort, un quartier de roche auprès de la mer, un lac quelconque, la forêt de Fontainebleau, l'île d'Ischia, un cabinet de travail en compagnie d'un corbeau, une chambre ardente avec un crucifix, un cimetière où surgit, aux rayons d'une lune qui finit par agacer, l'objet aimé, des stances où un groupe de filles dont on ne sait pas le nom, viennent balader à tour de rôle, donner la mesure de l'auteur, font entendre des regrets. Dans les deux cas, la dignité ne se retrouve point.

L'erreur est la légende douloureuse.

Les hymnes à Élohim habituent la vanité à ne pas s'occuper des choses de la terre. Tel est l'écueil des hymnes. Ils déshabituent l'humanité à compter sur l'écrivain. Elle le délaisse. Elle l'appelle mystique, aigle, parjure à sa mission. Vous n'êtes pas la colombe cherchée.

Un pion pourrait se faire un bagage littéraire, en disant le contraire de ce qu'ont dit les poètes de ce siècle. Il remplacerait leurs affirmations par des négations. Réciproquement. S'il est ridicule d'attaquer les premiers principes, il est plus ridicule de les défendre contre ces mêmes attaques. Je ne les défendrai pas.

Le sommeil est une récompense pour les uns, un supplice pour les autres. Pour tous, il est une sanction.

Si la morale de Cléopâtre eût été moins courte, la face de la terre aurait changé. Son nez n'en serait pas devenu plus long.

Les actions cachées sont les plus estimables. Lorsque j'en vois tant dans l'histoire, elles me plaisent beaucoup. Elles n'ont pas été tout à fait cachées. Elles ont été sues. Ce peu, par où elles ont paru, en augmente le mérite. C'est le plus beau de n'avoir pas pu les cacher.

Le charme de la mort n'existe que pour les courageux.

L'homme est si grand, que sa grandeur parait surtout en ce qu'il ne veut pas se connaître misérable. Un arbre ne se connaît pas grand. C'est être grand que de se connaître grand. C'est être grand que de ne pas vouloir se connaître misérable. Sa grandeur réfute ces misères. Grandeur d'un roi.

Lorsque j'écris ma pensée, elle ne m'échappe pas. Cette action me fait souvenir de ma force que j'oublie à toute heure. Je m'instruis à proportion de ma pensée enchaînée. Je ne tends qu'à connaître la contradiction de mon esprit avec le néant.

Le cœur de l'homme est un livre que j'ai appris à estimer.

Non imparfait, non déchu, l'homme n'est plus le grand mystère.

Je ne permets à personne, pas même à Elohim, de douter de ma sincérité.

Nous sommes libres de faire le bien.

Le jugement est infaillible.

Nous ne sommes pas libres de faire le mal.

L'homme est le vainqueur des chimères, la nouveauté de demain, la régularité dont gémit le chaos, le sujet de la conciliation. Il juge de toutes choses. Il n'est pas imbécile. Il n'est pas ver de terre. C'est le dépositaire du vrai, l'amas de certitude, la gloire, non le rebut de l'univers. S'il s'abaisse, je le vante. S'il se vante, je le vante davantage. Je le concilie. Il parvient à comprendre qu'il est la sœur de l'ange.

Il n'y a rien d'incompréhensible.

La pensée n'est pas moins claire que le cristal. Une religion, dont les mensonges s'appuient sur elle, peut la troubler quelques minutes, pour parler de ces effets qui durent longtemps. Pour parler de ces effets qui durent peu de temps, un assassinat de huit personnes aux portes d'une capitale, la troublera — c'est certain — jusqu'à la destruction du mal. La pensée ne tarde pas à reprendre sa limpidité.

La poésie doit avoir pour but la vérité pratique. Elle énonce les rapports qui existent entre les premiers principes et les vérités secondaires de la vie. Chaque chose reste à sa place. La mission de la poésie est difficile. Et elle ne se mêle pas aux événements de la politique, à la manière dont on gouverne un peuple, ne fait pas allusion aux périodes historiques, aux coups d'État, aux régicides, aux intrigues des cours. Elle ne parle pas des luttes que l'homme engage, par exception, avec lui-même, avec ses passions. Elle découvre les lois qui font vivre la politique théorique, la paix universelle, les réfutations de Machiavel, les cornets dont se composent les ouvrages de Proudhon, la psychologie de l'humanité. Un poète doit être plus utile qu'aucun citoyen de sa tribu. Son œuvre est le code des diplomates, des législateurs, des instructeurs de la jeunesse. Nous sommes loin des Homère, des Virgile, des Klopstock, des Camoëns, des imaginations émancipées, des fabricateurs d'odes, des marchands d'épigrammes contre la divinité. Revenons à Confucius, au Boudha, à Socrate, à Jésus-Christ, moralistes qui couraient les villages en souffrant de faim ! Il faut compter désormais avec la raison, qui n'opère que sur les facultés qui président à la catégorie des phénomènes de la bonté pure.

Rien n'est plus naturel que de lire le Discours de la Méthode après avoir lu Bérénice. Rien n'est moins naturel que de lire le Traité de l'Induction de Biéchy, le Problème du Mal de Naville, après avoir lu les Feuilles d'Automne, les Contemplations. La transition se perd. L'esprit regimbe contre la ferraille, la mystagogie. Le cœur est ahuri devant ces pages qu'un fantoche griffonna. Cette violence l'éclaire. Il ferme le livre. Il verse une larme à la mémoire des auteurs sauvages. Les poètes contemporains ont abusé de leur intelligence. Les philosophes n'ont pas abusé de la leur. Le souvenir des premiers s'éteindra. Les derniers sont classiques.

Racine, Corneille, auraient été capables de composer les ouvrages de Descartes, de Malebranche, de Bâcon. L'âme des premiers est une avec celle des derniers. Lamartine, Hugo, n'auraient pas été capables de composer le Traité de l'Intelligence. L'âme de son auteur n'est pas adéquate avec celle des premiers. La fatuité leur a fait perdre les qualités centrales. Lamartine, Hugo, quoique supérieurs à Taine, ne possèdent, comme lui, que des — il est pénible de faire cet aveu — facultés secondaires.

Les tragédies excitent la pitié, la terreur, par le devoir. C'est quelque chose. C'est mauvais. Ce n'est pas si mauvais que le lyrisme moderne. La Médée de Legouvé est préférable à la collection des ouvrages de Byron, de Capendu, de Zaccone, de Félix, de Gagne, de Gaboriau, de Lacordaire, de Sardou, de Gœthe, de Ravignan, de Charles Diguet. Quel écrivain d'entre vous, je prie, peut soulever — qu'est-ce ? Quels sont ces reniflements de la résistance ? — Le poids du Monologue d'Auguste ! Les vaudevilles barbares de Hugo ne proclament pas le devoir. Les mélodrames de Racine, de Corneille, les romans de La Calprenède le proclament. Lamartine n'est pas capable de composer la Phèdre de Pradon ; Hugo, le Venceslas de Rotrou ; Sainte-Beuve, les tragédies de Laharpe, de Marmontel. Musset est capable de faire des proverbes. La tragédie est une erreur involontaire, admet la lutte, est le premier pas du bien, ne paraîtra pas dans cet ouvrage. Elle conserve son prestige. Il n'en est pas de même du sophisme, — après — coup le gongorisme métaphysique des autoparodistes de mon temps héroïco-burlesque.

Le principe des cultes est l'orgueil. Il est ridicule d'adresser la parole à Elohim, comme ont fait les Job, les Jérémie, les David, les Salomon, les Turquéty. La prière est un acte faux. La meilleure manière de lui plaire est indirecte, plus conforme à notre force. Elle consiste à rendre notre race heureuse. Il n'y a pas deux manières de plaire à Elohim. L'idée du bien est une. Ce qui est le bien en moins l'étant en plus, je permets que l'on me cite l'exemple de la maternité. Pour plaire à sa mère, un fils ne lui criera pas qu'elle est sage, radieuse, qu'il se conduira de façon à mériter la plupart de ses éloges. Il fait autrement. Au lieu de le dire lui-même, il le fait penser par ses actes, se dépouille de cette tristesse qui gonfle les chiens de Terre-Neuve. Il ne faut pas confondre la bonté d'Elohim avec la trivialité. Chacun est vraisemblable. La familiarité engendre le mépris ; la vénération engendre le contraire. Le travail détruit l'abus des sentiments.

Nul raisonneur ne croit contre sa raison.

La foi est une vertu naturelle par laquelle nous acceptons les vérités qu'Elohim nous révèle par la conscience.

Je ne connais pas d'autre grâce que celle d'être né. Un esprit impartial la trouve complète.

Le bien est la victoire sur le mal, la négation du mal. Si l'on chante le bien, le mal est éliminé par cet acte congru. Je ne chante pas ce qu'il ne faut pas faire. Je chante ce qu'il faut faire. Le premier ne contient pas le second. Le second contient le premier.

La jeunesse écoute les conseils de l'âge mur. Elle a une confiance illimitée en elle-même.

Je ne connais pas d'obstacle qui passe les forces de l'esprit humain, sauf la vérité.

La maxime n'a pas besoin d'elle pour se prouver. Un raisonnement demande un raisonnement. La maxime est une loi qui renferme un ensemble de raisonnements. Un raisonnement se complète à mesure qu'il s'approche de la maxime. Devenu maxime, sa perfection rejette les preuves de la métamorphose.

Le doute est un hommage rendu à l'espoir. Ce n'est pas un hommage volontaire. L'espoir ne consentirait pas à n'être qu'un hommage.

Le mal s'insurge contre le bien. Il ne peut pas faire moins.

C'est une preuve d'amitié de ne pas s'apercevoir de l'augmentation de celle de nos amis.

L'amour n'est pas le bonheur.

Si nous n'avions point de défauts, nous ne prendrions pas tant de plaisir à nous corriger, à louer dans les autres ce qui nous manque.

Les hommes qui ont pris la résolution de détester leurs semblables ignorent qu'il faut commencer par se détester soi-même.

Les hommes qui ne se battent pas en duel croient que les hommes qui se battent au duel à mort sont courageux.

Comme les turpitudes du roman s'accroupissent aux étalages ! Pour un homme qui se perd, comme un autre pour une pièce de cent sous, il semble parfois qu'on tuerait un livre.

Lamartine a cru que la chute d'un ange deviendrait l'Elévation d'un Homme. Il a eu tort de le croire.

Pour faire servir le mal à la cause du bien, je dirai que l'intention du premier est mauvaise.

Une vérité banale renferme plus de génie que les ouvrages de Dickens, de Gustave Aymard, de Victor Hugo, de Landelle. Avec les derniers, un enfant, survivant à l'univers, ne pourrait pas reconstruire l'âme humaine. Avec la première, il le pourrait. Je suppose qu'il ne découvrît pas tôt ou tard la définition du sophisme.

Les mots qui expriment le mal sont destinés à prendre une signification d'utilité. Les idées s'améliorent. Le sens des mots y participe.

Le plagiat est nécessaire. Le progrès l'implique. Il serre de près la phrase d'un auteur, se sert de ses expressions, efface une idée fausse, la remplace par l'idée juste.

Une maxime, pour être bien faite, ne demande pas à être corrigée. Elle demande à être développée.

Dès que l'aurore a paru, les jeunes filles vont cueillir des roses. Un courant d'innocence parcourt les vallons, les capitales, secourt l'intelligence des poètes les plus enthousiastes, laisse tomber des protections pour les berceaux, des couronnes pour la jeunesse, des croyances à l'immortalité pour les vieillards.

J'ai vu les hommes lasser les moralistes a découvrir leur cœur, faire répandre sur eux la bénédiction d'en haut. Ils émettaient des méditations aussi vastes que possible, réjouissaient l'auteur de nos félicités. Ils respectaient l'enfance, la vieillesse, ce qui respire comme ce qui ne respire pas, rendaient hommage à la femme, consacraient à la pudeur les parties que le corps se réserve de nommer. Le firmament, dont j'admets la beauté, la terre, image de mon cœur, furent invoqués par moi, afin de me désigner un homme qui ne se crût pas bon. Le spectacle de ce monstre, s'il eût été réalisé, ne m'aurait pas fait mourir d'étonnement : on meurt à plus. Tout ceci se passe de commentaires.

La raison, le sentiment se conseillent, se suppléent. Quiconque ne connaît qu'un des deux, en renonçant à l'autre, se prive de la totalité des secours qui nous ont été accordés pour nous conduire. Vauvenargues a dit « se prive d'une partie des secours. »

Quoique sa phrase, la mienne reposent sur les personnifications de l'âme dans le sentiment, la raison, celle que je choisirais au hasard ne serait pas meilleure que l'autre, si je les avais faites. L'une ne peut pas être rejetée par moi. L'autre a pu être acceptée de Vauvenargues.

Lorsqu'un prédécesseur emploie au bien un mot qui appartient au mal, il est dangereux que sa phrase subsiste à côté de l'autre. Il vaut mieux laisser au mot la signification du mal. Pour employer au bien un mot qui appartient au mal, il faut en avoir le droit. Celui qui emploie au mal les mots qui appartiennent au bien ne le possède pas. Il n'est pas cru. Personne ne voudrait se servir de la cravate de Gérard de Nerval.

L'âme étant une, l'on peut introduire dans le discours la sensibilité, l'intelligence, la volonté, la raison, l'imagination, la mémoire.

J'avais passé beaucoup de temps dans l'étude des sciences abstraites. Le peu de gens avec qui on communique n'était pas fait pour m'en dégoûter. Quand j'ai commencé l'étude de l'homme, j'ai vu que ces sciences lui sont propres, que je sortais moins de ma condition en y pénétrant que les autres en les ignorant. Je leur ai pardonné de ne s'y point appliquer ! Je ne crus pas trouver beaucoup de compagnons dans l'étude de l'homme. C'est celle qui lui est propre. J'ai été trompé. Il y en a plus qui l'étudient que la géométrie.

Nous perdons la vie avec joie, pourvu qu'on n'en parle point.

Les passions diminuent avec l'âge. L'amour, qu'il ne faut pas classer parmi les passions, diminue de même. Ce qu'il perd d'un côté, il le regagne de l'autre. Il n'est plus sévère pour l'objet de ses vœux, se rendant justice à lui-même : l'expansion est acceptée. Les sens n'ont plus leur aiguillon pour exciter les sexes de la chair. L'amour de l'humanité commence. Dans ces jours où l'homme sent qu'il devient un autel que parent ses vertus, fait le compte de chaque douleur qui se releva, l'âme, dans un repli du cœur où tout semble prendre naissance, sent quelque chose qui ne palpite plus. J'ai nommé le souvenir.

L'écrivain, sans séparer l'une de l'autre, peut indiquer la loi qui régit chacune de ses poésies.

Quelques philosophes sont plus intelligents que quelques poètes. Spinoza, Malebranche, Aristote, Platon, ne sont pas Hégésippe Moreau, Malfilatre, Gilbert, André Chénier.

Faust, Manfred, Konrad, sont des types. Ce ne sont pas encore des types raisonnants. Ce sont déjà des types agitateurs.

Les descriptions sont une prairie, trois rhinocéros, la moitié d'un catafalque. Elles peuvent être le souvenir, la prophétie. Elles ne sont pas le paragraphe que je suis sur le point de terminer.

Le régulateur de l'âme n'est pas le régulateur d'une âme. Le régulateur d'une âme est le régulateur de l'âme, lorsque ces deux espèces d'âmes sont assez confondues pour pouvoir affirmer qu'un régulateur n'est une régulatrice que dans l'imagination d'un fou qui plaisante.

Le phénomène passe. Je cherche les lois.

Il y a des hommes qui ne sont pas des types. Les types ne sont pas des hommes. Il ne faut pas se laisser dominer par l'accidentel.

Les jugements sur la poésie ont plus de valeur que la poésie. Ils sont la philosophie de la poésie. La philosophie, ainsi comprise, englobe la poésie. La poésie ne pourra pas se passer de lu philosophie. La philosophie pourra se passer de la poésie.

Racine n'est pas capable de condenser ses tragédies dans des préceptes. Une tragédie n'est pas un précepte. Pour un même esprit, un précepte est une action plus intelligente qu'une tragédie.

Mettez une plume d'oie dans la main d'un moraliste qui soit écrivain de premier ordre. Il sera supérieur aux poètes.

L'amour de la justice n'est, en la plupart des hommes, que le courage de souffrir l'injustice.

Cache-toi, guerre.

Les sentiments expriment le bonheur, font sourire. L'analyse des sentiments exprime le bonheur, toute personnalité mise à part ; fait sourire. Les premiers élèvent l'âme, dépendamment de l'espace, de la durée, jusqu'à la conception de l'humanité, considérée en elle-même, dans ses membres illustres. La dernière élève l'âme, indépendamment de la durée, de l'espace, jusqu'à la conception de l'humanité, considérée dans son expression la plus haute, la volonté ! Les premiers s'occupent des vices, des vertus ; la dernière ne s'occupe que des vertus. Les sentiments ne connaissent pas l'ordre de leur marche. L'analyse des sentiments apprend à le faire connaître, augmente la vigueur des sentiments. Avec les premiers, tout est incertitude. Ils sont l'expression du bonheur, de la douleur, deux extrêmes. Avec la dernière, tout est certitude. Elle est l'expression de ce bonheur qui résulte, à un moment donné, de savoir se retenir, au milieu des passions bonnes ou mauvaises. Elle emploie son calme à fondre la description de ces passions dans un principe qui circule à travers les pages : la non-existence du mal. Les sentiments pleurent quand il le leur faut, comme quand il ne le leur faut pas. L'analyse des sentiments ne pleure pas. Elle possède une sensibilité latente, qui prend au dépourvu, emporte au-dessus des misères, apprend à se passer de guide, fournit une arme de combat. Les sentiments, marque de la faiblesse, ne sont pas le sentiment ! L'analyse du sentiment, marque de la force, engendre les sentiments les plus magnifiques que je connaisse. L'écrivain qui se laisse tromper par les sentiments ne doit pas être mis en ligne de compte avec l'écrivain qui ne se laisse tromper ni par les sentiments, ni par lui-même. La jeunesse se propose des élucubrations sentimentales. L'âge mur commence à raisonner sans trouble. Il ne faisait que sentir, il pense. Il laissait vagabonder ses sensations : voici qu'il leur donne un pilote. Si je considère l'humanité comme une femme, je ne développerai pas que sa jeunesse est à son déclin, que son âge mur s'approche. Son esprit change dans le sens du mieux. L'idéal de sa poésie changera. Les tragédies, les poèmes, les élégies ne primeront plus. Primera la froideur de la maxime ! Du temps de Quinault, l'on aurait été capable de comprendre ce que je viens de dire. Grâce à quelques lueurs, éparses, depuis quelques années, dans les revues, les in-folios, j'en suis capable moi-même. Le genre que j'entreprends est aussi différent du genre des moralistes, qui ne font que constater le mal, sans indiquer le remède, que ce dernier ne l'est pas des mélodrames, des oraisons funèbres, de l'ode, de la stance religieuse. Il n'y a pas le sentiment des luttes.

Elohim est fait à l'image de l'homme.

Plusieurs choses certaines sont contredites. Plusieurs choses fausses sont incontredites. La contradiction est la marque de la fausseté. L'incontradiction est la marque de la certitude.

Une philosophie pour les sciences existe. Il n'en existe pas pour la poésie. Je ne connais pas de moraliste qui soit poète de premier ordre. C'est étrange, dira quelqu'un.

C'est une chose horrible de sentir s'écouler ce qu'on possède. L'on ne s'y attache même qu'avec l'envie de chercher s'il n'a point quelque chose de permanent.

L'homme est un sujet vide d'erreurs. Tout lui montre la vérité. Rien ne l'abuse. Les deux principes de la vérité, raison, sens, outre qu'ils ne manquent pas de sincérité, s'éclaircissent l'un l'autre. Les sens éclaircissent la raison par des apparences vraies. Ce même service qu'ils lui font, ils la reçoivent d'elle. Chacun prend sa revanche. Les phénomènes de l'âme pacifient les sens, leur font des impressions que je ne garantis pas fâcheuses. Ils ne mentent pas. Ils ne se trompent pas à l'envie.

La poésie doit être faite par tous. Non par un. Pauvre Hugo ! Pauvre Racine ! Pauvre Coppée ! Pauvre Corneille ! Pauvre Boileau ! Pauvre Scarron ! Tics, tics, et tics.

Les sciences ont deux extrémités qui se touchent. La première est l'ignorance où se trouvent les hommes en naissant. La deuxième est celle qu'atteignent les grandes âmes. Elles ont parcouru ce que les hommes peuvent savoir, trouvent qu'ils savent tout, se rencontrent dans cette même ignorance d'où ils étaient partis. C'est une ignorance savante, qui se connaît. Ceux d'entre eux qui, étant sortis de la première ignorance, n'ont pu arriver à l'autre, ont quelque teinture de cette science suffisante, font les entendus. Ceux-là ne troublent pas le monde, ne jugent pas plus mal de tout que les autres. Le peuple, les habiles composent le train d'une nation. Les autres, qui la respectent, n'en sont pas moins respectés.

Pour savoir les choses, il ne faut pas en savoir le détail. Comme il est fini, nos connaissances sont solides.

L'amour ne se confond pas avec la poésie.

La femme est à mes pieds !

Pour décrire le ciel, il ne faut pas y transporter les matériaux de la terre. Il faut laisser la terre, ses matériaux, là où ils sont, afin d'embellir la vie par son idéal. Tutoyer Elohim, lui adresser la parole, est une bouffonnerie qui n'est pas convenable. Le meilleur moyen d'être reconnaissant envers lui, n'est pas de lui corner aux oreilles qu'il est puissant, qu'il a créé le monde, que nous sommes des vermisseaux en comparaison de sa grandeur. Il le sait mieux que nous. Les hommes peuvent se dispenser de le lui apprendre. Le meilleur moyen d'être reconnaissant envers lui est de consoler l'humanité, de rapporter tout à elle, de la prendre par la main, de la traiter en frère. C'est plus vrai.

Pour étudier l'ordre, il ne faut pas étudier le désordre. Les expériences scientifiques, comme les tragédies, les stances à ma sœur, le galimatias des infortunes n'ont rien à faire ici-bas.

Toutes les lois ne sont pas bonnes à dire.

Étudier le mal, pour faire sortir le bien, n'est pas étudier le bien en lui-même. Un phénomène bon étant donné, je chercherai sa cause.

Jusqu'à présent, l'on a décrit le malheur, pour inspirer la terreur, la pitié. Je décrirai le bonheur pour inspirer leurs contraires.

Une logique existe pour la poésie. Ce n'est pas la même que celle de la philosophie. Les philosophes ne sont pas autant que les poètes. Les poètes ont le droit de se considérer au-dessus des philosophes.

Je n'ai pas besoin de m'occuper de ce que je ferai plus tard. Je devais faire ce que je fais. Je n'ai pas besoin de découvrir quelles choses je découvrirai plus tard. Dans la nouvelle science, chaque chose vient à son tour, telle est son excellence.

Il y a de l'étoffe du poète dans les moralistes, les philosophes. Les poètes renferment le penseur. Chaque caste soupçonne l'autre, développe ses qualités au détriment de celles qui la rapprochent de l'autre caste. La jalousie des premiers ne veut pas avouer que les poètes sont plus forts qu'elle. L'orgueil des derniers se déclare incompétent à rendre justice à des cervelles plus tendres. Quelle que soit l'intelligence d'un homme, il faut que le procédé de penser soit le même pour tous.

L'existence des tics étant constatée, que l'on ne s'étonne pas de voir les mêmes mots revenir plus souvent qu'à leur tour : dans Lamartine, les pleurs qui tombent des naseaux de son cheval, la couleur des cheveux de sa mère ; dans Hugo, l'ombre et le détraqué, font partie de la reliure.

La science que j'entreprends est une science distincte de la poésie. Je ne chante pas cette dernière. Je m'efforce de découvrir sa source. A travers le gouvernail qui dirige toute pensée poétique, les professeurs de billard distingueront le développement des thèses sentimentales.

Le théorème est railleur de sa nature. Il n'est pas indécent. Le théorème ne demande pas à servir d'application. L'application qu'on en fait rabaisse le théorème, se rend indécente. Appelez la lutte contre la matière, contre les ravages de l'esprit, application.

Lutter contre le mal, est lui faire trop d'honneur. Si je permets aux hommes de le mépriser, qu'ils ne manquent pas de dire que c'est tout ce que je puis faire pour eux.

L'homme est certain de ne pas se tromper.

Nous ne nous contentons pas de la vie que nous avons en nous. Nous voulons vivre dans l'idée des autres d'une vie imaginaire. Nous nous efforçons de paraître tels que nous sommes. Nous travaillons à conserver cet être imaginaire, qui n'est autre chose que le véritable. Si nous avons la générosité, la fidélité, nous nous empressons de ne pas le faire savoir, afin d'attacher ces vertus à cet être. Nous ne les détachons pas de nous pour les y joindre. Nous sommes vaillants pour acquérir la réputation de ne pas être poltrons. Marque de la capacité de notre être de ne pas être satisfait de l'un sans l'autre, de ne renoncer ni à l'un ni à l'autre. L'homme qui ne vivrait pas pour conserver sa vertu serait infâme.

Malgré la vue de nos grandeurs, qui nous tient à la gorge, nous avons un instinct qui nous corrige, que nous ne pouvons réprimer, qui nous élève !

La nature a des perfections pour montrer qu'elle est l'image d'Élohim, des défauts pour montrer qu'elle n'en est pas moins que l'image.

Il est bon qu'on obéisse aux lois. Le peuple comprend ce qui les rend justes. On ne les quitte pas. Quand on fait dépendre leur justice d'autre chose, il est aisé de la rendre douteuse. Les peuples ne sont pas sujets à se révolter.

Ceux qui sont dans le dérèglement disent à ceux qui sont dans l'ordre que ce sont eux qui s'éloignent de la nature. Ils croient le suivre. Il faut avoir un point fixe pour juger. Où ne trouverons-nous pas ce point dans la morale ?

Rien n'est moins étrange que les contrariétés que l'on découvre dans l'homme. Il est fait pour connaître la vérité. Il la cherche. Quand il tâche de la saisir, il s'éblouit, se confond de telle sorte, qu'il ne donne pas sujet à lui en disputer la possession. Les uns veulent ravir à l'homme la connaissance de la vérité, les autres veulent la lui assurer. Chacun emploie des motifs si dissemblables, qu'ils détruisent l'embarras de l'homme. Il n'a pas d'autre lumière que celle qui se trouve dans sa nature.

Nous naissons justes. Chacun tend à soi. C'est envers l'ordre. Il faut tendre au général. La pente vers soi est la fin de tout désordre, en guerre, en économie.

Les hommes, ayant pu guérir de la mort, de la misère, de l'ignorance, se sont avisés, pour se rendre heureux, de n'y point penser. C'est tout ce qu'ils ont pu inventer pour se consoler de si peu de maux. Consolation richissime. Elle ne va pas à guérir le mal. Elle le cache pour un peu de temps. En le cachant, elle fait qu'on pense à le guérir. Par un légitime renversement de la nature de l'homme, il ne se trouve pas que l'ennui, qui est son mal le plus sensible, soit son plus grand bien. Il peut contribuer plus que toutes choses à lui faire chercher sa guérison. Voilà tout. Le divertissement, qu'il regarde comme son plus grand bien, est son plus infime mal. Il le rapproche plus que toutes choses de chercher le remède à ses maux. L'un et l'autre sont une contre-preuve de la misère, de la corruption de l'homme, hormis de sa grandeur. L'homme s'ennuie, cherche cette multitude d'occupations. Il a l'idée du bonheur qu'il a gagné ; lequel trouvant en soi, il le cherche, dans les choses extérieures. Il se contente. Le malheur n'est ni dans nous, ni dans les créatures. Il est en Elohim.

La nature nous rendant heureux en tous états, nos désirs nous figurent un état malheureux. Ils joignent à l'état où nous sommes les peines de l'état où nous ne sommes pas. Quand nous arriverions à ces peines, nous ne serions pas malheureux pour cela, nous aurions d'autres désirs conformes à un nouvel état.

La force de la raison paraît mieux en ceux qui la connaissent qu'en ceux qui ne la connaissent pas.

Nous sommes si peu présomptueux que nous voudrions être connus de la terre, même des gens qui viendront quand nous n'y serons plus. Nous sommes si peu vains, que l'estime de cinq personnes, mettons six, nous amuse, nous honore.

Peu de chose nous console. Beaucoup de chose nous afflige.

La modestie est si naturelle dans le cœur de l'homme, qu'un ouvrier a soin de ne pas se vanter, veut avoir ses admirateurs. Les philosophes en veulent. Les poètes surtout ! Ceux qui écrivent en faveur de la gloire veulent avoir la gloire d'avoir bien écrit. Ceux qui le lisent veulent avoir la gloire de l'avoir lu. Moi, qui écris ceci, je me vante d'avoir cette envie. Ceux qui le liront se vanteront de même.

Les inventions des hommes vont en augmentant. La bonté, la malice du monde en général ne reste pas la même.

L'esprit du plus grand homme n'est pas si dépendant, qu'il soit sujet à être troublé par le moindre bruit du Tintamarre, qui se fait autour de lui. Il ne faut pas le silence d'un canon pour empêcher ses pensées. Il ne faut pas le bruit d'une girouette, d'une poulie. La mouche ne raisonne pas bien à présent. Un homme bourdonne à ses oreilles. C'en est assez pour la rendre incapable de bon conseil. Si je veux qu'elle puisse trouver la vérité, je chasserai cet animal qui tient sa raison en échec, trouble cette intelligence qui gouverne les royaumes.

L'objet ce ces gens qui jouent à la paume avec tant d'application d'esprit, d'agitation de corps, est celui de se vanter avec leurs amis qu'ils ont mieux joué qu'un autre. C'est la source de leur attachement. Les uns suent dans leurs cabinets pour montrer aux savants qu'ils ont résolu une question d'algèbre qui ne l'avait pu être jusqu'ici. Les autres s'exposent aux périls, pour se vanter d'une place qu'ils auraient prise moins spirituellement, à mon gré. Les derniers se tuent pour remarquer ces choses. Ce n'est pas pour en devenir moins sages. C'est surtout pour montrer qu'ils en connaissent la solidité. Ceux-là sont les moins sots de la bande. Ils le sont avec connaissance. On peut penser des autres qu'ils ne le seraient pas, s'ils n'avaient pas cette connaissance.

L'exemple de la chasteté d'Alexandre n'a pas fait plus de continents que celui de son ivrognerie a fait de tempérants. On n'a pas de honte de n'être pas aussi vertueux que lui. On croit n'être pas tout à fait dans les vertus du commun des hommes, quand on se voit dans les vertus de ces grands hommes. On tient à eux par le bout par où ils tiennent au peuple. Quelque élevés qu'ils soient, ils sont unis au reste des hommes par quelque endroit. Ils ne sont pas suspendus en l'air, séparés de notre société. S'ils sont plus grands que nous, c'est qu'ils ont les pieds aussi hauts que les nôtres. Ils sont tous à même niveau, s'appuient sur la même terre. Par cette extrémité, ils sont aussi relevés que nous, que les enfants, un peu plus que les bêtes.

Le meilleur moyen de persuader consiste à ne pas persuader.

Le désespoir est la plus petite de nos erreurs.

Lorsqu'une pensée s'offre à nous comme une vérité qui court les rues, que nous prenons la peine de la développer, nous trouvons que c'est une découverte.

On peut être juste, si l'on n'est pas humain.

Les orages de la jeunesse précèdent les jours brillants.

L'inconscience, le déshonneur, la lubricité, la haine, le mépris des hommes sont à prix d'argent. La libéralité multiplie les avantages des richesses.

Ceux qui ont de la probité dans leurs plaisirs en ont une sincère dans leurs affaires. C'est la marque d'un naturel peu féroce, lorsque le plaisir rend humain.

La modération des grands hommes ne borne que leurs vertus.

C'est offenser les humains que de leur donner des louanges qui élargissent les bornes de leur mérite. Beaucoup de gens sont assez modestes pour souffrir sans peine qu'on les apprécie.

Il faut tout attendre, rien craindre du temps, des hommes.

Si le mérite, la gloire ne rendent pas les hommes malheureux ; ce qu'on appelle malheur ne mérite pas leurs regrets. Une âme daigne accepter la fortune, le repos, s'il leur faut superposer la vigueur de ses sentiments, l'essor de son génie.

On estime les grands desseins, lorsqu'on se sent capable des grands succès.

La réserve est l'apprentissage des esprits.

On dit des choses solides, lorsqu'on ne cherche pas à en dire d'extraordinaires.

Rien n'est faux qui soit vrai ; rien n'est vrai qui soit faux. Tout est le contraire de songe, de mensonge.

Il ne faut pas croire que ce que la nature a fait aimable soit vicieux. Il n'y a pas de siècle, de peuple qui ait établi des vertus, des vices imaginaires.

On ne peut juger de la beauté de la vie que par celle de la mort.

Un dramaturge peut donner au mot passion une signification d'utilité. Ce n'est plus un dramaturge. Un moraliste donne à n'importe quel mot une signification d'utilité. C'est encore le moraliste !

Qui considère la vie d'un homme y trouve l'histoire du genre. Rien n'a pu le rendre mauvais.

Faut-il que j'écrive en vers pour me séparer des autres hommes ? Que la charité prononce !

Le prétexte de ceux qui font le bonheur des autres est qu'ils veulent leur bien.

La générosité jouit des félicités d'autrui, comme si elle en était responsable.

L ordre domine dans le genre humain. La raison, la vertu n'y sont pas les plus fortes.

Les princes font peu d'ingrats. Ils donnent tout ce qu'ils peuvent.

On peut aimer de tout son cœur ceux en qui on reconnaît de grands défauts. Il y aurait de l'impertinence à croire que l'imperfection a seule le droit de nous plaire. Nos faiblesses nous attachent les uns aux autres autant que pourrait le faire ce qui n'est pas la vertu.

Si nos amis nous rendent des services, nous pensons qu'à titre d'amis ils nous les doivent. Nous ne pensons pas du tout qu'ils nous doivent leur inimitié.

Celui qui serait né pour commander, commanderait jusque sur le trône.

Lorsque les devoirs nous ont épuisés, nous croyons avoir épuisé les devoirs. Nous disons que tout peut remplir le cœur de l'homme.

Tout vit par l'action. De là, communication des êtres, harmonie de l'univers. Cette loi si féconde de la nature, nous trouvons que c'est un vice dans l'homme. Il est obligé d'y obéir. Ne pouvant subsister dans le repos, nous concluons qu'il est à sa place.

On sait ce que sont le soleil, les cieux. Nous avons le secret de leurs mouvements. Dans la main d'Elohim, instrument aveugle, ressort insensible, le monde attire nos hommages. Les révolutions des empires, les faces des temps, les nations, les conquérants de la science, cela vient d'un atome qui rampe, ne dure qu'un jour, détruit le spectacle de l'univers dans tous les âges.

Il y a plus de vérité que d'erreurs, plus de bonnes qualités que de mauvaises, plus de plaisirs que de peines. Nous aimons à contrôler le caractère. Nous nous élevons au-dessus de notre espèce. Nous nous enrichissons de la considération dont nous la comblâmes. Nous croyons ne pas pouvoir séparer notre intérêt de celui de l'humanité, ne pas médire du genre sans nous commettre nous-mêmes. Cette vanité ridicule a rempli les livres d'hymnes en faveur de la nature. L'homme est en disgrâce chez ceux qui pensent. C'est à qui le chargera de moins de vices. Quand ne fut-il pas sur le point de se relever, de se faire restituer ses vertus ?

Rien n'est dit. L'on vient trop tôt depuis plus de sept-mille ans qu'il y a des hommes. Sur ce qui concerne les mœurs comme sur le reste, le moins bon est élevé. Nous avons l'avantage de travailler après les anciens, les habiles d'entre les modernes.

Nous sommes susceptibles d'amitié, de justice, de compassion, de raison. O mes amis ! qu'est-ce donc que l'absence de vertu ?

Tant que mes amis ne mourront pas, je ne parlerai pas de la mort.

Nous sommes consternés de nos rechutes, de voir que nos malheurs ont pu nous corriger de nos défauts.

On ne peut juger de la beauté de la mort que par celle de la vie.

Les trois points terminateurs me font hausser les épaules de pitié. A-t-on besoin de cela pour prouver que l'on est un homme d'esprit, c'est-à-dire un imbécile ? Comme si la clarté ne valait pas le vague, à propos de points !

Lettres

Lettre de Lautréamont à Darasse

22 mai 1869

Monsieur,

C'est hier même que j'ai reçu votre lettre datée du 21 mai ; c'était la vôtre. Eh bien, sachez que je ne puis pas malheureusement laisser passer ainsi l'occasion de vous exprimer mes excuses. Voici pourquoi : parce que, si vous m'aviez annoncé l'autre jour, dans l'ignorance de ce qui peut arriver de fâcheux aux circonstances où ma personne est placée, que les fonds s'épuisaient, je n'aurais eu garde d'y toucher ; mais certainement, j'aurais éprouvé autant de joie à ne pas écrire ces trois lettres que vous en auriez éprouvé vous-même à ne pas les lire. Vous avez mis en vigueur le déplorable système de méfiance prescrit par la bizarrerie de mon père ; mais vous avez deviné que mon mal de tête ne m'empêche pas de considérer avec attention la difficile situation où vous a placé jusqu'ici une feuille de papier à lettre venue de l'Amérique du Sud, dont le principal défaut était le manque de clarté ; car je ne mets pas en ligne de compte la malsonnance de certaines observations mélancoliques qu'on pardonne aisément à un vieillard, et qui m'ont paru, à la première lecture, avoir eu l'air de vous imposer, à l'avenir peut-être, la nécessité de sortir de votre rôle strict de banquier, vis-à-vis d'un monsieur qui vient habiter la capitale...

... Pardon, Monsieur, j'ai une prière à vous faire : si mon père envoyait d'autres fonds avant le 1er septembre, époque à laquelle mon corps fera une apparition devant la porte de votre banque, vous aurez la bonté de me le faire savoir ? Au reste, je suis chez moi à toute heure du jour ; mais vous n'auriez qu'à m'écrire un mot, et il est probable qu'alors je le recevrai presque aussitôt que la demoiselle qui tire le cordon, ou bien avant, si je me rencontre sur le vestibule...

... Et tout cela, je le répète, pour une bagatelle insignifiante de formalité ! Présenter dix ongles secs au lieu de cinq, la belle affaire ; après avoir réfléchi beaucoup, je confesse qu'elle m'a paru remplie d'une notable quantité d'importance nulle.

Lettre de Lautréamont à Verboeckhoven

23 octobre 1869

Paris, 23 octobre. - Laissez-moi d'abord vous expliquer ma situation. J'ai chanté le mal, comme ont fait Miçkiéwicz, Byron, Milton, Southey, A. de Musset, Baudelaire, etc. Naturellement, j'ai un peu exagéré le diapason pour faire du nouveau dans le sens de cette littérature sublime qui ne chante le désespoir que pour opprimer le lecteur, et lui faire désirer le bien comme remède. Ainsi donc, c'est toujours le bien qu'on chante en somme, seulement par une méthode plus philosophique et moins naïve que l'ancienne école, dont Victor Hugo et quelques autres sont les seuls représentants qui soient encore vivants. Vendez, je ne vous en empêche pas : que faut-il que je fasse pour cela ? Faites vos conditions. Ce que je voudrais, c'est que le service de la critique soit fait aux principaux lundistes. Eux seuls jugeront en premier et dernier ressort le commencement d'une publication qui ne verra sa fin évidemment que plus tard, lorsque j'aurai vu la mienne. Ainsi donc, la morale de la fin n'est pas encore faite. Et cependant, il y a déjà une immense douleur à chaque page. Est-ce le mal, cela ? Non, certes. Je vous en serai reconnaissant parce que si la critique en disait du bien, je pourrais dans les éditions suivantes retrancher quelques pièces trop puissantes. Ainsi donc, ce que je désire avant tout, c'est être jugé par la critique, et, une fois connu, ça ira tout seul. T.A.V.

I. DUCASSE

M. I. Ducasse, rue du Faubourg-Montmartre, n° ; 32

Lettre de Lautréamont à Verboeckhoven

27 octobre 1869

Paris, 27 octobre. - J'ai parlé à Lacroix conformément à vos instructions. Il vous écrira nécessairement. Elles sont acceptées, vos propositions : le Que je vous fasse vendeur pour moi, le Quarante pour % et le 13e ex. Puisque les circonstances ont rendu l'ouvrage digne jusqu'à un certain point de figurer avantageusement dans votre catalogue, je crois qu'il peut se vendre un peu plus cher, je n'y vois pas d'inconvénient. Au reste, de ce côté-là, les esprits seront mieux préparés qu'en France pour savourer cette poésie de révolte. Ernest Naville (correspondant de l'Institut de France) a fait l'année dernière, en citant les philosophes et les poètes maudits, des conférences sur le Problème du Mal, à Genève et à Lausanne, qui ont dû marquer leur trace dans les esprits par un courant insensible qui va de plus en plus s'élargissant. Il les a ensuite réunies en un volume. Je lui enverrai un exemplaire. Dans les éditions suivantes, il pourra parler de moi, car je reprends avec plus de vigueur que mes prédécesseurs cette thèse étrange, et son livre, qui a paru à Paris, chez Cherbuliez le libraire, correspondant de la Suisse Romande et de la Belgique, et à Genève, dans la même librairie, me fera connaître indirectement en France. C'est une affaire de temps. Quand vous m'enverrez les exemplaires, vous m'en ferez parvenir 20, ils suffiront.

T.A.V.

I. Ducasse

LETTRE DE LAUTRÉAMONT À VERBOECKHOVEN

21 février 1870

Paris, 21 février 1870

Monsieur,

Auriez-vous la bonté de m'envoyer le supplément aux poésies de Baudelaire. Je vous envoie ci-inclus 2 f, le prix, en timbres de la poste. Pourvu que ce soit le plus tôt possible, parce que j'en aurais besoin pour un ouvrage dont je parle plus bas.

J'ai l'honneur, etc.

I. Ducasse

Faubourg-Montmartre, 32

———

Lacroix a-t-il cédé l'édition ou qu'en a-t-il fait ? Ou, l'avez-vous refusée ? Il ne m'en a rien dit. Je ne l'ai pas vu depuis lors. - Vous savez, j'ai renié mon passé. Je ne chante plus que l'espoir ; mais, pour cela, il faut d'abord attaquer le doute de ce siècle (mélancolies, tristesses, douleurs, désespoirs, hennissements lugubres, méchancetés artificielles, orgueils puérils, malédictions cocasses etc., etc.). Dans un ouvrage que je porterai à Lacroix aux premiers jours de Mars, je prends à part les plus belles poésies de Lamartine, de Victor Hugo, d'Alfred de Musset, de Byron et de Baudelaire, et je les corrige dans le sens de l'espoir ; j'indique comment il aurait fallu faire. J'y corrige en même temps 6 pièces des plus mauvaises de mon sacré bouquin.

Lettre de Lautréamont à Darasse

À Monsieur Darasse

Paris, 12 mars 1870

Monsieur,

Laissez-moi reprendre d'un peu haut. J'ai fait publier un ouvrage de poésies chez M. Lacroix (B. Montmartre, 15). Mais, une fois qu'il fut imprimé, il a refusé de le faire paraître, parce que la vie y était peinte sous des couleurs trop amères, et qu'il craignait le procureur-général. C'était quelque chose dans le genre du Manfred de Byron et du Konrad de Mieçkiewicz, mais, cependant, bien plus terrible. L'édition avait coûté 1 200 f, dont j'avais déjà fourni 400 f. Mais, le tout est tombé dans l'eau. Cela me fit ouvrir les yeux. Je me disais que puisque la poésie du doute (des volumes d'aujourd'hui il ne restera pas 150 pages) en arrive ainsi à un tel point de désespoir morne, et de méchanceté théorique, par conséquent, c'est qu'elle est radicalement fausse ; par cette raison qu'on y discute les principes, et qu'il ne faut pas les discuter : c'est plus qu'injuste. Les gémissements poétiques de ce siècle ne sont que des sophismes hideux. Chanter l'ennui, les douleurs, les tristesses, les mélancolies, la mort, l'ombre, le sombre, etc., c'est ne vouloir, à toute force, regarder que le puéril revers des choses. Lamartine, Hugo, Musset se sont métamorphosés volontairement en femmelettes. Ce sont les Grandes-Têtes-Molles de notre époque. Toujours pleurnicher. Voilà pourquoi j'ai complètement changé de méthode, pour ne chanter exclusivement que l'espoir, l'espérance, le CALME, le bonheur, le DEVOIR.Et c'est ainsi que je renoue avec les Corneille et les Racine la chaîne du bon sens, et du sang-froid, brusquement interrompue depuis les poseurs Voltaire et Jean-Jacques Rousseau. Mon volume ne sera terminé que dans quatre ou cinq mois. Mais, en attendant, je voudrais envoyer à mon père la préface, qui contiendra 60 pages ; chez Al. Lemerre. C'est ainsi qu'il verra que je travaille, et qu'il m'enverra la somme totale du volume à imprimer plus tard.

Je viens, Monsieur, vous demander, si mon père vous a dit que vous me délivrassiez de l'argent, en dehors de la pension, depuis les mois de novembre et de décembre.Et, en ce cas, il aurait fallu 200 f., pour l'impression de la préface, que je pourrais envoyer, ainsi, le 22, à Montevideo. s'il n'avait rien dit, auriez-vous la bonté de me l'écrire ?

J'ai l'honneur de vous saluer. I. Ducasse,

15 rue Vivienne.

Acte de naissance d'Isidore Ducasse

Mercure de France, vol. 3, 1891 (pp. 320-321).

« Du 4 avril 1846, à midi, acte de naissance de Isidore-François, du sexe masculin, né le même jour à 9 heures du matin, à Montevideo, de François Ducasse, chancelier délégué du Consulat Général de France, âgé de 36 ans, et de Célestine-Jacquette Davezac, son épouse, âgée de 24 ans.

« Dressé par M. Denoix, gérant dudit Consulat Général de France, sur la présentation de l'enfant et la déclaration faite par le père susnommé, en présence de MM. Eugène Baudry et Pierre Lafarge, commerçants français, demeurant à Montevideo. »

Isidore Ducasse, qui signa comte de Lautréamont ses Chants de Maldoror était donc de quelques années plus âgé que ne l'a dit M. Genonceaux dans sa Notice — sur la foi d'un renseignement d'ailleurs fourni par un oncle de Ducasse.

Printed by Amazon Italia Logistica S.r.l.
Torrazza Piemonte (TO), Italy